U0796007

21世纪普通高校民航类专业规划教材

航空礼仪

主　编　石　岩　何明辉　蒋　琳
副主编　姬宇君　鞠　萍　吴　娜
杨　策　张　莉　马会敏

北京航空航天大学出版社

内容简介

目前，市面上礼仪教材较多，但基础性、普及性知识较强，而专门针对职业学校航空专业的礼仪教材很少。本书从航空专业学生的实际情况出发，以空乘服务礼仪的基本规范和要求为主线，将航空服务人员仪容仪表礼仪、仪态礼仪、沟通礼仪、日常社交礼仪等分章节详细呈现，使学生可以全面、正确、深入地认识、理解空乘服务专业，树立良好的职业道德和服务意识，掌握空乘服务工作的特点、服务程序、服务方法及服务要求，掌握空乘服务的操作技能和技巧，具备自觉遵守日常行为礼仪规范的能力，不断提升自我修养。

本书可作为各职业院校航空服务专业的教材，也可供愿意投身于航空服务行业的人士参考阅读。

图书在版编目(CIP)数据

航空礼仪 / 石岩，何明辉，蒋琳主编. -- 北京 ：
北京航空航天大学出版社，2014.7

ISBN 978-7-5124-1429-7

Ⅰ. ①航… Ⅱ. ①石… ②何… ③蒋… Ⅲ. ①民用航空—乘务人员—礼仪—中等专业学校—教材 Ⅳ. ①F560.9

中国版本图书馆CIP数据核字(2014)第125477号

航空礼仪

主　编　石　岩　何明辉　蒋　琳
副主编　姬宇君　鞠　萍　吴　娜
　　　　杨　策　张　莉　马会敏
责任编辑　刘晓明　杨　昕　周华玲
　　　　王　实　张冀青

*

北京航空航天大学出版社出版发行
北京市海淀区学院路37号(邮编100191)　http://www.buaapress.com.cn
发行部电话：(010)82317024　传真：(010)82328026
读者信箱：bhpress@263.net　邮购电话：(010)82316524
中印集团数字印务有限公司印装　各地书店经销

*

开本：710×1 000　1/16　印张：18.25　字数：389千字
2014年7月第1版　2014年7月第1次印刷
ISBN 978-7-5124-1429-7　定价：49.00元

前　言

礼仪是在人际交往中，以一定的约定俗成的程序、方式来表现的律己敬人的过程，涉及穿着、交往、沟通、情商等内容，更是我们在生活中不可缺少的一种能力。从个人修养的角度来看，礼仪可以说是一个人内在修养和素质的外在表现。从交际的角度来看，礼仪可以说是人际交往中适用的一种艺术、一种交际方式或交际方法，是人际交往中约定俗成的示人以尊重、友好的习惯做法。从传播的角度来看，礼仪可以说是在人际交往中进行相互沟通的技巧，可以大致分为政务礼仪、商务礼仪、服务礼仪、社交礼仪、涉外礼仪五大分支。

航空服务礼仪其实就是一种行为规范，是航空服务人员在飞机上的服务工作中应遵守的行为规范。它具体是指航空服务人员在客舱服务中的各个服务环节，从在客舱迎接旅客登机、与旅客沟通，到飞机飞行中的供餐、送饮料，为特殊旅客提供特殊服务等，都有一整套行为规范。

近年来，随着我国民航事业突飞猛进的发展，航空企业大量涌现，规模不断扩大，对人力资源提出了旺盛的需求，许多中职学校也纷纷开设航空服务专业。一个专业的设置，必须有相应的课程与之配套，设施也应跟上。北京首都第二机场、郑州航空港的修建，对于航空服务人员的需求量越来越大，要求也越来越高。首都第二机场建成后，直接就业人员将达到10万人，间接就业人员将达到51万人。借此东风，不但空乘服务人员需求量大，地勤服务和相关配套服务的需求也将逐年增长，为此，我们在书中也加入了大量的航空专业相关知识，内容涉及空乘、地勤、安检、联检等多个岗位。

北京市新媒体技师学院作为北京市较早开设航空服务专业的学校，通过多年的教学摸索，组织骨干教师编写了此教材。本书贯彻“以就业为导向、以服务为宗旨”的职业教育办学方针，以适应职业院校人才培养和素质教育的需求。编者吸取国内外航空公司的服务与管理经验和做法，结合近年来的教学实践进行编写，在一些章节里渗透了编者的服务理念、教学经历和创新思考；注重实践技能的学习和掌握，取材合理，深度适宜，以“利于教，利于学”为基本的编写原则。

本书由石岩负责策划、拟纲、统稿工作并担任主编，何明辉和蒋琳参与编写。在编写过程中，得到了北京市新媒体技师学院教务处的大力支持，航空服务专业部给本书的成稿创造了良好的条件。薛祖梅提供了较多好的建议，苏维刚、黄劲松给予了许多指导性意见。在此，也一并表示衷心的感谢。

由于时间仓促，资料不足，加之编者的经验和水平有限，错漏之处在所难免，敬请读者提出宝贵意见，以供今后修订完善。

编　者

2014 年 6 月 20 日

目　　录

第一章　航空服务礼仪概述

第一节　礼、礼仪的概念与起源

一、礼

礼的本意为敬神，后引申为表示敬意的通称。礼的含义比较丰富，它既可以指表示敬意或隆重而举行的仪式，也可泛指社会交往中的礼貌、礼节，是人们在长期的生活实践中约定俗成、共同认可的行为规范；还特指奴隶社会、封建社会等级森严的社会规范和道德规范。在《中国礼仪大辞典》中，礼定义为特定的民族、人群或国家基于客观历史传统而形成的价值观念、道德规范以及与之相适应的典章制度和行为方式。礼的本质是“诚”，有敬重、友好、谦恭、关心、体贴之意。礼是人际间乃至国际交往中，相互表示尊重、亲善和友好的行为。

1. 礼的含义

礼是人与人之间的交往中，通过言谈、表情、举止等表示敬重和友好的行为，体现了一个人的修养、文化层次和文明程度。

2. 仪的含义

仪是人们在日常生活中，特别是交际场合中，相互问候、致意、祝愿以及表示相互尊重的惯用形式。仪包括仪表和仪式两方面。

3. 礼仪的含义

礼仪指的是人们在各种具体社会交往中，为了相互尊重，在仪表、仪容、仪态和言谈举止、仪式等方面约定俗成、共同认可的行为规范。概括起来，其表现形式为：谦虚而恭敬的态度、优雅而得体的举止、文明而礼貌的语言、大方而高雅的装束。

二、礼仪的起源

关于礼的起源，说法不一。归纳起来有五种起源说：一是天神生礼仪；二是礼为天地人的统一体；三是礼产生于人的自然本性；四是礼为人性和环境矛盾的产物；五是礼生于理，起源于俗。

① 从理论上说，礼的产生，是人类为了协调主客观矛盾的需要。首先，礼的产生是为了维护自然的“人伦秩序”的需要。人类为了生存和发展，必须与大自然抗争，不得不以群居的形式相互依存，人类的群居性使得人与人之间相互依赖又相互制约。在群体生活中，男女有别，老少有异，礼既是一种天然的人伦秩序，又是一种需要被所有成员共同认定、保证和维护的社会秩序。人类面临着的内部关系必须妥善处理，因此，人们逐步积累和自然约定出一系列“人伦秩序”，这就是最初的礼。其次，礼的产生是人类寻求满足自身欲望与实现欲望的条件之间动态平衡的需要。人对欲望的追求是人的本能，人们在追寻实现欲望的过程中，人与人之间难免会发生矛盾。为了避免这些矛盾和冲突，就需要为“止欲制乱”而制礼。

② 从具体的仪式上看，礼产生于原始宗教的祭祀活动。原始宗教的祭祀活动是最早也是最简单的以祭天、敬神为主要内容的“礼”。这些祭祀活动在历史发展中逐步完善了相应的规范和制度，正式形成祭祀礼仪。随着人类对自然与社会各种关系认识的逐步深入，仅以祭祀天地鬼神祖先为礼，已经不能满足人类日益发展的精神需要以及调节日益复杂的现实关系的需要。于是，人们将事神致福活动中的一系列行为，从内容和形式上扩展到了各种人际交往活动中，从最初的祭祀之礼扩展到社会各个领域的各种各样的礼仪。

第二节　礼仪的发展和特点

一、礼仪的发展

中国礼仪的发展在传承沿袭的过程中不断发生着变革。从历史发展的角度来看，其演变过程可以分四个阶段。

1. 礼仪的起源时期

夏朝以前(公元前 21 世纪前)礼仪起源于原始社会，在原始社会中、晚期(约旧石器时代)出现了早期礼仪的萌芽。整个原始社会是礼仪的萌芽时期，礼仪较为简单和虔诚，还不具有阶级性。其内容包括：明确血缘关系的婚嫁礼仪；区别部族内部尊卑等级的礼制；为祭天敬神而确定的一些祭典仪式；一些在人们的相互交往中表示礼节和表示恭敬的动作。

2. 礼仪的形成时期

夏、商、西周三代(公元前 21 世纪—公元前 771 年)，人类进入奴隶社会，统治阶级为了巩固自己的统治地位，把原始的宗教礼仪发展成符合奴隶社会政治需要的礼制，礼被打上了阶级的烙印。在这个阶段，中国第一次形成了比较完整的国家礼仪与制度。如“五礼”就是一整套涉及社会生活各方面的礼仪规范和行为标准。古代的礼制典籍亦多撰修于这一时期，如周代的《周礼》、《仪礼》、《礼记》就是我国最早的礼仪学专著。在汉以后2000多年的历史中，它们一直是国家制定礼仪制度的经典著作，被称为礼经。

3. 礼仪的变革时期

春秋战国时期（公元前771—公元前221年），学术界形成了百家争鸣的局面，以孔子、孟子、荀子为代表的诸子百家对礼教给予了研究和发展，对礼仪的起源、本质和功能进行了系统阐述，第一次在理论上全面而深刻地论述了社会等级秩序划分及其意义。孔子对礼仪非常重视，把礼看成是治国、安邦、平定天下的基础。他认为“不学礼，无以立”；“质胜文则野，文胜质则史。文质彬彬，然后君子。”他要求人们用礼的规范来约束自己的行为，要做到“非礼勿视，非礼勿听，非礼勿言，非礼勿动”；倡导“仁者爱人”，强调人与人之间要有同情心，要相互关心，彼此尊重。孟子把礼解释为对尊长和宾客严肃而有礼貌，即“恭敬之心，礼也”，并把礼看做是人的善性的发端之一。荀子把礼作为人生哲学思想的核心，把礼看做是做人的根本目的和最高理想，“礼者，人道之极也”。他认为礼既是目标、理想，又是行为过程。“人无礼则不生，事无礼则不成，国无礼则不宁。”管仲把礼看做是人生的指导思想和维持国家的第一支柱，认为礼关系到国家的生死存亡。

4. 礼仪的强化时期

秦汉到清末（公元前221—公元1911年）在我国长达2000多年的封建社会里，尽管在不同的朝代，礼仪文化具有不同的社会政治、经济、文化特征，但却有一个共同点，就是一直为统治阶级所利用，礼仪是维护封建社会等级秩序的工具。这一时期礼仪的重要特点是尊君抑臣、尊夫抑妇、尊父抑子、尊神抑人。在漫长的历史演变过程中，它逐渐变为妨碍人类个性自由发展、阻挠人类平等交往、窒息思想自由的精神枷锁。纵观封建社会的礼仪，内容大致有涉及国家政治的礼制和家庭伦理两类。这一时期的礼仪构成中华传统礼仪的主体。

现代礼仪有了新的发展。辛亥革命以后，受西方资产阶级“自由、平等、民主、博爱”等思想的影响，中国的传统礼仪规范、制度受到强烈冲击。五四新文化运动对腐朽、落后的礼教进行了清算，符合时代要求的礼仪被继承、完善、流传，那些繁文缛节逐渐被抛弃，同时接受了一些国际上通用的礼仪形式。新的礼仪标准、价值观念得到推广和传播。新中国成立后，逐渐确立了以平等相处、友好往来、相互帮助、团结友爱为主要原则的具有中国特色的新型社会关系和人际关系。改革开放以来，随着中国与世界的交往日趋频繁，西方一些先进的礼仪、礼节陆续传入我国，同我国的传统礼仪一道融入社会生活的各个方面，构成了社会主义礼仪的基本框架。许多礼仪从内容到形式都在不断变革，现代礼仪的发展进入了全新的发展时期。大量的礼仪书籍相继出版，各行各业的礼仪规范纷纷出台，礼仪讲座、礼仪培训日趋红火。人们学习礼仪知识的热情空前高涨，讲文明、讲礼貌蔚然成风。今后，随着社会的进步、科技的发展和国际交往的增多，礼仪必将得到新的完善和发展。

二、礼仪的特点

1. 规范性

礼仪指的就是人们在各种交际场合待人接物时必须遵守的行为规范。这种规范性，不仅约束着人们在一切交际场合的言谈话语、行为举止，使之合乎礼仪，而且也是人们在一切交际场合必须采用的一种“通用语言”，是衡量他人、判断自己是否自律、敬人的一种尺度。总之，礼仪是约定俗成的一种自尊、敬人的惯用形式。

2. 限定性

礼仪适用于普通情况之下的、一般的人际交往与应酬。在这个特定范围之内，礼仪肯定行之有效；离开了这个特定的范围，礼仪则未必适用。这就是礼仪的限定性特点。当所处场合不同，所具有的身份不同时，所要应用的礼仪往往会各有不同，有时甚至还会差异很大。

3. 可操作性

“切实有效，实用可行，规则简明，易学易会，便于操作”是礼仪的一大特征。应当既有总体上的礼仪原则、礼仪规范，又在具体的细节上以一系列的方式、方法，仔细周详地对礼仪原则、礼仪规范加以贯彻，把它们落到实处，使之“言之有物”、“行之有礼”。

4. 传承性

作为一种人类的文明积累，礼仪将人们在交际应酬之中的习惯做法固定下来，流传下去，并逐渐形成自己的民族特色。这既不是一种短暂的社会现象，也不会因为社会制度的更替而消失。

5. 变动性

随着世界经济的国际化倾向日益明显，各个国家、地区、民族之间的交往日益密切，各类礼仪也随之不断地相互影响，相互渗透，取长补短，不断地被赋予新的内容。这就使礼仪具有了相对的变动性。

6. 地域性和民族性

礼仪的内容大都是以约定俗成的民风习俗、特定文化为依据的，突出地集中体现了各区域、各民族的心理、文化和习惯。礼仪不仅是民族成员互相认同的重要标志，也是各民族相互区别的重要标志。各民族之间、各地域之间礼仪是不同的。什么民族行什么礼，因此，礼仪具有鲜明的民族性。在交际活动中，应当注重各个区域、各个民族的礼仪传统，入乡随俗是很必要的。

当今社会，国家有大小之分，民族人口有多寡之别，社会形态也各不相同，但有一点是相同的，即文明民族都很注重礼貌礼节。在社会生活中，人们往往把讲究礼貌礼节作为一个国家和民族文明程度的重要标志。对个人而言，礼貌礼节则是衡量道德水准高低和有无教养的尺度。旅游服务行业是我国的窗口行业，因此，讲究文明礼貌有它特殊的意义。

(1) 讲究礼貌礼节是建设中国特色的社会主义精神文明的需要

讲究礼貌礼节是文明行为，它反映着人类社会的发展和进步，标志着人类生活摆脱了野蛮和愚昧，是人类社会精神文明的表现。在人类文明史上，依次出现过奴隶制社会的文明、封建制社会的文明、资本主义社会的文明。如今我们要建立的是社会主义社会的精神文明，这是人类精神文明发展的新阶段，是社会主义社会的重要特征。社会主义精神文明建设的根本任务是适应社会主义现代化的需要，培养有理想、有道德、有文化、有纪律的社会主义公民，提高整个中华民族的思想道德素质和科学文化水平。在精神文明建设中，特别要加强全中华民族范围的思想道德建设、社会公德、职业道德与纪律教育。礼貌礼节是属于社会公德的一部分，是思想道德与职业道德建设的基础部分，也是纪律教育中必不可少的一个方面。讲究礼貌礼节反映了社会文明的程度和公民的精神风貌。同时，它又反作用于思想道德、文化建设等，促进精神文明的发展。因此，讲究礼貌礼节是建设中国特色的社会主义精神文明的需要。

(2) 讲究礼貌礼节是旅游业优质服务的需要

当前，旅游业激烈的市场竞争，实质是服务质量的竞争。饭店和旅行社的生存与发展、声誉与效益、市场与客源，靠的是向宾客提供全方位的优质服务。优质服务应包括一流的设备条件和一流的服务水平，即优良的服务态度、高尚的服务精神、齐全的服务项目、精湛的服务技能、最佳的服务效率等。研究表明：在旅游企业硬件相当的情况下，影响优质服务的主要因素是服务精神与态度。一种“宾客至上”的服务精神与热情友好、真诚和蔼的服务态度，可使客人在感官上和精神上产生尊重感、亲切感。宾客这种受人尊敬的感觉和体验，主要是从员工的热情友好服务中得到的。所以说，讲究礼貌礼节是优良服务态度的体现，是优质服务所必需。

(3) 讲究礼貌礼节是宾客对接待服务的需要

旅游接待服务的直接目的，是为了最大限度地满足不同客人的正当需要，使客人乘兴而来，满意而归。客人在饭店和旅游中的消费，要求在食、住、行、游、购、娱等方面有一个舒适、安全、方便的感觉；心情上需要愉悦、欢乐。客人是“上帝”，是旅游服务接待的对象。客人需要在乘车进店、办理住宿、上下电梯、就餐休息、娱乐购物、步行离店的各个环节中，时时处处受到尊重并享受到热情周到的服务。

“自我尊重”、“人格尊严”的意识，在客人的心目中占有十分重要的位置。从经济角度讲，客人用了相当的货币，购买了“服务”这一特殊的商品，此时旅游企业同客人的关系就是买卖的关系。从经济关系的角度看，应做到买卖公平，卖方向买方提供真诚的文明礼貌服务，以保证买方的正当权益。只有这样，客人才有一种自尊感、亲切感、信任感、留恋感。

从心理学角度讲，服务员向客人提供主动热情、耐心周到、文明礼貌的服务，可以缓解客人因某些原因而产生的不愉快的消极因素，改善气氛，转变情绪，使客人高兴、满意，达到心理上的平衡。当然，对服务中有时出现的差错，礼貌服务亦是一种润滑剂，可以得到客人谅解，使接待服务工作得以顺利进行。

(4) 讲究礼貌礼节是服务人员的天职

称职的接待服务人员必须做到礼貌待客、热情服务。礼貌待客，指的是要求服务员出于对客人的尊重与友好，在服务中注重仪表、仪容、仪态，以及语言、操作的规范；热情服务则要求服务员发自内心地满腔热情地向客人提供主动、周到的服务，从而表现出服务员良好的风度与素养。

概括来说，一个讲究礼貌礼节的称职服务员必须做到：

① 在外表上，给人以稳重，大方的感觉，做到服饰整洁、挺括；仪容端正，俊秀。

② 在行动上，要表现出不卑不亢、落落大方，站、坐、走以及手势等要求合乎规范，做到端正稳重、自然亲切、训练有素。

③ 在态度上，要表现出和蔼可亲、热情好客，表情要真切，做到微笑服务。微笑服务是服务态度上最基本的标准，提倡“笑迎天下客，天下客皆笑”。

④ 在语言上，要谈吐文雅、表达得体。做到语音标准、音质甜润，音量适中、音调婉转，语气诚恳、语速适当。要讲究语言艺术，正确使用好敏语、谦语、雅语。

⑤ 在接待礼仪上，待客要彬彬有礼，讲究规格。对重要宾客的迎送、接待，以及纠纷的处理，都要注意一定的规格和相应的礼貌礼节。

服务员的外表、语言、行为等外在美，应该是心灵美的自然流露，是一个人良好的道德品质的外在表现。同时，应该指出，在接待服务工作中，服务员与客人的关系，服务员是主体，客人是客体。要处理好二者的关系，关键在于服务员一方，应主动为客人提供文明礼貌的服务。在旅游接待这一“舞台”上，客人是“主角”，服务员是“配角”。服务员必须从服饰仪容到言谈举止等方面处处尊重客人，要衬托出客人的“光亮”，不能喧宾夺主，不能越位，要把握好尺度，这也是称职服务员应该具有的“角色”

意识。

(5) 讲究礼貌礼节是提高我国旅游业在国际上声誉的需要

饭店和旅行社是我国旅游行业的“窗口”行业，随着改革开放的进一步扩大和国际间交往的日益密切，来我国观光旅游的外国人及回大陆探亲访友的港澳台同胞将越来越多，我国旅游业必将获得前所未有的发展，如何发挥“窗口”的作用并且提高服务质量具有重要意义。因此，必须牢固树立“宾客至上”的服务意识，以礼相待。这就要求我们讲究礼貌礼节，在继续发扬中华民族讲究文明礼貌优良传统的同时，深入了解各客源国的礼貌礼节、风俗习惯，以便采取正确的服务方式，体现旅游接待工作的高质量、高标准，给宾客留下美好的印象。

总之，讲究礼貌礼节是建设中国特色社会主义精神文明的需要；对旅游服务来说，是优质服务的重要组成部分，是客人心理上的需要；是称职员工必备的条件，是提高旅游业声誉和效益的重要保证。同时，旅游服务行业是我国“窗口”行业，它对于加强国际交往，增进各国人民之间的了解和友谊，展示我们社会主义国家和民族的精神面貌，维护我国的声誉，传播社会主义精神文明有着重要的意义。此外，讲究礼貌礼节对创造社会安定团结、规范文明公民的行为、协调人际关系也有着十分重要的现实意义与深远的历史意义。

第三节　中西方礼仪的差异

东方礼仪主要指中国、日本、朝鲜、泰国、新加坡等亚洲国家所代表的具有东方民族特点的礼仪文化。西方礼仪主要指流传于欧洲、北美各国的礼仪文化。

① 在对待血缘亲情方面。东方人非常重视家族和血缘关系，“血浓于水”的传统观念根深蒂固，人际关系中最稳定的是血缘关系。西方人独立意识强，相比较而言，不很重视家庭血缘关系，而更看重利益关系。他们将责任、义务分得很清楚，责任必

须尽到，义务则完全取决于实际能力，绝不勉为其难；处处强调个人拥有的自由，追求个人利益。

② 在表达形式方面。西方礼仪强调实用，表达率直、坦诚。东方人以“让”为礼，凡事都要礼让三分，与西方人相比，常显得谦逊和含蓄。在面对他人夸奖所采取的态度方面，东、西方人不相同。面对他人的夸奖，中国人常常会说“过奖了”、“惭愧”、“我还差得很远”等字眼，表示自己的谦虚；而西方人面对别人真诚的赞美或赞扬，往往会用“谢谢”来表示接受对方的美意。

③ 在礼品馈赠方面。在中国，人际交往特别讲究礼数，重视礼尚往来，往往将礼作为人际交往的媒介和桥梁。东方人送礼的名目繁多，除了重要节日互相拜访需要送礼外，平时的婚、丧、嫁、娶、生日、提职、加薪都可以作为送礼的理由。西方礼仪强调交际务实，在讲究礼貌的基础上力求简洁便利，反对繁文缛节、过分客套造作。西方人一般不轻易送礼给别人，除非相互之间建立了较为稳固的人际关系。在送礼形式上也比东方人简单得多。一般情况下，他们既不送过于贵重的礼品，也不送廉价的物品，但却非常重视礼品的包装，特别讲究礼品的文化格调与艺术品位。在送礼和接受礼品时，东西方也存在着差异。西方人送礼时，总是向受礼人直截了当地说明：“这是我精心为你挑选的礼物，希望你喜欢”，或者说“这是最好的礼物”之类的话；西方人一般不推辞别人的礼物，接受礼物时先对送礼者表示感谢，接过礼物后总是当面拆看礼物，并对礼物赞扬一番。而东方人则不同，中国人及日本人在送礼时也费尽心机、精心挑选，但在受礼人面前却总是谦虚而恭敬地说“微薄之礼不成敬意，请笑纳”之类的话。东方人在受礼时，通常会客气地推辞一番。接过礼品后，一般不当面拆看礼物，唯恐对方因礼物过轻或不尽如人意而难堪，或显得自己重利轻义，有失礼貌。

④ 在对待“老”的态度方面。东西方礼仪在对待人的身份地位和年龄上也有许多观念和表达上的差异。东方礼仪一般是老者、尊者优先，凡事讲究论资排辈。西方礼仪崇尚自由平等，在礼仪中，等级的强调没有东方礼仪那么突出，而且西方人独立意识强，不愿老，不服老，特别忌讳“老”。

⑤ 在时间观念方面。西方人时间观念强，做事讲究效率。出门常带记事本，记录日程和安排，有约必须提前到达，至少要准时，且不随意改动。西方人不仅惜时如金，而且常将交往方是否遵守时间当作判断其工作是否负责、是否值得与其合作的重要依据，在他们看来，这直接反映了一个人的形象和素质。遵守时间秩序，养成了西方人严谨的工作作风，办起事来井井有条。西方人工作时间和业余时间区别分明，休假时间不打电话谈论工作，甚至在休假期间断绝非生活范畴的交往。相对来讲，中国人对于时间比较随意，时间观念比较淡薄，包括改变原定的时间和先后顺序。中国人开会迟到，老师上课拖堂，开会作报告任意延长时间是经常的事。这在西方人看来是不可思议的，他们认为不尊重别人拥有的时间是最大的不敬。

⑥ 在对待隐私权方面。西方礼仪处处强调个人拥有的自由(在不违反法律的前提下)，将个人的尊严看得神圣不可侵犯。在西方，冒犯对方"私人的"所有权利，是非常失礼的行为。因为西方人尊重别人的隐私权，同样也要求别人尊重他们的隐私权。东方人非常注重共性拥有，强调群体，强调人际关系的和谐；认为邻里间的相互关心、问寒问暖，是一种富于人情味的表现。

第四节 航空服务礼仪的本质与原则

一、航空服务礼仪的本质

1. 航空服务礼仪的基本要求

① 文明服务。要求航空服务人员在服务过程中，要体现良好的企业文化和优异的个人服务素质。

② 规范服务。要求航空服务人员在服务过程中，为旅客提供标准化、程序化、规范化的服务。

③ 科学服务。要求航空服务人员在服务过程中，掌握科学有效的现代服务技巧，有方法、有方式。

④ 优质服务。要求航空服务人员在服务过程中，要精益求精，不断地提高自身的服务质量，使提供优质服务成为一种习惯。

在文明服务的要求中，没有规范服务，就谈不上科学服务、优质服务。科学服务不到位，也就没有优质服务。只有做到了规范服务、科学服务、优质服务，才能提高旅客的满意度及公司的品牌形象。

⑤ 礼貌服务。要求航空服务人员按服务礼仪规范为旅客服务。它既是一种特殊的礼节要求，又是礼仪的具体应用，是航空公司的一个重要组成部分。礼貌服务的具体要求包括：

聚精会神，动作规范。"聚精会神"是航空服务人员的最基本职业要求，是礼貌服务的前提。"动作规范"是要求航空服务人员的操作动作合乎规范。

衣着整洁，合乎规范。要求航空服务人员的衣着做到干净、整齐、高雅、朴素、规范。合适的着装也是一个航空服务人员最起码的服务素养。服务程序化，操作有检查，是指航空服务人员要严格按照服务程序进行标准化的服务。

⑥ 主动服务。是指服务在旅客开口之前，站在旅客的角度，对服务进行模拟体验。主动服务表现了提供服务的企业功能的齐全和完备，主动服务也意味着航空服务人员在服务工作中要有更强的服务意识和更多的情感投入，在工作的同时给予旅客富有人情味的关怀。

⑦ 热情服务。是指航空服务人员出于对自己从事的职业的肯定认识，拿出十二分的热情来欢迎旅客，对旅客的心理有深切的理解，因而富有同情心，发自内心地、满腔热情地向旅客提供良好的服务。

⑧ 周到服务。是指在服务内容和项目上细致入微，处处方便旅客，体贴旅客，千方百计帮助旅客排忧解难。当旅客需要帮助时，伸出援助之手。

2. 航空服务礼仪中的三要素

航空服务礼仪中的三要素是指机智、时机和宽容。

① 机智。机智有三重含义，一是“愉快”，在待人接物时要尽量欣赏、赞美其优点；二是“灵感”，要懂得察言观色；三是“迅速”，说话要抓重点，行动快而敏捷。

② 时机。是指航空服务人员一定要学会适时、适地对合适的人讲合适的话。

③ 宽容。是指航空服务人员一定要胸怀宽广，要像俗话中所说的“能容天下难容之事”。这是一项较高的标准，也是在航空服务礼仪中最难做到的一项。宽容旅客、善待自己，以平和的心态面对旅客的错误，是每个航空服务人员需要学会的。

3. 航空服务礼仪修养

(1) 什么是航空服务礼仪修养

礼仪是对礼节、仪式的统称，是在工作中与旅客交往，自始至终以一定的、约定俗成的程序、方式来表现的律己、敬人的完整行为。

修养指航空服务人员在思想、道德、学术以及服务技巧等方面勤奋学习和刻苦锻炼，经过长期努力所达到的一种内在的品质和能力。

(2) 礼仪修养的重要性

礼仪修养对于航空服务人员来说是非常重要的，其重要性主要表现在以下两个方面：

① 规范礼仪行为。礼仪行为就是航空服务人员在一定礼仪意识的支配下，在与旅客之间的交往过程中表现出来的行为。

② 培养礼仪品质。所谓礼仪品质是指一定的社会礼仪原则和规范在航空服务人员的思想和行动中的体现，是航空服务人员在礼仪行为中所表现出来的比较稳定的特征。

(3) 培养礼仪修养的方法

在培养礼仪修养时，强调实践的作用，与实践相联系是礼仪修养的根本方法。所谓与实践相联系，主要是指积极参与交往实践。航空服务人员只有在相互交往所形成的礼仪关系中，才能改造自己的礼仪品质。

(4) 加强礼仪修养的目的

加强礼仪修养的目的之一，是提高修养，使航空服务人员的言行在工作中与自己的身份、地位、角色相适应，从而被旅客理解和接受。在工作中，要把角色扮演得恰到好处，礼貌有加，事事得体，并不是容易的事情。因此，航空服务人员一方面要重视工作角色的定位，增强角色意识；另一方面要加强自己的礼仪修养，以适应多种角色的不同礼仪要求。

(5) 礼仪修养的作用

良好的礼仪修养本身就能体现一种美，它能使航空服务人员日趋完善，进而产生积极的态度和行为。礼仪的美主要有仪表美、精神美、言行美、环境美等，这些基本方面构成了航空服务礼仪美的整体形象。

二、航空服务礼仪的原则

航空服务礼仪的基本原则是反映航空服务礼仪一般规律、对航空服务礼仪及其运用过程的原则性规定。航空服务礼仪鲜明的特点是要求航空服务人员必须依据严格的礼仪规范，约束和指导自己的服务行为。

1. 平等原则

现代服务礼仪中的平等原则，是指以礼待人，有来有往，既不盛气凌人，也不卑躬屈膝。平等原则是现代服务礼仪的基础，是现代服务礼仪有别于以往礼仪的最主要原则。平等是服务礼仪的核心点，即在尊重旅客以礼相待这一点上，对任何旅客都必须一视同仁，给予同等程度的礼遇，不允许因为旅客彼此之间在年龄、性别、国籍、种族、文化、信仰、职业、身份、地位、财富上的差异以及与自己的关系亲疏而给予不同的待遇。

2. 互尊原则

古人云："敬人者，人恒敬之"。只有相互尊重，人与人之间的关系才会融洽和谐。在服务过程中，每一位航空服务人员都必须自觉自愿地遵守服务礼仪，以服务礼仪去规范自己在服务过程中的一言一行、一举一动；以自己对旅客的尊重，赢得旅客对自己的尊重，从而营造一个和谐的服务氛围。

3. 诚信原则

它是指遵时守信，"言必信，行必果"。取信于人，在人际交往中非常重要。在工作中，航空服务人员必须具备诚信的品质，并让诚实的品质融入到服务之中，使它保持活力。

4. 宽容原则

宽容就是心胸宽广，"海纳百川，有容乃大"。能设身处地为旅客着想，能原谅旅客的过失，也是一种美德，被称为现代人的一种礼仪素养。宽容原则的基本含义，是要求航空服务人员在工作中运用服务礼仪时，既要严于律己，更要宽以待人。要多容忍旅客，多体谅旅客，多理解旅客，千万不要求全责备，斤斤计较，过分苛求，咄咄逼人。

5. 自律原则

服务礼仪宛如一面镜子。对照着它，可以发现自己的品质是真诚、高尚还是丑陋、粗俗。学习、应用服务礼仪，最重要的就是要自我要求、自我约束、自我控制、自我检点、自我对照、自我反省。

6. 敬人原则

所谓敬人的原则，就是要求航空服务人员在工作中，不但要与旅客互谦互让，互尊互敬，友好相待，和睦共处，更要将对旅客的尊重、恭敬、友好放在第一位。

7. 从俗原则

由于文化、知识、地位等差异，往往有些旅客对民航的规则或服务不甚理解而提出种种意见或拒绝合作。对这一客观现实要有正确的认识，不要自高自大，唯我独尊，以我画线，简单否定他人不同于己的做法。必须向旅客做出真诚的解释，并力求给旅客以满意的答复。

8. 真诚原则

服务礼仪上所讲的真诚原则，就是要求在工作中运用服务礼仪时，务必待人以诚，诚心诚意，言行一致，表里如一，这样才能更好地被旅客所理解、所接受。

9. 适度原则

适度原则就是要求应用服务礼仪时，为了保证取得成效，必须注意技巧，合乎规范，特别要注意做到把握分寸，适度得体。

10. "三方"原则

根据服务礼仪的要求，航空服务人员向旅客表达自己的尊敬之意时，必须善于抓住三个重点环节：接受对方、重视对方、赞美对方。在服务礼仪中，"三方"原则是有关航空服务人员向旅客表达尊敬之意的一般规律，它告诉全体航空服务人员，向旅客表达自己的敬意，并且能够让旅客真正接受自己的敬意，关键是要在向旅客提供服务之时，以自己的实际行动去接受对方、重视对方、赞美对方。

① 接受旅客是要求航空服务人员亲和友善地接受旅客。

航空服务人员对旅客应当积极、热情、主动相迎，并恰到好处地向旅客表示友好之意，将旅客当做自己的家人来看待。接受旅客实际上是一个服务态度是否端正的问题，而服务态度也是衡量一个航空服务人员能否为旅客提供满意服务的重要标准。接受旅客，主动探求旅客的每一项需求，以真心的微笑和热忱的态度去满足每一位旅客的需求。

② 重视旅客是要求航空服务人员实心实意地重视旅客。

重视旅客是航空服务人员对旅客表示敬重之意的具体化。应当表现为认真对待旅客，并且主动关心旅客。重视旅客的具体方法包括牢记旅客的名字、善用旅客的尊称、倾听旅客的要求。

③ 赞美旅客是要求航空服务人员恰到好处地赞美旅客。

赞美旅客实际上就是航空服务人员对旅客的接受与尊重，也是对旅客肯定的表现；在服务过程中恰到好处地对旅客表示欣赏、肯定、称赞与钦佩，与旅客和睦而友善地相处。赞美旅客的原则是适可而止、实事求是、恰如其分。

思考题

1. 什么是礼？什么是礼仪？
2. 礼仪的起源是什么？
3. 礼仪的特点是什么？
4. 中西方礼仪有哪些差异？
5. 航空服务礼仪的原则什么？

第二章　民航基础知识

【知识目标】

1. 了解民用航空的定义及分类。

2. 明确机场与航空公司的关系。

3. 掌握机场的分类及机场的系统构成。

【能力目标】

1. 熟悉机场服务人员关于仪容仪表的相关要求。

2. 达到机场服务人员行为规范的要求。

民用航空系统主要由政务主管部门、民航企业和民航机场构成。其集成作为整个航空网络上的节点，与航空公司相互依存。

第一节　民航基础知识概述

一、民用航空概论

20世界20年代，航空业形成了3个相对独立而又紧密联系的行业，它们分别是民用航空、军事航空和航空器制造业。

民用航空是指使用各类民用航空器从事除了军事性质（包括国防、海关和警察）以外的所有航空活动。

二、民用航空分类

民用航空包括商业航空和通用航空。

1. 商业航空

商业航空也称航空运输，是指使用航空器进行经营性的客货运输的航空活动。它以营利为目的，是一种商业活动。它与铁路、公路、水路和管道运输共同组成了国家的交通运输系统。凭借其安全快速及远距离运输能力强等优点，航空运输在交通运输系统中扮演着越来越重要的角色。

2. 通用航空

通用航空是指使用民用航空器从事公共航空运输以外的民用航空活动。它的范围十分广泛，主要包括以下几类。

① 工业航空：使用航空器进行与工业有关的各种活动，包括航空遥感、航空环

境监测、航空绘测、航空地球物理探测、海上石油开发等。

② 农业航空：与农、林、牧、渔各行业相关的航空活动，如森林防火、喷洒农药等。

③ 航空体育活动：使用航空器进行各种体育活动，如跳伞、滑翔机运动以及航空模型运动等。

④ 航空科研和探险：包括新机型的试新技术的验证以及利用航空器进行的天文观测和探险活动。

⑤ 飞行训练：飞行学校和俱乐部为培养各类飞行人员（空军飞行员除外）所进行的飞行活动。

⑥ 公务航空：使用专机为企业提供商务旅行服务的航空活动。专用飞机可以是企业自己的或者租赁的，也可以是包机。

⑦ 私人航空：私人拥有的航空器进行的航空活动。

⑧ 航空在其他一些领域中的应用，如巡逻、救援等。

三、民用航空系统的构成

民用航空系统由三部分构成，分别是政府部门、民航企业和民航机场。

1. 政府部门

民航业对安全的要求高，必须进行严格的管理；涉及国家主权和交往的事务多，要求迅速协调和统一调度，所以几乎每个国家都设立独立的政府机构来管理民航事务。我国是由交通运输部下属的中国民用航空总局来负责管理。

中国民用航空局简称民航局或CAAC(Civil Aviation Administration of China)，是由中华人民共和国国务院主管民用航空事业的部委管理的。其前身为中国民用航空总局，于2008年3月改称中国民用航空局。它是中国民用航空业的监督者，主要负责政策制定、与国外政府协商并促进中外在航空领域的合作，以加快中国民用航空快速、健康地发展。

2. 民航企业

民航企业是指与民航业有关的各类企业，其中最主要的民航企业是航空公司。利用航空器从事航空运输生产，是民航业的主要收入来源。目前，我国主要的航空公司有中国国际航空公司、中国南方航空公司、中国东方航空公司、海南航空公司、深圳航空公司、厦门航空公司、上海航空公司、四川航空公司、山东航空公司等；其他类型的航空企业主要是指航空保障公司，如中国航空油料集团公司、中共民航信息集团公司、中国航空器材进出口公司，它们都是围绕着航空运输企业开展活动的。

3. 民航机场

机场是空中交通与陆地交通转换的场所，飞机的起降依赖于机场的跑道，旅客在机场的候机楼内办理登机手续。机场也是一个城市或地区的公共服务设施，机场既带有营利的企业性质，同时也带有为地区公众服务的事业性质。机场要具备为旅客服务的场所(候机楼)和相应的设施。

第二节 国内外主要机场介绍

1. 机场的概念

机场是指在陆地上或水面上的一块划定区域(包括各种建筑、设施和设备),其全部或部分供飞机起飞、着陆和地面活动之用。简而言之,机场是指可供飞机起飞、降落、滑行、停放的场地和有关建筑物及设施的总称。

2. 机场的功能

简单地说,机场主要有以下几方面的功能:

① 保证飞机安全、及时地起飞和着陆。

② 安排旅客和货物准时、安全地上下飞机。

③ 提供便捷的地面交通方式连接市区。

3. 国内主要机场的介绍

截至2011年底,我国(不含港澳台地区)共有民航运输机场108个。下面介绍几个有代表性的机场。

(1) 北京首都国际机场

北京首都国际机场(机场三字代码:PEK)是目前中国最繁忙的民用机场,同时也是中国国际航空公司的基地机场。机场拥有三座航站楼、两条4E级跑道、一条4F级跑道,以及旅客、货物处理设施。机场原有东、西两条4E级双向跑道,尺寸分别为3800米×60米、3200米×50米;2008年建成的第三条跑道(3800米×60米,满足F类飞机的使用要求)位于机场东边。下图是北京首都国际机场鸟瞰图。

1号航站楼于1980年1月1日启用,有10个登机口,规模相对较小。2008年6月27日起,海南航空转场1号航站楼,1号航站楼成为海航集团(包括海南航空、大新华航空、首都航空、天津航空)国内航班的专用航站楼。

2号航站楼于1999年11月1日投入使用。2号航站楼比一号航站楼大得多,可以同时处理20架飞机的停靠。1、2号航站楼之间有一个乘客通道连接,通道中有数段自动传送带可以减轻过长的步行距离给旅客带来的疲劳感。

3号航站楼于2008年2月投入运营,其总建筑面积约98.6万平方米,为目前世界上最大的单体航站楼。

2011年北京首都国际机场累计完成发送旅客7359万余人次,在国际机场协会(ACI)全球旅客排名中,北京首都国际机场吞吐量名列第二位,超过美国芝加哥奥黑尔国际机场的3596万人次和英国伦敦希斯罗机场的6578万人次,仅次于美国亚特兰大哈兹菲尔德-杰克逊国际机场的8852万人次。

(2) 广州白云国际机场

广州白云国际机场(机场三字代码:CAN)始建20世纪30年代,在中国民用机场布局中占有举足轻重的地位。2004年8月5日,总投资198亿元的广州新白云国际机场正式投入运营。这是我国首个按照中枢机场理念设计和建设的航站港。机场占地面积为15平方千米,其中,新机场一期航站楼面积为32万平方米,楼内所有设施设备均达到国际先进水平。目前拥有两条跑道,跑道尺寸分别为3800米×60米、3600米×45米,可起降世界上最大的民航客机A380。

广州白云国际机场是中国南方航空公司、深圳航空公司和海南航空公司的基地机场,2010年旅客吞吐量为4097万人次,在国内机场中排第二位。下图是广州白云国际机场远期规划效果图。

2005年7月,航空快递运输巨头联邦快递与广东省机场管理集团公司签约,联邦快递亚太转运中心正式落户广州白云国际机场。亚太转运中心于2009年2月正式投入运营,该转运中心是联邦快递在亚太地区最大的运营枢纽,承担着整个亚太范围内30多个国家和地区的货物处理,是亚太转运中心国际货物的中转站,可以吸引

更多的公司投资广州，提升广州国际物流枢纽港的地位。

(3) 上海浦东国际机场

上海浦东国际机场(机场三字代码:PVG)位于中国上海市浦东新区的江镇、施湾、祝桥滨海地带，占地面积10平方千米，距市中心约30千米。

2009年，上海浦东国际机场日均起降航班达800架次左右，航班量已占到整个上海机场的六成左右。通航上海浦东国际机场的中外航空公司已达到48家，航线覆盖90余个国际(地区)城市、62个国内城市。2010年的旅客吞吐量约为1058万人次，在中国内地机场旅客吞吐量中排第三位。

机场目前拥有两座航站楼，其中1号航站楼建筑面积为27.8万平方米，2号航站楼建筑面积为48.55万平方米；跑道有3条，尺寸分别为4000米×60米、3800米×60米、3400米×60米；停机坪面积为149万平方米(一期为124万平方米，二期为25万平方米)；拥有218个停机位，其中登机桥位70个；远机位65个、货机位58个、维修机位20个；配备70座登机桥，1号航站楼28座，2号航站楼42座；拥有556个值机柜台，1号航站楼204个，2号航站楼352个。

(4) 成都双流国际机场

成都双流国际机场(机场三字代码：CTU)位于成都市西南郊，距市中心16千米。机场于1993年被国家批准为“国际口岸机场”，2000年获得“落地签证权”，是中国国际西南航空公司、四川航空公司、中国东方航空公司四川分公司和成都航空公司的基地机场，已开通119条国内定期航线、16条国际(地区)直达航线，代码共享国际航线12条，是中国中西部地区最大的航空枢纽港和客货集散地，正在致力于打造中国第四大航空枢纽。

成都双流国际机场占地面积14000余亩，现有两条平行跑道，其中西跑道尺寸为3600米×45米，等级为4E；东跑道尺寸为3600米×60米，等级为4F，可供A380飞机起降；机场共有150个停机位。

成都双流国际机场拥有两座航站楼。1号航站楼面积为13.8万平方米，设有登机廊桥28条、安全通道29条、值机柜台87个。其中国际值机柜台26个，具有国际、国内中转服务和贵宾休息、银行、餐饮、购物、休闲等配套服务功能。2012年初投入使用的2号航站楼建筑面积34万平方米，设有登机廊桥47个、值机柜台144个、安检通道48条，有完善的中转、购物、餐饮、娱乐等服务功能，可满足5000万人次以上的旅客吞吐量。

成都双流国际机场2010年旅客吞吐量达到2580.58万人次，货邮吞吐量为43.22万吨，客、货运均居中国机场前6位，居中国中西部机场第一位。目前，成都双流国际机场每日进出港航班平均达600余架次。

(5) 三亚凤凰国际机场

三亚凤凰国际机场(三字代码:SYX)位于三亚市西北11千米处,名胜美景环布周围,东眺浪漫的三亚湾及"鹿回头",西望闻名遐迩的"天涯海角",北倚满目葱翠的凤凰山,南濒碧波浩渺的南中国海。机场于1994年6月建成,7月1日正式通航。自通航以来,连年保证了安全营运,旅客吞吐量年平均增长率超过20%,航班正常率达到99.8%。目前,已开通航线163条,其中国内航线126条、国际航线35条、地区航线2条,与国内外96个城市通航。

三亚凤凰国际机场在2002年被中国第四大航空集团——海航集团托管运营,依托海航集团的强大实力,三亚凤凰国际机场发生了翻天覆地的变化。2004—2010年,旅客吞吐量年均增长率超过25%,2008年旅客吞吐量超过600万人次,2009年接近800万人次,2010年达到929人次,在全国175个机场中列第17位。

4. 国外主要机场介绍

(1) 亚特兰大哈兹菲尔德-杰克逊国际机场

亚特兰大哈兹菲尔德-杰克逊机场(机场三字代码:ATL)位于美国佐治亚州亚特兰大市中心南方约11千米处。它是目前全世界旅客吞吐量最大、最繁忙的机场,旅客可由此机场飞向全世界超过45个国家、72个城市及超过243个目的地(含本国)。2006年,亚特兰大机场的旅客吞吐量超过8000万人次,航班数量高达97万次,两项指标稳居全球第一,成为全世界最繁忙的机场。据国际机场协会报告称,2010年,亚特兰大机场的旅客吞吐量为8852万人次,比2009年增长1.5%,较第二名北京首都国际机场高出1500万人次。亚特兰大是位于美国南部最大的都市,所以许多乘客会选择搭乘国内线的班机到此(这样的乘客占所有乘客数目的比重高达57%),然后转乘其他飞机到邻近的城市,使亚特兰大机场成为一个以转机为导向的机场,客流量极大。

(2) 韩国首尔仁川机场

首尔仁川国际机场(三字代码:ICN)坐落在韩国著名海滨度假城市仁川西部的用宗岛上,距离首尔市区52千米,离仁川海岸15千米。周围无噪声源影响,自然条件优越,绿化率高达30%以上,环境优美舒适,加上其整体设计、规划和工程都本着环保的宗旨,因而被誉为"绿色机场"。

首尔仁川国际机场是大韩航空及韩亚航空的主要枢纽,于2001年3月正式启用,代替旧有金浦国际机场的国际航线枢纽地位。(金浦机场现主要供国内航班使用)。仁川国际机场是国际客运及货运的航空枢纽,是亚洲最繁忙的国际机场之一。2005—2010年,首尔仁川国际机场连续六年获得由国际机场协会调查、评选的"全球最佳机场"第一名。

首尔仁川国际机场航站楼的面积约514900平方米,居韩国全国机场之首。机场共有三条跑道,跑道长度分别为3750米、3750米、4000米。跑道配备了CATIIIB类的仪表着陆系统，使得航班可以在 50 米的低能见度情况下运行。

(3) 新加坡樟宜机场

樟宜机场(三字代码：SIN)位于新加坡东部，占地面积 13 平方千米，其中 8.7 平方千米为填海开垦。机场目前拥有 4 座航站楼：1 号航站楼、2 号航站楼、3 号航站楼和低成本航站楼。其中 1 号、2 号、3 号航站楼是连接在一起的，旅客可通过旅客捷运系统和高架列车，或以步行方式自由来往于 3 个航站楼。低成本航站楼位于机场南部，主要为乘坐低成本航空公司飞机的乘客提供服务。樟宜机场拥有 2 条平行跑道，相隔 1.64 千米，尺寸均为 4000 米×60 米。

自 1981 年 7 月 1 日开始运营以来，樟宜机场以其优质服务享誉航空界，至今共获得 340 多个奖项，其中仅在 2009 年就获得 27 个奖项。

樟宜机场有 80 多家国际航空公司的航班飞往 60 个国家的 200 多个城市，每周有 5000 个班次进出机场，每年运送旅客超过 3700 万人次。凭借 40000 平方米的商业空间，樟宜机场成为新加坡最大的购物场所之一。

第三节　航空公司

1. 航空公司的定义

航空公司是以飞机为运载工具为乘客和货物提供航空服务的企业，他们一般需要一个官方认可的运行证书或批准。航空公司运营的飞机可以是自有的，也可以是租来的；他们可以独立提供服务，也可以与其他航空公司合伙或者组成联盟。航空公司的服务范围可以分为洲际的、洲内的、国际的、国内的，也可以分为航班服务和包机服务。

2. 航空公司的分类

航空公司可以按多种方式进行分类。

① 按公司规模分，如大型航空公司，小型航空公司。

② 按飞行范围分，如国际航空公司、国内航空公司。

③ 按运输的种类分，如客运航空公司、货运航空公司。

④ 按工作时间分，如定期航空公司、不定期航空公司。

3. 航空公司联盟

各国航空公司组成跨国、跨地区的航空联盟，共享资源，强化竞争力。其成员航空公司在航班、票务、代码共享、转机、日常旅客计划、机场贵宾室及降低支出等多方面进行合作。目前主要的航空联盟有星空联盟、天合联盟、寰宇一家等。

4. 机场和航空公司的关系

简单来说，机场和航空公司是相互依存的关系。对航空公司而言，机场是其整个航线网络上的节点，需要机场为其提供相应的设施和服务。对于机场来说，航空公司是主要的客户，是航空性收入的主要来源，因而机场需要提供必要的设施、设备和服务来尽量满足航空公司的要求。

机场和航空公司面对着一个共同的服务对象——广大的旅客。能否为旅客提供优质的服务，事关机场和航空公司的生存与发展。服务就像一条纽带，把机场和航空公司两个独立的经济体紧密地连接在一起。只有提供优质的服务，才会吸引越来越多的旅客和客户选择乘飞机出行，相应的客、货运量才会越来越大。航空公司的业务量加大了，市场前景才会越来越广阔，从而进入一个良性循环，最终实现双赢的局面。

第四节　机场分类及机场系统

一、机场分类

根据机场的服务对象，机场的业务范围、机场在民航运输系统中发挥的不同作用，可按不同要求划分机场类别，以便于科学管理、合理建设并设置相应的配套设施和机构。

1. 按机场的服务对象划分

机场按服务对象可划分为军用机场、民用机场、军民合用机场。

2. 按航线业务范围划分

民航运输机场按照其航线性质，通常分为以下两类：

① 国际航线机场：开通国际航线并设有海关、边防检查、卫生检疫等联检机构的机场。

② 国内航线机场：只运营国内航线的机场。

3. 按机场在民航运输系统中所起的作用划分

机场是航空运输系统网络中的节点，按照其在该网络中的作用，可以分为以下三类：

① 枢纽机场：国际、国内航线密集的机场。旅客在此可以很方便地中转到其他机场。我国内地枢纽机场为北京首都国际机场、广州白云国际机场、上海浦东国际机场和上海虹桥机场。2010 年，这四家机场的旅客吞吐量之和占了全国机场旅客总吞吐量的 33 %。

② 干线机场：以国内航线为主，航线连接枢纽机场、直辖市和各省会或自治区首府，是空运量较为集中的机场。

③ 直线机场：位于省、自治区内经济比较发达的中小城市和旅客城市，或经济欠发达且地面交通不便的地方机场。这些机场空运量较少，航线多为本省区航线或邻近省区支线。

二、机场系统

机场一方面要面向天空，供飞机起飞和着陆；另一方面要面向陆地，为旅客和货物的进出服务，以便完成地面运输和空中运输的转变。

总体来说，机场可以分为飞行区、航站区和地面运输三大部分。

① 飞行区是机场内用于飞机起飞、着陆和滑行的地区，分为空中部分和地面部分。其中空中部分主要指飞机进场与离场的航路；地面部分则包括跑道、滑行道、机坪，以及一些为空管和维修服务的场地和设施，如塔台、机库等。

② 航站区是机场空侧和陆侧的交界面，机场的客货运输服务区是为旅客、货邮空运的服务端。航站区主要由旅客航站楼（候机楼）、登机机坪、货运站（货运中心）组成。

③ 地面运输区包括两个部分，航空港进入通道、航空港停车场和内部道路。

第三章　航空服务人员职业素养礼仪

安全、快捷、舒适是航空服务业特点的具体体现，而航空服务人员的工作正是实现这一特点的重要组成部分，是航空服务中直接面对旅客的窗口，它直接代表着中国民航和各航空公司的形象。航空公司服务人员的服务对象是不同国家、地区、文化层次、职业、年龄、地位和风俗习惯的旅客，所以有其服务的特殊性，为了满足国内外不同旅客的服务需求，航空服务人员只有提高自身文化修养，掌握丰富的专业知识和服务技能，努力学习、掌握不同旅客的不同服务需求及心理特点，才能做好服务工作。同时，航空服务人员职业素养直接反映企业的文化，关系到公司的声誉，影响顾客的情绪，并在一定程度上体现国家、民族的精神风貌和文明程度。因此，航空公司要求所有航空服务人员必须具备良好的职业素养礼仪。

第一节　航空服务人员职业素养的内容和特点

职业素养是人类在社会活动中需要遵守的行为规范。职业素养是个很大的概念，专业是第一位的，但是除了专业，敬业和道德是必备的，体现到职场上的就是职业素养；体现在生活中的就是个人素质或者道德修养。个体行为的总和构成了自身的职业素养。职业素养是内涵，个体行为是外在表象。所以，职业素养是一个人职业生涯成败的关键因素，通过量化就成为“职商”，英文为 Career Quotient，简称 CQ。

航空服务人员从事的是直接与人打交道的职业，服务是这个职业最本质的内涵，因此对从业人员的职业素养要求非常高。所谓航空服务人员的职业素养，实际上就是航空服务人员在职业生涯中表现出来的一种态度和道德，包括对职业的忠诚度、习惯和专业的娴熟与否。一个热爱航空服务的人，一定会像对待自己的眼睛一样对待自己的职业，会用百倍的努力和热情，去呵护自己拥有的这个职业。

航空服务人员的职业素养主要包括四方面：一是职业道德，二是职业思想（意识），三是职业行为习惯，四是职业技能。职业道德、职业思想、职业行为习惯是职业素养中最根本的部分，属于一个人的世界观、价值观、人生观范畴，它们是逐渐形成和完善的；而职业技能是支撑职业人生的表象内容，是一个人进入航空服务这个行业后，通过学习、培训，比较容易获得的。例如，一个航空服务人员的计算机、英语水平，行姿、走姿、站姿等这些职业技能，通过 2～3 年的实践和运用，就可以逐渐成熟。在衡量一个航空服务人员的职业素养的时候，通常职业道德、职业思想、职业行为习惯占 65 %的比重，而职业技能通常只占 35 %的比重。但是，如果一个人基本的职业素养不够，比如说忠诚度不够，那么技能越高的人，对企业造成的潜在威胁就越大。所以，每个人都像一棵树，原本都可以成为大树，而根系就是一个人的职业素养，枝、干、叶、形就是其显现出来的职业素养表象，要想枝繁叶茂，首先必须根系发达。

“知礼而后作”。航空服务人员的职业素养礼仪是一个人职业素养的表现。航空服务人员如果缺乏应有的职业素养，那么在服务过程中就常常会出现失礼的言行，就会使个人和企业错失许多发展的良机。因此，航空服务人员了解、学习职业素养礼仪，在职业生涯中处处表现出很高的职业素养，不仅是个人成功的基础，同样也是企业成功的基础。

职业素养礼仪是职业素养的外在呈现，是团队和个人发展的“解码器”，它将有助于打造无懈可击的完美团队，辉映每一个航空服务人员的智慧与才华。世界上最难遵循的规则是度，度来源于职业素养，而职业素养则来自日常生活中一点一滴的细节积累。提升职业素养、礼仪水平，靠的是内外兼修和不断的进取。准备破茧而出，蜕变成彩蝶的你，只要努力，永远都不晚。

【案例】

素养来自日积月累

有家招聘管理人才的航空公司，对一群应聘者进行复试。尽管应聘者都很自信地回答了考官们的简单提问，可结果却都未被录用，只得怏怏离去。这时有一位应聘者，走进房门后，看到地毯上有一个纸团。地毯很干净，那个纸团显得很不协调。这位应聘者弯腰捡起了纸团，准备将它扔进纸篓里。这时考官发话了：“你好，朋友，请看看你捡起的纸团吧！”这位应聘者迟疑地打开纸团，只见上面写着：热忱欢迎你到我们公司任职。几年后，这位捡纸团的应聘者成为了这家大公司的高级管理者。

第二节　亲和的微笑

微笑是盛开在人们脸上的鲜花，微笑是升起在人们心中的太阳，微笑是送给别人最珍贵的礼物，微笑是人们相互尊重的最好证明。在医院里，医生的微笑会给身受疾病折磨的病人带来勇气和战胜病痛的信心；在学校里，老师的微笑会给成绩落后的学生带来学习的兴趣和积极向上的热情；每天早上上班前对家人微笑，会增进家人间的情感；在各自工作岗位上，每个人的微笑都会得到热情的回报。

① 微笑在航空服务中的意义。微笑本身让人产生美感，是最坦荡和最有吸引力的；微笑是航空服务人员送给旅客的缕缕春风；微笑是航空服务人员化解服务矛盾的有效方式。航空服务人员面带微笑，给旅客一种可亲可信之感，发自内心的微笑是搞好服务工作的重要条件之一，它会使工作环境充满活泼愉快的气氛，给旅客留下美好的印象。用服务人员独特的真、善、美，亲切自然、彬彬有礼地对待国内旅客，热情大方、不卑不亢地对待外国旅客。

② 微笑服务是航空服务人员美好心灵和友好诚恳态度的外化表现，是航空服务人员与旅客交流、沟通的桥梁，是航空服务企业中服务人员最基本的素质和最起码的礼貌。

③ 微笑服务不仅仅是一种表情的体现，更重要的是与旅客感情的沟通；微笑服务并不意味着只是脸上挂笑，而应是真诚地为旅客服务；微笑服务最重要的是感情上把旅客当成亲人、当朋友，与他们同欢喜、共忧伤，成为旅客的知心人，成为旅客的镜子；微笑服务绝不只是单纯的笑对旅客，它实际上标志的是航空服务人员的一种竭诚为旅客服务的温馨态度，一种设身处地为旅客着想的态度，一种千方百计为旅客解决问题的态度；微笑服务犹如春风一般，能够使旅客的心情舒畅，产生好感；微笑服务能够代表企业亲切和真诚的形象，满足旅客对礼貌、尊重的要求。

④ 正确微笑的基本原则如下：

a. 主动微笑原则。在与旅客目光接触的时候，首先向旅客微笑，然后再开口说话表示欢迎，主动创造一个友好、热情的气氛。

b. 自然大方微笑原则。要神态自然、热情适度，最好表现为目光有神、眉开眼笑，这样才显得亲切、真诚、温暖、大方。

c. 眼中含笑原则。脸上有笑，眼睛更要会笑，而这一切要源自于内心的微笑。

d. 真诚微笑原则。这种微笑应该是自内心发出的，表现出对旅客的尊重、理解。

e. 健康微笑原则。这种微笑应该是健康、爽朗的。

f. 礼貌微笑原则。这种微笑像春风化雨，滋润旅客的心田。一个懂得礼貌的航空服务人员，会将微笑当做礼物，慷慨地赠予旅客。

g. 时机和维持原则。在目光与旅客接触的瞬间，就要目视旅客启动微笑。微笑的最佳时间不超过3秒为宜，微笑的启动和收拢动作要自然。

h. 一视同仁原则。无论是外宾内宾、本地旅客或外地旅客、男旅客或女旅客，都要同等对待，一律持之以微笑，不能以貌取人。

i. 天天微笑原则。把微笑当成一种习惯，有了良好的微笑习惯，才能让微笑服务进入新的境界。

⑤ 微笑服务意识的建立。微笑服务是航空服务人员开展服务工作的基本职责，是航空服务人员维护企业形象、声誉的内在要求，是航空服务人员爱岗敬业、旅客至上的职业价值理念、理想的具体表现，是航空服务人员自信、文明、有涵养的内在特质在工作中的外显和个性形象的最佳体现途径。

⑥ 航空服务人员的微笑是对旅客亲切的问候语。旅客光临，微笑是永恒的欢迎曲；旅客离去，微笑是温馨的告别辞；工作中出现小差错，微笑是真诚的道歉词。航空服务人员要善于运用微笑服务来打动旅客、赢得旅客。

第三节 舒心的问候

问候是人与人见面时最初的问候。问候是否得当是非常重要的。如果能够迅速、积极地表达出自己的诚意和心意,就可以在最初接触时给旅客留下一个好的印象。

① 问候要积极、主动、热情。向旅客问候时一定要积极主动,不要等待旅客先问候自己,而应主动地打招呼。一般来说,先打招呼的人会在后面谈话交流和服务中掌握主动。随着旅客的走动、接听电话等,有可能会错过问候的时机。因此,为了不至于陷于被动,应先主动打招呼。如果旅客先打招呼了,也一定要反过来问候旅客。

② 问候时声音要清晰、洪亮且柔和。在早晨、午后、傍晚等旅客神经尚未完全兴奋时,大声地问候会使旅客感到振奋,有利于服务气氛的开朗、活跃。

③ 问候的方式要符合旅客的情况。问候时要根据旅客的年龄、性别、身份、场合等因素选取恰当的方式,切忌千篇一律。

④ 问候时的正确姿态。问候时要注视旅客的眼睛,将双手自然交叉于身前。最佳姿势是一度鞠躬,即上身倾斜角度为 15°,表示点头致意;问候长者或者重要旅客时,也应该二度鞠躬(上身倾斜角度为 30°),表示向旅客敬礼;向旅客道歉时,多用三度鞠躬(上身倾斜角度为 45°),表示向旅客深度敬礼。

⑤ 鞠躬问候时应注意的问题如下:

a. 身体向前,腰部下弯,头、颈、背成一条直线,视线随着身体的移动而移动。

b. 鞠躬时要挺胸、抬头、收腹,自腰以上向前倾。

c. 鞠躬时抬起的速度要比下腰时稍慢一些。

d. 上身向下弯时,要先看对方的眼睛,然后再看对方的脚;抬身后,再次注视对方的眼睛。千万不要看自己的脚或者低垂头部,那样就像低头认罪,是一种难看的姿态。

⑥ 亲切的问候常挂在嘴边,问候常用的尊称敬语如下:

a. 令:美好之意。问候旅客父亲、母亲、儿子、女儿、哥哥、妹妹时,可用令尊、令堂、令郎、令爱、令兄、令妹等。

b. 贤:贤内助、贤兄、贤弟、贤婿、贤侄等。不可称"贤父"。

c. 尊:尊容、尊言、尊意、尊口、尊兄、尊大人、尊夫人等。

d. 贵:贵姓、贵庚、贵地、贵体、贵校、贵厂、贵公司、贵先生等。

e. 高:高寿、高见、高明等。

f. 芳:芳龄、芳名、芳容等,多用于尊重女性。

g. 常用的称呼有:您、君、先生、女士、小姐、阁下等。

h. 请:着重向旅客表示尊重和敬意。在敬语中,"请"的功能较强,航空服务过程中,"请"必不可少,如"请"、"有请"、"请教"、"请用茶"、"请笑纳"、"请左拐上楼"、

“请批评”、“请就位”、“请指教”等。

i. 敬语中的其他惯常用法。初次见面说“久仰”；很久不见说“久违”；请人批评说“指教”；请人原谅说“包涵”；求人解惑说“赐教”；托人办事说“拜托”；赞人见解说“高见”；陪伴客人说“奉陪”；中途先走说“失陪”；等候客人说“恭候”；看望别人说“拜访”；宾客来了说“光临”；求给方便说“借光”；请人别送说“留步”；与人告别说“再见”。

【案例】

一把椅子的问候

一个阴云密布的午后，突然下起了倾盆大雨，行人们纷纷进入就近的店铺躲雨，一位老妇也蹒跚地走进费城机场附近的百货公司避雨。面对她略显狼狈的姿态和简朴的装束，所有的售货员都对她视而不见。这时，一个年轻的服务员诚恳地走过来对她说：“夫人，我能为您做点什么吗？”老夫人莞尔一笑：“不用了，我在这儿躲会儿雨，马上就走。”老妇人随即又心神不定了，不买人家东西，却借用人家的屋檐躲雨，似乎不近情理。于是，她开始在百货店里转起来，哪怕买个头发上的小饰物呢，也算给自己躲雨找个心安理得的理由。

正当她犹豫徘徊时，那个小伙子又走过来问候说：“夫人，您不必为难，我给您搬了一把椅子，放在门口，您坐着休息就是了。”两个小时后，雨过天晴，老妇人向那个年轻服务员道谢，并向他要了张名片，就颤巍巍地走出了商店。

几个月后，费城机场附近的百货公司的总经理詹姆斯收到了一封信，信中要求将这位年轻人派往苏格兰收取一份装潢整个城堡的订单，并让他承包自己家族所属的几个大公司下一季度办公用品的采购订单。詹姆斯惊喜不已，匆匆一算，这一封信所带来的利益，相当于他们公司两年的利润总和！

他在迅速与写信人取得联系后，方才知道，这封信出自一位老妇人之手，而这位老妇人正是美国亿万富翁“钢铁之王”卡内基的母亲。

詹姆斯马上把这位叫菲利的年轻人推荐到公司董事会上。毫无疑问，当菲利打起行装飞往英格兰时，他已经成为这家百货公司的合伙人了。那年，菲利 22 岁。

随后的几年中，菲利以他一贯的忠实和诚恳，成为“钢铁大王”卡内基的左膀右臂，他的事业扶摇直上，成为美国钢铁行业仅次于卡内基的富可敌国的重量级人物。菲利只用了一把椅子、一句舒心的问候，就轻易地与“钢铁大王”卡内基攀亲附缘、齐肩并举，从此走上了让人梦寐以求的成功之路。这真是“莫以善小而不为”。

第四节　洁雅的仪表

在人际交往的最初阶段，往往最能引起对方注意的就是人的仪表，仪表不仅意味着对自我价值的肯定，还表明了积极生活的态度，给人更多的自信和尊严。

① 仪表要整洁。整洁能给旅客以清新、健康的印象。女航空服务人员要在化妆上多下功夫，因为化妆可以掩饰缺点，突出优点。

② 仪表要高雅。风度是人的内在气质的自然流露。要想拥有高雅的风度，需要长时间的磨炼和积累。

③ 仪表要朴素。接待旅客也是相当重要的。如果航空服务人员身着比旅客还要华丽的服装，会让旅客怎么想呢？要牢记住，工作期间不可穿过于奢华的服装或戴过于贵重的首饰。

第五节 得体的语言

语言往往是人与人之间交往的第一步，适当的语言是人与人之间建立良好关系的开端。语言是表达思想感情方面一种最直接、生动、形象的方式，语言不但能帮助人们传递信息、交流思想，还能帮助人们增进了解、加深认识。语言反映了一个人的内心世界，一个人的品德修养、文化水平及个人兴趣等。

① 语言交流要针对旅客实际。要做到从言谈举止中迅速把握旅客的心情。要明白旅客的话外之音，了解旅客的愿望。只有做到了这一点，才能说是一名称职的航空服务人员。不看对象、场合，千篇一律地应答也是失礼的。航空服务人员要善于察言观色，判断旅客心理和服务需要，尽量站在旅客的立场上说话办事。要将不同国家、地区、文化层次、职业、年龄、地位、风俗的旅客区别对待。要掌握多种语言表达方式，善于使用礼貌用语和无声语言。

② 用委婉的语气表达否定的意思。在拒绝旅客时，使用否定句的影响是很强烈的，会给旅客留下不愉快的印象。切记不要直接向旅客说“不”，要使用委婉的语句。

③ 尽量避免使用外来语和专业术语。无论话是讲给谁听，都要力求易懂。不同的行业都有不同的专业术语。语言要简练、通俗、亲切。要多说让旅客听着舒心的话。

④ 语言与手势动作的协调一致。在兴致高涨时，人们说话时便会不由自主地伴以手势动作，这样有助于更好地表达内心的感受，展现内心的热情。应该注意的是，如果没有热情，即使说得天花乱坠，也会被认为是冷淡的，从而成为所谓的“殷勤而无礼”了。

⑤ 客舱内的常用服务语：

1. 早上好，欢迎登机！

Good morning(afternoon, evening), Welcome aboard!

2. 对不起，太太。我能看下您的登机牌吗？

Excuse me, Madam. May I see your boarding pass?

3. 是，对。

Yes, I see.

4. 请。

Please.

5. 您的座位号是多少?

What's your seat number?

6. 我帮您拿行李吧?

Can I help with your cabin baggage?

7. 请提行李跟我来。

Please carry your bag and follow me.

8. 我能麻烦您一下吗,小姐?

May I trouble you,Miss?

9. 愿为您服务。

I'll be glad to.

10. 不客气。

It's my plesure.(You are welcome.)

11. 很抱歉,对不起。

I'm sorry.

12. 打扰了。

Excuse me.

13. 给您,拿好。

Here you are.

14. 知道了。(不知道。)

Yes,I know.(No,I don't know.)

15. 谢谢。

Thank you very much.

16. 太太,您想喝点什么?

What do you want,Madam?

17. 不要担心,别着急。

Don't worry.

18. 是,马上就去。

Yes,I'm going away right now.

19. 让您久等了。

Thank you for waiting(sir).

20. 是您叫我吗?

Did you call me?

21. 是,马上给您拿来。

Yes,I'll get one for you in just a moment.

22. 我不清楚，我马上查询。

I'm not sure,I'll check it.

23. 很棒。

Very good.(Quite right.)

24. 希望没误您的事。

I hope your business is all right.

25. 托您的福。

Thank to you.

26. 请稍后。

Please waiting just a moment.

27. 祝您旅途愉快。

Enjoy your flight.

28. 您可以通过座椅扶手的按钮来调节座椅靠背。

You may adjust your seat back by pressing the button on the arm of your seat.

29. 如有任何需要，请按呼唤铃。

If there's anything we can do for you,just press the call button.

30. 请您用热毛巾/湿纸巾，女士/先生。

Your hot towel/wet towel,madam/sir.

31. 客舱的前面和后面都有洗手间。

There are toilets in the front and rear of the cabin.

32. 我们要飞多久？

How long does our flight take?

33. 飞机现在的飞行高度是多少？

At what altiude are we flying?

34. 我们飞行的速度是多少？

What is the speed of our plane?

35. 我给您拿条毯子好吗？

Shall I bring you a blanket?

36. 您想在饮料里加点冰块吗？

Would you like some ice in your drink?

37. 对不起，让您久等了。

I'm sorry for keeping you waiting so long.

38. 对不起，我没有完全听懂。您能重复一遍吗？

I'm sorry. I didn't get that. Could you repeat it?

39. 我想要鸡肉米饭，不是面条。

I want chicken rice,but not noodles.

40. 小心烫手！

It's hot！ Mind your hand.

⑥ 相关服务忌语：

1. 嘿！
2. 老头儿。
3. 大兵。
4. 土老帽。
5. 老黑。
6. 你吃饱了撑的啊！
7. 谁让你不看着点儿。
8. 没有了。
9. 问别人去！
10. 听见没有，长耳朵干吗使的？
11. 没办法。
12. 供应完了。
13. 我就这态度。
14. 有能耐你告去，随便告哪儿都不怕。
15. 有完没完？
16. 这是地面的事。
17. 这不关我的事。
18. 到底要不要，想好了没有？
19. 喊什么，等会儿！
20. 没看我正忙着吗，着什么急？
21. 这是其他部门的事，与我们无关。
22. 我解决不了，愿意找谁就找谁去！
23. 不知道。
24. 刚才和你说过了，怎么还问？
25. 靠边点儿。
26. 你去告好了。
27. 不能放在这儿。
28. 找我们乘务长。
29. 有意见，找经理去。
30. 到点了，你快点儿。
31. 我不知道。
32. 我忙不过来。
33. 你想干什么？

34. 你问我，我问谁？
35. 瞎叫什么，没看见我在吃饭？
36. 管不着！
37. 没开始呢，等会再说。
38. 干什么呢，快点。
39. 我不管，少问我。
40. 不是告诉你了吗，怎么还不明白？
41. 挤什么挤？
42. 别啰嗦，快点讲。
43. 现在才说，早干吗来着？
44. 越忙越添乱，真烦人。
45. 怎么不提前准备好？
46. 我有什么办法，又不是我让它坏的。
47. 别装糊涂。

⑦ 相关服务敬语：

1. 同志（或先生、小姐）。
2. 老大爷（或老大妈）。
3. 解放军同志。
4. 农民朋友。
5. 某地朋友。
6. 请不要这样。
7. 请你注意看清楚。
8. 请问，您需要毛毯吗？
9. 我不太清楚，请你再问问别人。
10. 我再告诉您一遍，请注意听。
11. 请问，您需要提供饮料吗？
12. 给您增加些饮料好吗？
13. 我刚才态度不好，请原谅。
14. 欢迎您提意见，反映情况，这是您的权利。
15. 请尽量抓紧时间。
16. 您需要用餐吗？我们正准备为您提供正餐、小吃、点心。
17. 如果您现在不需要用餐，我们将在您需要时提供，到时请您按一下呼唤铃，我们随时为您服务。
18. 您别着急，考虑好了再选择。
19. 您的声音我已听到，我马上就过来。
20. 我手底下的事马上做完，请您再等一会儿。

21. 我还能为您做些什么吗？
22. 您这个问题我解决不了，但××部门负责解决这事。
23. 这个我真不知道，真抱歉。
24. 我刚才对您说了，你没有听清，我可以再说一遍。
25. 谢谢您，请往旁边靠一靠。
26. 请问，需要我来帮助吗？
27. 对不起，这件行李太大了，可以拆开保存吗？
28. 对不起，热食每位乘客仅配一盒，你看我给您提供些面包可以吗？
29. 如果不满意，欢迎提意见。
30. 时间不多了，请您抓紧一点，真对不起。
31. 非常抱歉，我立即给您。
32. 请您对号入座。
33. 很抱歉，航班由于天气原因延误了，我们会及时为您提供最新消息。
34. 这事我不清楚，不过我可以帮您问问。
35. 我们是轮流吃饭，那边有人值班。
36. 对不起，这件事另有人负责。
37. 请稍等片刻，我们马上就开始工作了。
38. 客人比较多，请您动作稍快点。
39. 这事不归我管，请找××部门。
40. 您如果没听明白，我再解释一遍。
41. 谢谢您给提的宝贵意见，我一定向领导如实反映。
42. 这地方窄，请多注意。
43. 这不属于我的职责范围，不过我可以为您代劳。
44. 请简单、明确地表达您的意思。
45. 您刚才这么说就好了，我再帮您想想别的办法。
46. 我现在正忙着，请稍等一下好吗？
47. 请提前做好准备。
48. 这东西质量不好，我们都不愿意这样。
49. 这件事如果您不清楚，请再来问我。
50. 请按顺序排队。
51. 对不起，这里是紧急出口，您的行李不能放在这儿。
52. 请您注意不要在客舱内打手机。
53. 先生，我帮您把西服挂起来吧。
54. 请您尽快回到座位上，我们要清点人数。
55. 由于能见度太低，机场暂时关闭，所以我们不能起飞。
56. 飞机马上就要起飞了，请不要吸烟。

57. 这是呼唤铃，如果您需要帮忙，请按它。
58. 我们的飞行高度为 11000 米，速度为每小时 800 千米。
59. 本次航班的机组人员为 12 名，其中空乘 8 名、安全员 1 名。
60. 按规定，起飞后 1 小时才供餐。
61. 洗手间现在有人，请您稍候。
62. 飞机上备有各种阅读的杂志，您可以选择。
63. 很抱歉，我们没有日语读物。
64. 您想喝点什么？
65. 对不起，绿茶已经没有了，能喝点咖啡或别的饮料吗？
66. 让您久等了，这是您要的热咖啡。
67. 先生，这是您的饮料，我已打开，要给您倒上吗？
68. 对不起，请问您要不要餐前酒？
69. 夫人，这是您要的加了两片柠檬的红茶。
70. 我们马上就要供应午餐了，请放下小桌板。
71. 我太粗心了，我马上替您擦净衣服。
72. 对不起，是我弄错了，我立刻给您找一份。
73. 很抱歉，我们无法满足您的要求。
74. 对不起，我们可以收拾小桌板了吗？
75. 这是我们应该做的，有什么好的建议，敬请提出。
76. 您曾晕过机吗？如您需要晕机药，我去给您取。
77. 对不起，机组没有医生，这就为您广播找医生。
78. 不要紧吧，如有急事，请按这个呼唤铃。
79. 我们正设法与目的地您的亲人取得联系。
80. 别着急，我们已与地面联系，飞机着陆后救护车会送您去医院。
81. 请您放心，会平安到达的。
82. 请别让孩子在过道走，飞机颠簸得厉害。
83. 飞机在紊流区飞行，颠簸是正常的，马上就会好。
84. 请放心，机长会认真操作的，过了紊流区就好了。
85. 请别担心，这是轻微的颠簸。
86. 对不起，请您收起小桌板，就要着陆了。
87. 飞机 10 分钟后要着陆，请您系上安全带。
88. 飞机已经完全停稳，您可以下飞机了。
89. 先生，对不起，能让这位孕妇先下飞机吗？
90. 感谢您在飞行中给予我们的帮助。
91. 请多保重，欢迎再次乘坐我们的飞机。
92. 感谢您乘坐本次航班，希望再次见到您。

93. 祝您一路顺风，再见。

第六节 诚恳的态度

接待旅客时，给旅客的第一印象是非常重要的。而对于究竟给旅客留下何种印象起决定作用的“态度”，则主要是通过内心情绪和外在动作表现出来的。

① 真诚地欢迎旅客。良好的姿势不仅能表现出优雅的气质，还能给旅客以舒适感和信赖感。

② 用明朗的心情感染旅客。作为一名航空服务人员，即使有不高兴的事，也应忍耐，要将明朗、快乐带给周围的人。这样，在某种程度上也会减轻自己的不快。要有热情，全身心满腔热情地为旅客服务。

③ 给旅客美丽的眼神。俗话说“眼睛会说话”，“眼睛是心灵的窗口”。要注视着旅客的双眼。

④ 学会体谅旅客。无论何时，都应站在旅客的立场来考虑问题。

⑤ 善于控制自己的情绪和言行。工作时不要因心情不好等原因而怠慢了旅客，应当控制自己的情感，以一种平稳的心态与旅客接触。要面对着旅客，切不可将后背朝向旅客。因为这样才能迅速、准确地把握住旅客的反应，旅客也能看清你的表情。

航空服务人员只有外在的美是远远不够的，还应精通业务，加强对旅客需求、心理的研究，从不同的角度努力培养、提高自己的服务意识，使自己的仪表、风度、心灵、语言、情绪、知识和技能符合“美的规律”。服务工作是很琐碎的工作，需要航空服务人员勤勤恳恳地去做，胸中装着旅客，保持微笑式的服务，良好的服务意识，雅致、得体的动作和姿态，细心、周到的关注，再加上航空服务人员动人而温暖的微笑，让旅客感受到一份独特而温馨的美丽。

【案例】

“三碗茶”的体贴成就一代名将

日本历史上的名将石田三成未成名之前在观音寺谋生。有一天，幕府将军丰臣秀吉因口渴到寺中求茶，石田热情地接待了他。在倒茶时，石田奉上的第一杯茶是大碗的温茶；第二杯是中碗稍热的茶；当丰臣秀吉要第三杯时，他却奉上一小碗热茶。

丰臣秀吉不解其意，石田解释说：“这第一杯大碗温茶是为解渴的，所以温度要适当，量也要大；第二杯用中碗的热茶，是已经喝了一大碗不会太渴了，稍带点品茗之意，所以温度要稍热，量也要小些；第三杯，则不为解渴，纯粹是为了品茗，所以要奉上小碗的热茶。”丰臣被石田的体贴入微深深打动，于是将其选在自己幕下，使得石田成为一代名将。

思考题

1. 航空服务人员的职业素养主要包括几个方面?
2. 正确微笑有哪些基本原则?
3. 练习客舱内常用的相关服务语。

第四章　航空服务人员仪容仪表礼仪

仪容主要是指一个人的容貌，它是由发型、容貌以及体型等内容构成的。其中的重点，则是指人的容貌。在人际交往中，每个人的仪容都会引起交往对象的特别关注，并将影响到对方对自己的整体评价。

仪表是指人的外表，包括人的容貌、姿态、风度、服饰和个人卫生等方面，是人精神面貌的体现。

对一个人来说，倾国倾城的容貌是上天的恩赐，但如果不懂得珍惜，仪容不整不洁，纵使国色天香，也会黯然失色。仪表虽是人的外表，但它代表了一种无声的语言，在一定意义上能反映出一个人的修养、性格等。而美观又整洁大方的仪容才能给自己带来自信，给他人带来尊敬，在人们初次交往时给人以鲜明的印象，为自己的社交形象增色。所以航空服务人员的仪容仪表不仅是个人形象问题，更为重要的是它反映了一个国家或一个民族的道德水准、文明程度、文化修养、精神面貌和生活水平。

注重仪容仪表的意义：

① 注重仪容仪表是航空服务人员的一项基本素质。

② 航空服务人员的仪容仪表反映了航空公司的管理水平和服务水平。

③ 注重仪容仪表是为了满足旅客的需要。

④ 注重仪容仪表反映了航空服务人员的自尊自爱。

航空服务人员个人修饰的基本要求如下。

1. 健康的心态和体魄

航空服务人员要有正确的世界观、人生观、价值观，用平常的心态去对待所发生的任何情况。应经常性地锻炼身体，给人以精神饱满、自信的感觉。

2. 个人卫生良好

航空服务人员给旅客的第一印象非常重要。当航空服务人员站在旅客面前时，应给人以外表整洁、干净利落的感觉，而不应是邋邋遢遢、不加修饰。

① 口腔卫生。注意保持口腔内的清洁、无异味。工作应带上口香糖或口腔清新剂。

② 内衣勤更换，勤清洗。

③ 男士每天都要清理胡须，如果胡须长得快，应带上剃须刀。

④ 头发勤清洗，最少2～3天清洗一次，以免有异味。发型符合职业要求，做到整洁、光亮、大方，头发保持自然黑或棕黑色。工作时不得戴假发套，如烫发，应吹理整齐，不凌乱。

⑤ 鼻毛。无论男士、女士，从外观上都不能看见鼻毛。

⑥ 工作制服干净平整，无污渍；纽扣齐全，无开线。穿制服时扣起所有的纽扣。

⑦ 手和指甲。在工作岗位上，打扫完洗手间、工作完毕都要及时洗手。定期修剪指甲。

⑧ 航空服务人员在工作时，禁止戴卡通、工艺、广告类等形态夸张的手表。

航空服务人员美丽、端庄、大方的外表给人们留下了固定的形象特征。那么作为一名合格的航空服务人员，怎样才能形成自己的形象特征呢？首先，航空服务人员的专业化形象是在日常的生活中逐渐学习和养成的，不能指望上几天课，就会将自己培养成一名气质出众的航空服务人员。学习礼仪的目的就是要树立和塑造航空服务人员的形象。这包括外在和内在两个方面的内容：内在的包括素质的提高、心灵的美；外在的包括仪容仪表、语言行为等。外在形象作为内在素质的体现，是以内在素质为基础的，所以只有加强自身的修养，才能做到"内慧外秀"，真正树立起航空服务人员的形象。航空服务人员的形象和礼仪不仅关系着航空公司的形象，而且代表着国家、民族的对外形象。

第一节　乘务员头发修饰及发型要求

"远看头，近看脚"。头发是人体的制高点，是别人第一眼关注的地方，所以在社交场合，个人形象的塑造一定要"从头做起"。在容貌方面，发型是比较引人注意的。整洁大方的发型会给旅客留下生气勃勃的印象。一般来说，发型本身无所谓美丑，无论男女，发型优雅是很重要的，但更重要的是清洁。因此，在短时间内就能整理好且不容易乱的发型最为理想。不管多么时髦的发型，和本人气质相符合是最重要的。一个充分显示女性的魅力的发型，要考虑自己的年龄、身份、工作性质和周围环境。一个与你支付配起来很协调的发型，可以使你看上去更加美丽。头发应保持干净、有光泽、无头皮屑。任何一种发型都应梳理整齐，使用发胶、摩丝定型，不能有蓬乱的感觉。

女乘务员短发不得采用爆炸式、翻翘式、超短式造型。头发可卷可直，但发型不宜奇特，长度不短于 2 寸，以前不遮眉及面部，后不超过衬衣领子底线为标准；长发禁止螺旋式、马尾辫式或留鬓角，长发盘起的高度适中，不可过高，也不可过低；刘海可卷可直，但必须保持在眉毛上方；头发必须保持黑色，染发时只允许染成自然的黑色；发饰只限公司配发的式样，不准戴其他花色发饰，可以用无饰物的黑色发卡固定头发，但不得使用发箍及彩色发卡，禁止使用假发套；正常情况下应 2～3 天洗一次头发，油性头发应每天洗。

作为航空服务人员，对于头发的要求也颇为严格。无论男女均要求：

① 保持头发清洁。要勤洗发，使自己的头发保持清洁卫生，做到不能有味、不能出油、不能有头皮屑。在出门前，摘下帽子时，或其他必要时间，对头发进行梳理，使其整齐。头发要常修剪，尤其是短发，每月应修剪 1～2 次，留长发的女士应将枯黄、

分叉的发梢剪掉，以保持头发的美观。梳理头发时要注意，不当众梳头，不直接用手梳头，不乱扔梳下来的头发和头屑。

② 发型得体。在保证头发整齐的同时，应根据自己的脸型、体型、年龄、发质和气质选择与自己的职业和个性相符合的发型，以增强人体的美感。例如，圆脸型的人五官集中，额头和下巴偏短，双颊饱满，可选择垂直向下的发型；方脸型的人面部短阔，两腮突出，轮廓较为平直，在选择发型时应侧重于以圆破方，使脸部显得比较柔和；长脸型的人应重在抑“长”，可适当在头的两则增加发量，削出发式的层次感。

总的来说，男士的发型应给人以得体、整齐和略显成熟、稳重的感觉；女士的发型应清秀典雅，给人以持重、干练、成熟的感觉。

③ 护法及适度美发。要拥有健康美丽的头发，护法、养发是关键。在日常生活中要注意：避免头发接触强碱或强酸性物质，并应尽量防止长时间暴晒；多吃富含碘、蛋白质、维生素和微量元素的食物，尤其是要多吃核桃之类的坚果和黑芝麻之类的“黑色食品”；应根据自己的发质选择适合的护发用品；清洁头发时不要使用过热的水，以免头发失去光泽；也不要用坚硬的指甲用力抓挠头皮，以免产生头屑。

美发应得体适度。如果出现白发，可以根据自己的肤色把头发染成需要的颜色（一般黑色比较符合中国人的审美习惯），不能为了追赶时髦，把头发染得五颜六色。烫发应慎重，不要将头发烫得过于繁乱、华丽、美艳。

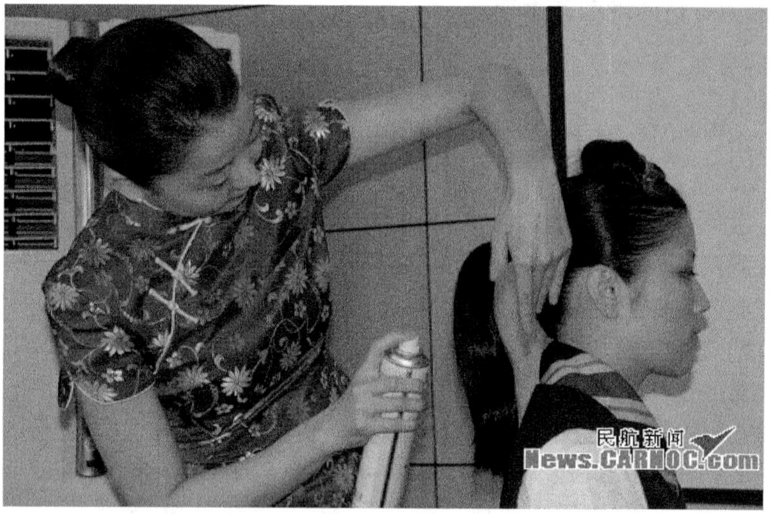

恰到好处的发型可以烘托出人的外在形象美和个性气质美，塑造出优雅的气质和良好的风度。航空服务人员在进行个人头发修饰时，除要恪守对于常人的一般性要求，依照自己的审美习惯和自身特点对自己的头发进行清洁、修剪、保养和美化以外，还要依照航空服务人员的工作性质、工作规范进行头发修饰。

（一）男乘务员的发型基本要求

在《民航乘务员职业技能鉴定指南》中对男乘务员的发型提出以下几点要求。

1. 发型庄重

民航服务人员在选择发型时，应当有意识地使之体现庄重而保守的整体风格。唯有如此，才与乘务人员的具体身份相称，才易于使自己得到服务对象的信任。乘务人员通常不宜使自己的发型过分地时髦，尤其是不要为了标新立异，而有意选择极端前卫的发型。

2. 剪短头发

头发宜剪短，必须做到："前发不覆额，侧发不掩耳，后发不触领"。所谓前发不覆额，主要是要求头前的头发不遮盖眼部，即不允许留有长刘海。所谓侧发不掩耳，主要是要求两侧的鬓角不长于耳垂底部，即不应当蓄留鬓角。所谓后发不触领，则主要是脑后的头发不宜长至衬衣的衣领，免得将通常为白色的衣领弄脏。为了保持自己的短发，应根据头发生长的一般规律，至少每半个月左右理一次头发是最为恰当的。除了黑色之外，男乘务员不准染其他颜色的头发。

3. 胡　须

不得留胡须（小胡子和络腮胡），工作前要净面，并修剪鼻毛。

4. 手和指甲

保持手的干净，无斑点，手指不得有抽烟留下的尼古丁熏黄的痕迹，指甲应保持清洁，修剪整齐，无凹凸不平的边角，长度不超过手指尖 2 mm。

（二）女乘务员的发型基本要求

1. 发型朴素

女乘务员在为自己选择发型时，必须与其空乘服务人员的身份相符，符合本行业的“共性”要求，以简约、明快而见长。

2. 长短适中

女乘务员短发造型不宜奇特。头发长度不能超过衣领。前发必须保持在眉毛上方不宜挡住眼睛。两侧头发干净利落，服帖。

如果是长发，应将长发整齐束起来，一丝不乱，前不遮眉，露出双耳。将头发盘于脑后，佩戴统一的头花。从个人的脸形特征来说，长脸不适合高盘发型，因脸长再做高盘发型又增加了头部高度，显得脸形更长，所以长脸人适合于低盘发型。从人的身高来说，高个子的人，要选用低盘发型。矮个子人，适合选择高盘式，而不宜选择低盘式，尤其不要选择不等式和偏重式发型。头发少者可将头发用皮筋扎紧成马尾辫，蓄上假发髻装饰或加些海绵等添加物或在头发根部用纱巾扎束，装满头发网后，再戴上头花。短发要干净、利落，无凌乱。无论长发、短发，除了黑色之外，女乘务员不准染其他颜色的头发。

第二节 航空服务人员面部妆容要求

化妆是生活中的一门艺术。适度而得体的化妆，可以体现女士端庄、美丽温柔、大方的独特气质。女士在商务和社交生活中，以化妆品及艺术描绘手法来装扮自己，可以达到振奋精神和尊重他人的目的。

化妆有助于表现航空服务人员的自尊自爱。航空服务人员在工作时化妆，首先是对自己的一种尊重，同时也是对个人形象的一种维护。

化妆有助于表现航空服务人员的爱岗敬业精神。在工作时化妆，既是航空服务人员对旅客尊重的一种直接表现，也是航空服务人员热爱本职工作、恪尽职守的一种具体做法。一个人只有在热爱自己的工作、尊重自己交往对象的前提下，才会去修饰自我形象。化妆有助于表现航空服务人员的训练有素。对一线航空服务人员是要求化淡妆的。化妆最好能在短时间内完成，利用自然美且能与制服相称的为最好。化妆应以淡雅、清新、自然为宜。特别是年轻人，应在如何利用自己的青春美的方面多下功夫。浓重的眼影和眼线，刺鼻的香水，都是与工作不符合的。化妆若和制服相配，清洁、健康的化妆更能得到旅客的好感。化妆的重点是创造自然、生动、高雅的气质，宜化淡妆，妆色要健康、明朗、端庄，不可妖艳。

总之，美好的妆容是留给旅客美好印象的第一步。在国外，正式场合，女士不化妆会被认为是不礼貌的。

作为航空服务人员，在执行航班任务时化妆应以淡雅、清新、自然为宜。一些简单的化妆方法有：先用清洁霜清洁皮肤；用粉底霜打底，改善脸的肤色；眼的化妆，先从眼睑开始，在眼皮折线以下，从内眼角到外眼角施上眼影粉，要使用柔和的色彩，如淡紫色或棕色，最后用海绵球将眼影粉的边缘涂开一些，以显得柔和。用眼线笔在眉毛下勾出与眼影相协调的眼线，然后在眉毛的根部用深棕色、灰色或黑色眼线笔淡淡地点出一条虚线，再用潮湿的小刷子将这些虚点刷成一条柔和的线。用棕色或黑色睫毛油施到睫毛端部，先从内向外刷，然后再从下向上刷。抹胭脂的时候，在涂抹胭脂前，先对镜子笑一笑，将胭脂涂抹在双颊高起的部位，然后以手指轻轻向眼角拍上去，这样会产生类似天然红润的效果。工作妆绝不可浓妆艳抹，口红也不可涂得过于鲜红。在飞行中应注意随时补妆，这样可以给旅客一种饱满的精神状态。

职业特点对化妆的要求：

① 空乘人员在执行航班任务时应避免浓妆艳抹。化妆与化淡妆，其实是并不完全重合的两个概念。

通常化妆有晨妆、晚妆、上班妆、社交妆、舞会妆、少女妆、主妇妆、结婚妆等多种形式，它们在浓淡的程度和化妆品的选择及使用方面，都存在一定的差异。一般要求空乘人员在客舱服务时应当化淡妆，以简约、清丽、素雅，具有鲜明的立体感为宜，给人以深刻的印象。总的来说，就是要清淡而又传神，恰到好处地充分展现女性光彩与魅力的面颊、眉眼与唇部，不能过分地突出性别特征，不过分地引人注目。

② 空乘人员在执行航班任务时应当避免过量地使用芳香型化妆品。在客舱执行任务时，使用任何化妆品都不能过量。要含蓄才有魅力，才有味道，空乘人员要铭记这一点。以香水为例：飞机的客舱是属于一个相对密闭的空间环境，如果空乘人员在客舱执行任务时过量地使用香水，很可能会引起乘客的反感或不快，还有可能会“摧残”他人的嗅觉。一般在这种环境下，自己身上的香味在 1 米以内能被对方闻到为宜。如果在 3 米开外，自己身上的香味依旧能被对方闻到，则肯定是使用香水过量了。

要让自己在客舱这个环境中使用的香水恰到好处，应注意两个问题：一方面，应选择适当类型的香水，如淡香型、花香型的香水都比较适合；另一方面，使用香水的剂量不宜过大，而且要避免同时使用几种香水。

③ 空乘人员在执行航班任务时应当避免出现残妆。在客舱工作时，一般都要求空乘人员适当地化一些淡妆，那么维护其妆面的完整性就是一项很必要的工作。在用餐之后、饮水之后、工作之后，一定要及时地为自己补妆。妆面的深浅不一、残缺不堪必然会给乘客留下十分不好的印象。这不仅仅有损于自身的形象，更重要的是，它还会破坏所有空乘人员在乘客心目中的专业形象。

④ 空乘人员在执行航班任务时应当避免当众化妆或补妆。空乘人员对自己的妆容应当认真、一丝不苟，但这不等于说可以随时随地都为自己化妆或补妆。

在平常的生活中，常常可以见到一些女性朋友，不管置身何处，只要稍有闲暇，便会掏出化妆盒来，替自己补一点香粉，涂唇膏，描眉。她们重视自我形象这一点固然正确。但若空乘人员当众表演化妆技术，尤其是在客舱这样一个特殊的环境下当众这样做，则是很不庄重的，并且还会使人觉得她们对待工作用心不专，损坏空乘人员的专业形象。一般在各大机场里都会为空乘人员配有专门的化妆间，方便空乘人员在上机执行任务前化妆或补妆。

美丽的容貌令人赏心悦目，但是天生丽质的人毕竟是少数，恰到好处地化妆，可以使人光彩照人。化妆既可以突出优点，掩饰缺点，也是人际交往中相互尊重的一种表现。日常生活中，化妆应以淡妆为主，简单的化妆步骤为：

a. 使用洁面乳和温水净面。

b. 涂化妆水、乳、霜，轻拍脸颊，使之完全吸收。

c. 涂粉底。用海绵蘸取粉底，在额头、面颊、鼻部、唇周和下颌等部位，采用印按的手法，由上至下，依次将底色涂抹均匀。各部分要衔接自然，不能有明显的分界线。在鼻翼两则、下眼睑、唇周围等海绵难以深入的细小部位用手指进行按压调整。

d. 定妆。用粉扑将蜜粉扑在面部，但不要用粉扑在妆面上来回摩擦，这样会破坏粉底，粉底防止脱妆的关键部位在于鼻部、唇部及眼周围，这些部位要小心定妆。最后用粉刷将多余的定妆粉掸掉，动作要轻，以免破坏妆面。定妆要牢固，扑粉要均匀，在易脱妆的部位可进行几遍定妆。

e. 修饰眉毛。从眉腰处开始，顺着眉毛的生长方向，描画至眉峰处，形成上扬的弧线；从眉峰处开始，顺着眉毛的生长方向，斜向下画至眉梢，形成下降的弧线。由眉腰向眉头处进行描画；由眉刷刷眉，使其柔和，与各部位衔接。

f. 画眼影。在上眼睑处，用两种或两种以上的眼影色彩由内眼角向外眼角横向排列搭配晕染，可充分发挥眼睛的动感，使眼睛生动有神而具立体感。

g. 夹睫毛。眼睛向下看，将睫毛夹夹到睫毛根部，使睫毛夹与眼睑的弧线相吻合，夹紧睫毛 5 秒左右松开，不移动夹子的位置连做 1～2 次，使弧度固定。用睫毛夹在睫毛的中部，顺着睫毛上翘的趋势，夹 5 秒左右松开。最后用睫毛夹在睫毛的前端再夹一次，时间 2～3 秒，形成自然的弧度。

h. 刷睫毛膏。涂上睫毛时，眼睛向下看，睫毛刷由睫毛根部向外转动。涂下睫毛时，眼睛向上看，先用睫毛刷的刷头横向涂抹，再由睫毛根部由内向外转动睫毛刷。

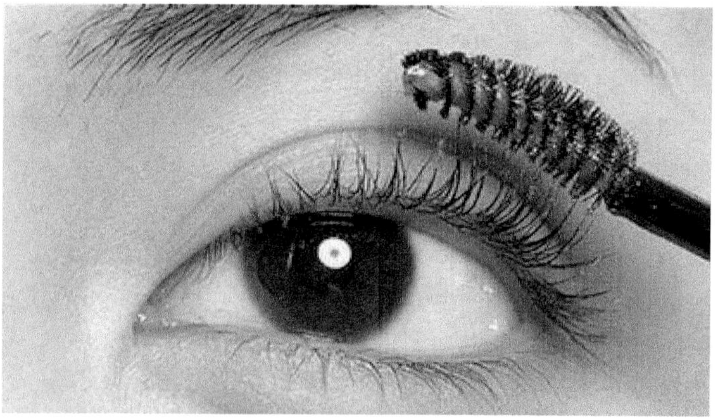

i. 刷腮红。取合适的腮红，从颧弓下陷处开始，由发迹向内轮廓进行晕染。

j. 涂唇彩。涂唇彩时要注意的是唇彩别涂整张嘴，那样看起来感觉是进餐后忘记擦嘴。应在唇正中点上唇彩，嘴唇上下抿一下，会使唇部看上去非常饱满。

只要着制服必须化工作妆，保持容颜的清雅、秀丽。在工作时应始终保持完整的妆面，不得在旅客面前补妆，应在洗手间或工作间进行。

粉底应选择与自己肤色相近的颜色，保持与脖颈之间无明显分界；化妆粉应与粉底颜色相协调；眉毛应接近头发的颜色，修剪秀丽、整齐，眉笔应以黑色、深棕色为宜；眼影需与制服颜色一致，蓝色装可选择蓝色或蓝绿色眼影，黑丝制服和红色旗袍可选择红色或咖啡色眼影，以清新自然为宜，不得涂带有荧光的眼影；睫毛膏以黑色、深棕色为限，不可使用假睫毛；眼线应以黑色、深棕色为宜，眼线不可描得过重；腮红应与口红的颜色协调，颊骨周围颜色渐暗，还应根据自己的脸型决定腮红的位置；使用口红时先用唇线笔勾出轮廓线，然后填口红（口红颜色与制服同色系），不得使用珠光色口红和不健康色的口红。

⑤ 手和指甲。由于航空服务人员经常为旅客服务，因此，对航空服务人员的双手和指甲的最基本要求是保持清洁、卫生。要经常修剪指甲与洗染指甲，保持指甲的清洁和美观，不得留长指甲。一般情况下，指甲的长度以从手心看不长过指尖 2 mm 为宜，以防止因过长而断裂。可以对指甲染色，染色指甲的长度不超过 5 mm，指甲油颜色要与所用化妆品和制服的颜色搭配协调。假若吸烟，则应避免手指上有尼古丁熏黄的痕迹。要经常洗手，洗手后要用护手霜或护肤液，保护双手皮肤的润滑和美观。在人际交往中，清洁、柔软的手，能增添对方对你的好感；在工作中，则能获得同事和上司多一分的信任，因为手的清洁在某种程度上反映的是一个人的精神风貌。

⑥ 香水。以清新、淡雅型香水为限，不可过香、过浓。可喷口腔清新剂来保持口腔的清新。工作前不得食用大蒜、大葱和韭菜等有强烈刺激性气味的食品。

第三节 航空服务人员男女着装要求

各个航空公司都有自己的制服，而且是花费很大精力千挑万选精心制作的，无论是色彩、款式还是质量都是非常好的。航空服务人员着制服后，都能反映出很好的个人职业形象和令人振奋的精神面貌。

制服体现了航空公司的形象，旅客看着穿制服的工作人员就是在看着公司，因为工作人员就是公司的代表。因此，在穿制服的时候，要特别注意自己的仪容仪表，使自己的形象、举止符合穿着制服应表现出的形象。

航空公司发的制服都应在工作中或者其他一些特殊情况时穿着。因为制服是经过特殊设计的，所以不允许以任何方式进行修改。由于体重改变而需要更改制服，应该交与公司指定的裁缝那里去修改。工作结束后，应干洗制服，保持制服干净如初，不要用手洗或用机器洗制服，以防止制服退色陈旧。每次工作前，应熨烫制服，以防止出现褶皱。

同时检查制服油污损害，如有损坏应及时修理。空乘服务人员在工作区域应着装大方，不着奇装异服，工作装与便装不混穿。值勤时，同一航班乘务组乘务员可根据航线季节、天气变化及个人身体素质着装，空姐一律着裙装；迎送客时，空姐可着马甲，寒冷地区可着大衣。皮鞋应保持光亮、无破损，空中应着单皮鞋，平底鞋只能在空中服务时穿着。着制服时须扣好纽扣。空姐着大衣、风衣时，要系好腰带，佩戴围巾、手套。登机证戴在制服、风衣、大衣胸前，上机后摘掉；服务牌佩戴在制服左上侧，或衬衣和围裙的左上侧。

民航乘务员的工作装要求如下：

作为为旅客提供高层次服务的民航乘务员，其制服是绝对统一的规范服装。民航乘务员穿上醒目、统一的制服，既可以使宾客产生信赖和安全感，便于宾客辨认，又可以在民航乘务员心中产生职业特殊感、责任感和荣誉感，同时佩戴标明其姓名、职称、部门的胸牌，还能充分发挥制服所独具的鞭策作用。整齐而美观的制服还可以达到美化自身、形成整体美的效果。民航乘务员的工作制服穿着有以下几点要求。

1. 合　体

制服穿着忌乱，必须合体。

① 讲究“四长”，即袖至手腕、衣至虎口、裤至脚面、裙到膝盖。

② 讲究“四围”，即领围以插入一指大小为宜，上衣的胸围、腰围及裤裙的臀围以穿一套羊毛衣裤的松紧为宜。

2. 规　范

民航乘务员在执行任务全过程中必须统一着装，在《民航乘务员职业技能鉴定指南》中对民航乘务员的工作制服穿着提出以下几点具体规范要求。

(1) 女民航乘务员穿着制服基本要求

着制服时，必须系好纽扣，将衬衣下摆系入裙子或裤子中；戴帽子时，帽子应戴在眉上方1～2指处；着大衣时必须系好纽扣、系好腰带；登机证佩戴在衬衣、制服、风衣的胸前，上机后摘掉；胸牌佩戴在制服左侧上；供餐饮服务时穿戴围裙，保持围裙整洁。

(2) 男民航乘务员穿着制服基本要求

着制服时，必须系好纽扣，不能袒胸露背、高卷袖筒、挽起裤腿；必须佩戴领带、肩章；衬衣需扣好纽扣，将衬衣下摆系入裤子中；着制服、风衣、大衣、衬衣时要戴帽子；裤子应熨烫平整，保持干净、整洁；皮鞋保持光亮；空中服务时可穿马甲；着风衣、大衣时须扣好纽扣、系好腰带，并佩戴手套、帽子；登机证佩戴在衬衣、制服、风衣的胸前，上机后摘掉；胸牌佩戴在制服左上侧。

3. 完　整

避免制服开线、磨毛、破损、纽扣丢失的现象，制服一旦出现开线、破洞等情况，要立即更换。

4. 清　洁

制服穿着忌脏，要求无异物、无异色、无异迹、无异味等，尤其是领口与袖口要保持干净，制服要定期进行换洗。与制服同时配套穿着的内衣、衬衫、鞋袜，亦应定期进行换洗。

5. 挺　括

① 制服穿着忌皱，要求上衣平整、裤线笔挺。

② 为了防止制服产生褶皱，必须采取一些必要的措施。例如，洗后的制服，要熨烫或上浆。穿前烫平，穿后应当挂好或叠好。穿制服时，不乱倚、靠、坐等。

总体来说，航空服务人员着制服要做到整齐、清洁、挺括、大方、美观、得体。穿衬衫要束在长裤、裙子里面。长袖衫衣袖口不能卷起，袖口的纽扣要扣好。注意内衣不外露，穿着衬衫时必须佩带白色或肉色的文胸。穿制服、风衣时要戴帽子，帽子戴在眉上 1～2 指处。注意穿风衣、大衣时扣好腰带。工号牌佩戴在左胸上方。航空服务人员鞋袜要求保持干净、光亮，不能穿破损的袜子。女航空服务人员穿肉色丝袜，穿裙子时不能露出袜口。男航空服务人员穿与裤子、鞋同类颜色或较深颜色的袜子。袜子尺寸适当，不能有跳线或松弛现象。制服上不能有污垢、掉纽扣、褶皱、撕破、织补或毛边等现象；不能大声喧哗、嬉笑、吵闹或边走边吸烟、嚼口香糖等；不能在制服上佩戴私人饰物。

第四节　航空服务人员工作场合佩戴首饰的基本要求

饰品指在服装搭配中对服装起修饰作用的其他物品，主要有戒指、耳环、胸针、领带、提包、围巾、手套、鞋袜等。饰品在着装中起着画龙点睛、协调整体的作用。

1. 饰品佩戴的规范

① 数量上以少为佳。应点到为止，恰到好处。饰品太多，则毫无美感。

② 同质同色。质地一致的饰品才能有和谐的整体美。

③ 遵守惯例。约定俗成，公认的规矩，如佩戴玉坠时，讲究“男戴观音，女戴佛”等。

2. 常见饰品的佩戴方法

在社交活动中，人们除了要注意服装的选择外，还要根据不同场合的需求佩戴戒指、耳环、项链、胸针、丝巾等饰品。

① 戒指。一般只戴左手而且最好仅戴一枚，至多戴两枚。戴两枚戒指时，可戴在左手两个相连的手指上，也可戴在两只手对应的手指上。戒指的佩戴是一种无声的语言，往往暗示佩戴者的婚姻和择偶状况。戒指戴在中指上，表示已有了意中人，正处在恋爱之中；戴在无名指上，表示已订婚或结婚；戴在小指上，则暗示自己是一位独身者；如果把戒指戴在食指上，表示无偶或求婚。

② 耳环。其使用率仅次于戒指，是主要饰品之一。佩戴时应根据脸型特点来选配耳环。如圆脸型不宜佩戴圆形耳环，因为耳环的小圆形与脸的大圆形组合在一起，会加强“圆”的信号；方脸型也不宜佩戴圆形和方形耳环，因为圆形和方形并置，在对比之下，方形更方，圆形更圆。

③ 项链。这也是受到女性青睐的主要首饰之一。它的种类很多，大致可分别为金属项链和珠宝项链两大系。佩戴项链应和自己的年龄及体型协调。如脖子细长的女士佩戴纺丝链，更显玲珑娇美；马鞭形粗实成熟，适合年龄较大的妇女选用。佩戴项链也应和服装相呼应。例如，身着柔软、飘逸的丝绸衣衫或裙时，宜佩戴精致、细巧的项链，显得妩媚动人；穿单色或素色服装时，宜佩戴色泽鲜明的项链。这样，在首饰的点缀下，服装色彩可显得丰富、活跃。

④ 胸针。适合女性一年四季佩戴。佩戴胸针应因季节、服装的不同而变化，胸针应戴在第一、二粒纽扣之间的平行位置上。

⑤ 帽子。帽子必须与衣服、年龄、发型相配。长脸的人不要戴高顶帽或小帽，而戴宽边帽或帽沿向下耷拉的帽子为宜；宽脸的女性宜戴小沿帽，帽顶要高；尖下颌脸型，不要戴遮住额头的帽子；矮个子女性不要戴平顶宽沿帽。此外，胸针、手帕也可作为饰品使用，它们与衣服相配既有对比美，又有协调美，使人显得更有风度。

⑥ 丝巾。伊丽莎白·泰勒曾说过：“不系丝巾的女人是最没有前途的女人。”奥黛莉·赫本说：“当我戴上丝巾的时候，我从没有那样明确地感受到我是一个女人，美丽的女人。”因此当她站在罗马大教堂高高的台阶上将一条小丝绸手帕在颈间随手一系之际，万道阳光都在为她翩翩起舞，整个世界都成了春天。当丝巾阔别固定定义、当丝巾成为某种时尚、当丝巾已不再是丝巾，我们可以确定，这将是丝巾的最高境界。丝巾搭配亦大有学问，如白外套配深蓝丝巾、灰色外套配大红丝巾、杏黄外衣配玫瑰紫丝巾；当外套与丝巾色接近时，可用闪亮的别针来协调等。值得注意的是，要搭配

出高雅效果，应特别讲究衣饰的衣领。比如，毛衫选套头高领者为宜，大衣则以V形领、翻领者为佳。这里为您介绍几款富于意趣的装扮：

a. 长形枣红色碎花真丝巾搭配灰色服装，可使之跳动灵性。

b. 披领赭色大衣搭配玫瑰红底淡白色花型的方形丝巾，在领口正中或稍向旁侧打结，会使人显得高贵矜持。

c. 把一条红色带橘红色花图案的丝巾绕颈于胸前交叉，两头穿过肋下在背后打个结，披上外套，独特的个性就会栩栩如生地显露出来。

d. 个性文静纯情、善于创造的女孩可在颈上用纯白丝巾扎成两朵娇气十足的蔷薇花，一个俏皮可爱、纯洁无瑕的纯情少女便笑盈盈地站在那里。

e. 个性活泼外向的女孩或多买几块五彩斑斓的小方巾，选边长为32～40 cm的，然后叠成“冬帽”。民俗化、抽象化乃至后现代派的喷染工艺，会给“头上风景”带来意外惊喜。

f. 富于艺术直觉的女性，可选择那种带有清幽香气的高级丝巾，时时让熏香飘动。这种丝巾多是立体感较强的花型，如纤细的牵牛花、高贵的兰花等，一眼看上去，就难再释手。

g. 一款浅色的豹纹长丝巾，相对来说是比较轻薄、很有风格的一款，完全是长丝巾的系法和搭配的一种完美体现。

3. 民航乘务员佩戴首饰的基本要求

民航乘务员是航空服务工作的实施者，为了提供优质的服务，为了代表航空公司的形象，首饰选择以不阻碍工作效率和尊重顾客为原则。民航乘务员工作场合佩戴的首饰要求款式简练、线条简洁、造型纤细、面板朴素，不能太过于张扬。太长的坠子和戴镶有大宝石或珍珠的首饰都是不合适的。民航乘务员工作场合佩戴的首饰要求质地高雅，纯金或纯银饰物比较合适。

在《民航乘务员职业技能鉴定指南》中对民航乘务员首饰佩戴提出了以下几点要求：

(1) 项　链

项链只能戴一条，以纯金或纯银的质地为宜。不能选用粗大的造型，相配坠饰物不得过于夸张，项链直径最好不超过5 mm，需佩戴在衬衣里面。

(2) 耳　饰

耳饰只允许戴一副，选择紧贴耳朵的款式，设计简单、样式保守，并且不能有吊坠，以耳钉为最佳。耳钉式样保守，镶嵌物直径不超过5 mm。

(3) 戒　指

戒指，每只手只允许戴一枚设计简单、戒环宽度不超过 5 mm 的戒指。

(4) 手　链

只允许佩戴一条宽度不超过 2 mm、式样简单的手链，不允许佩戴手镯、脚链或脚镯。

(5) 手　表

手表的设计应是保守简单的。必须带走时准确的手表。手表的设计以简单为宜。表带是银色、金色的金属或皮质表带，宽度不得超过 2 cm，颜色限制在黑、棕、棕褐、灰色。不得佩戴其他各类型手表及系挂怀表；为了在紧急情况下准确对时，不能戴没有分针和秒针的艺术表。卡通表给人感觉不严肃，不允许佩戴。不允许佩戴脚镯、链式手镯。

课后知识拓展

一、面部化妆与保养

1. 化妆品的使用

使用与自己肤色、制服颜色相协调的颜色，脸色不好时一定要用粉底与腮红掩盖。使用液体粉底可以使皮肤看起来细腻，在使用时应注意不要使脸部与颈部有明显的分界线。用海绵上装可以使妆面均匀。注意要在饭后补妆，保持妆容整洁。在公共场所不能当众化妆和补妆；要讲究卫生，化妆用具要经常清洗；注意脸部的油脂，特别是 T 区内，要定时用吸油纸或纸巾拭干。

2. 打好底色

底色是妆面的基本颜色，要求与自己的皮肤融为一体或保持协调。打底色用的粉底最好是无光泽的底霜。补粉底霜的手法是用食指、中指、无名指三个指头的指肚轻轻拍打，可以正面拍打，也可以拍下去时稍稍滑动位置。粉底霜要涂抹均匀，厚薄适当。检查方法是涂完粉底霜用手指轻按几下，手指一打滑即停。此时若脸上留有指纹，则涂得太厚；如无指纹且滑溜溜的，则涂得太薄。使用粉底霜后，绝不要出现脸部与颈部之间有明显分界线的情况。千万注意不要使用气味浓烈的化妆品。

3. 眼睛与眉毛的化妆

眼睛最能反映人的神采和风韵，在面部化妆中要重视眼部化妆。眼部化妆时注意选好眼影的种类，根据需要选择暗色眼影、亮色眼影、强调色眼影；还要注意选择合适的眼影色彩，因为亚洲人的眼睑比较松弛，所以眼部化妆时不要用粉色或冷色，选用深色比较合适；可以画眼线并使用睫毛膏，但以黑色为宜；眉毛最富有性格特点，是对整个面部表情特别是眼睛的烘托所不可缺少的部分。眉的化妆需注意以下几点：选择合适的眉形。眉毛分眉头、眉峰和眉梢三部分，这三部分的位置、分量不同，就构成不同的眉型。脸型狭长者，以直线形眉形为好，眉梢呈圆形并下略弯；扁平状脸型者，眉头要适当提高些；方形脸的眉峰要清晰，佩戴眼镜者切忌眼镜框与眉重叠。坚持修眉。过一段时间，要将眉毛的长度、眉形进行一次修正，将多余的眉毛一根根拔掉，保持清晰的眉形。掌握描眉的技巧。不管是画眉、纹眉还是修眉，第一步就是要描眉。描眉的工具是眉笔，不能简单化成一条线，而要一丝不苟地描出一根根短毛，使眉毛显示出质感来。注意，眉毛的颜色应该接近头发的颜色。

4. 额、鼻、颊的化妆

额部的美化，一要注意利用色彩，即在额部凹陷部分使用亮色使之产生隆凸的感觉，或者在过宽的额头周围使用比粉底暗的色彩，并使额中央着亮色而使额头变窄；二要注意利用发型中的刘海衬托或者遮盖额部，使之达到要求；三要根据自己的脸型、体态和职业选择合适的刘海，如刘海与蓬松的云鬓融为一体，是既大方又娇媚的表现，有利于衬托面部轮廓。

鼻子位于面部正中，突出醒目，修饰得当则可以使人很美丽。鼻子的美化主要是通过打鼻影完成的。鼻影的颜色常用棕色和橄榄绿色，可用手指或者小刷子从鼻根沿鼻梁两侧向下涂刷。鼻子短的，鼻影可以向鼻头和眉尖纵长晕染；鼻子长的，只在内眼角至上眼睑部位打鼻影即可；鼻翼宽的，连鼻翼两侧也要打上鼻影，使鼻梁突出。

脸颊部的化妆，主要是通过胭脂来弥补肤色的不足，要领是根据皮肤性质选择胭脂。一般干性皮肤用油性装胭脂，油性皮肤用干胭脂粉，中性皮肤二者兼用。也可通过不同肤色、个性选择不同颜色的胭脂，原则是选择与自己肤色及粉底颜色相协调的腮红颜色，左右一定要涂匀。皮肤白的人一般选用粉色，肤色较深的一般选用桃红或珊瑚色。为了保持持久，可用膏状胭脂，然后轻拍一层粉，再上一层粉状胭脂，这样，即使粉状胭脂掉妆，面颊还会有颜色。

5. 唇部的化妆

唇妆是脸妆的最后部分，也是重点部分，润泽柔美的朱唇与明亮传神的眼睛相辉映，更能体现迷人的美丽。唇部化妆要点有：

注意唇部的保护。唇部表面是黏膜，不是皮肤，没有汗腺，不能分泌汗液来保持湿润。要使嘴唇看上去更鲜亮、健康，就要防止嘴唇干裂、脱皮；否则，再漂亮的唇膏也难涂上去。因此，要注意保持唇部本身的健美。要选定唇形：唇形有小巧型、丰满型、含笑型、直线形、曲线形等。如想取得可爱的效果，可用小巧型；表示成熟魅力，可用丰满型；表达欢喜情感，可用含笑型；年纪大一些的可用直线形。

按照肤色、眼影色彩和制服颜色选择唇膏颜色。用唇线笔先画好唇线后再涂唇膏。唇膏的颜色以大红、深红、桃红、玫瑰红为宜。

6. 卸　妆

上过妆的，在晚上一定要卸妆后再入睡。用专用的卸妆液将妆容卸掉后，还要仔细用洗面奶将残留的化妆品清洗干净。卸妆时不可太过用力，尤其是眼部。

7. 男航空服务人员也要化妆

男航空服务人员也要有适当的化妆，但相比女航空服务人员来讲要简单得多。

保持面部皮肤的清洁。男航空服务人员多为油性肤质，且经常进行大运动量活动，皮肤受外界物理、化学等因素污染机会较大，因此面部清洁及护理极为重要，基本方式是洗脸、刮脸、按摩。

选择适合自己肤质的化妆品，主要是护肤品。男性化妆品要以清香为主，增添男性特点。保护嘴唇，可以涂用唇膏，防止干裂，颜色以浅色或无色为宜。

注意修眉、剃须，男性眉毛应当真实、大方，不能出现修饰痕迹，工作期间不许留小胡子和长胡子，最好天天剃须。

二、皮肤的护理

1. 确定自己的肤质

了解自己皮肤的特点，才能进行科学有效的护理。皮肤一般分为中性、干性、油性三种性质，可以自己测定。方法是睡觉前用洗面奶清洁皮肤后，不用化妆品，第二天用纸巾擦拭鼻部和前额，若有大片油迹即为油性皮肤，若只有一点油迹则为干性皮肤，居中为中性皮肤。

2. 选择适当的化妆品

① 针对自己皮肤的性质来选择；② 选用正规渠道生产销售的化妆品，但是使用前也要做过敏试验，一旦确定适合自己的化妆品，不要频繁更换品种；③ 涂抹时要注意皮肤构造，如需渗透至皮肤细胞深层营养的，应上下均匀涂抹，同时加以按摩；而只需要浮于皮肤表面的粉底和胭脂，应自上向下涂抹，否则容易长痤疮。

3. 皮肤保养要诀

皮肤护理最重要的是注意皮肤的平时保养，主要注意下列几点：

① 保持乐观的情绪，设法要自己微笑、让自己高兴；② 保证充足良好的睡眠，睡前洗脸，保持居室良好的环境，经常变换睡姿；③ 多喝水，每天至少 2000 毫升，使皮肤滋润、细嫩；④ 合理安排饮食，多吃含有丰富维生素和微量元素的蔬菜；⑤ 注意防晒，防止紫外线对皮肤的伤害；⑥ 每天坚持放松，利用听音乐、平躺等方式加速血液循环；⑦ 每天坚持用冷水浸脸一次，约 20 分钟。

4. 纠正不良习惯

保护皮肤要注意纠正一些不良习惯，如偏食，因为它会影响营养均衡摄入，而偏嚼、舔唇等习惯，不仅动作难看，还会造成对脸部皮肤的损害。

5. 皮肤保养

洗脸后应先用柔和的收缩水拍打脸部，然后后涂抹润肤露；涂抹润肤露时要顺着肌肉的方向轻轻涂抹，不可推拉过重，以免引起皱纹；经常化妆的人，定期做深层清洁或全套皮肤护理，以促进新陈代谢和血液循环，使面色红润；尽量避免在阳光下暴晒，出门前应涂抹防晒霜；游泳时要经常涂抹高倍数防水的防晒霜，抵挡紫外线的侵害；

适当参加体育活动，可促进表皮细胞繁殖，使表皮形成一层抵御有害物质的天然屏障；注意合理饮食，从内部给予皮肤营养，如平时要多喝水，多吃水果、蔬菜及含维生素高的食品，少吃高糖、高脂、辛辣的饰物。持之以恒地养成一套保养皮肤的好习惯，才是长久保持青春光彩的关键。

6. 睡　眠

只有保证充足的睡眠，才能拥有良好的精神状态投入工作，所以睡眠对航空服务人员相当重要。应主要做到以下几点：

① 每日保证 8 小时睡眠，以保持良好的身体状况和精神状态；

② 睡前尽量少喝水，以免眼睛浮肿；

③ 睡前不要喝酒、咖啡等刺激性的饮料。

课后实训

实训项目一：学生进行形象检查

以下分别是针对男士、女士的形象检查，请学生根据自己的实际情况完成检查项目。

要求：

① 学生两两组合，根据对方的实际情况，依次按照下列检查项目进行检查。

② 分别给予对方评价，并把检查情况在每一选项后记录下来。

1. 男士形象自检项目

① 发型款式大方，不怪异，头发干净整洁，长短适宜。无浓重气味，无头屑，无过多的发胶、发乳。（ ）

② 鬓角及胡须已剃净，鼻毛不外露。（ ）

③ 脸部清洁滋润。（ ）

④ 衬衣领口整洁，纽扣已扣好。（ ）

⑤ 耳部清洁干净，耳毛不外露。（ ）

⑥ 领带平整、端正。（ ）

⑦ 衣、裤袋口平整伏贴。衬衣袖口清洁，长短适宜。（ ）

⑧ 手部清洁，指甲干净整洁。（ ）

⑨ 衣服上没有脱落的头发和头皮屑。（ ）

⑩ 裤子烫平整，裤缝折痕清晰。裤腿长及鞋面。拉链已拉好。（ ）

⑪ 鞋底与鞋面都很干净，鞋跟无破损，鞋面已擦亮。（ ）

2. 女士形象自检项目

① 头发保持干净整洁，有自然光泽，没有过多使用发胶、发乳等；发型大方、高雅、得体、干练，前发以不要遮眼、遮脸为好。（ ）

② 化淡妆：眼亮、粉薄、眉轻、唇浅红。(　)

③ 服饰端庄，不太薄、不太透、不太露。(　)

④ 领口干净，脖子显得修长，衬衣领口不过于复杂和花哨。(　)

⑤ 饰品不过于夸张和突出，款式精致、材质优良，耳环小巧、项链精细，走动时安静无声。(　)

⑥ 标志佩戴在要求的位置，私人饰品不与之争夺别人的注意力。(　)

⑦ 衣袋中只放小而薄的物品，衣装轮廓不走样。(　)

⑧ 指甲精心修理过，不要太长，不太怪，不太艳。(　)

⑨ 裤子长短、松紧适宜。拉链拉好，裙缝位正。(　)

⑩ 裤子或裙子以及上衣的表面无明显的内衣轮廓痕迹。(　)

⑪ 鞋洁净，款式大方简洁，没有过多装饰与色彩，鞋跟不宜太高、太尖。(　)

⑫ 衣服上没有脱落的头发和头皮屑。(　)

⑬ 丝袜无勾丝、无破洞、无修补痕迹，带一双备用丝袜。(　)

实训项目二：西装的搭配

实训要求：

① 写生自由组合，每组选出一名模特；

② 本组组员为本组模特选择得体的西装、衬衫，并佩戴合适的领带及其他服饰配件；

③ 要求搭配完成后，向其他各组展示效果，并对本组搭配情况进行说明；

④ 其他各小组为该小组的搭配效果进行评议及打分。

实训提示：注意以下几个方面：

① 衬衫与西服的搭配；

② 领带与衬衫的搭配。

实训项目三：面试服装的搭配

假设你即将参加某公司的面试，你如何进行着装准备？

实训要求：

① 学生根据所要面试的单位类型，自行准备面试的服装；

② 学生进行服装展示，同时对所准备的服装进行说明；

③ 全体同学评选出最佳的面试服装。

实训提示：服装的准备需符合面试场合的要求。

实训项目四：时装表演

在班级内举办一次以“我青春，我美丽”为主题的时装表演。

实训要求：

① 学生自由组合成若干小组，每组成员分别利用自己准备的服装、饰物等，搭配几套不同场合所穿的服装；

② 以小组为单位分别进行时装表演，同时对服饰搭配进行现场解说；

③ 其他观看的小组分别给予打分，并评选出全场最佳服饰搭配。

实训提示：

① 分别安排评委、主持人、模特等不同角色；

② 服装要与体形、肤色等协调。

第五章　航空服务人员仪态礼仪

仪态是指每个人在人际交往中的姿势和风度，姿势是指身体呈现的样子，风度则属于气质方面的表露。仪态与语言文字一样，同样能向旅客表达思想感情。我们可以从一个人的仪态来判断他的品格、学识、能力和其他方面的修养。在航空服务业，这种无声的体态语言更为重要，它实质上是航空服务人员心理状态的自然流露，是高尚的品质情操、广博的学识、独到的思辨能力等内在因素的综合体现。

航空服务人员的仪态主要指航空服务人员在工作中所表现出来的站立、行走、动作、姿态。航空服务人员的站姿要保持身直、挺胸、两肩平正，要给旅客留下挺拔、舒展、健美的印象；行姿要轻、稳、灵，不要给旅客留下忙乱、慌张的感觉；坐姿要稳，身体稍微前倾，并注意手脚空间位置，要表示对旅客的尊重。

航空服务人员的仪态体现一名航空服务人员的态度和心灵，反映出航空服务人员的文明程度和心理状态，它是旅客评价航空服务人员态度和航空公司面貌的重要标志之一。航空服务人员的行为文雅、热情庄重，就能在接触旅客时使旅客内心深处产生良好的感觉，赢得他们的理解和信任，从而树立企业良好的形象，提升航空公司的整体竞争力。航空服务人员的仪态需适合职业特点，展现成熟大方的气质。

第一节　站姿和走姿

一、站　姿

1. 男士站姿

俗话说“站如松”，男士站立姿势要像青松一样挺拔、直立。站立时要做到三平：头平、双肩平、两眼平视。三直：腰直、腿直，后脑勺、背、臀、脚后跟成一条直线。

双脚与肩膀同宽，身体重心主要支撑在脚掌、脚弓上，不要偏移。膝盖自然挺直，小腿向后发力。手指并拢，双臂自然下垂，两脚并拢呈标准立正姿势，或者将双脚分开与肩同宽，也可呈V字形。站立时双手相握放在身后，一手半握拳，另一只手握其手腕处。

2. 女士站姿

站姿要正直，即挺拔、直立、站正，两脚跟相靠。在穿正装或者职业装时，两脚成V字形，脚尖开度为45°～60°。头正，两眼平视，嘴微闭，面带微笑，颈、后背挺直，胸略向前上方挺起，双肩展开向下沉，使人体有向上的感觉。收腹、立腰、提臀。四指并拢，虎口张开，双臂自然放松，将右手搭在左手上自然垂于腹前，拇指叉开。

穿旗袍时，可站成丁字步型，颌略收，双手交叉于肚脐位置上，有亭亭玉立的形象。如果站立时间过长，感觉疲惫时，可将一条腿向前或向后半步，让身体重心轮流放在两条腿上。

不良站姿：

① 手位不当：双手叉在腰间，抱在胸前，手插在裤袋里。

② 身躯歪斜：头偏、一肩高一肩低，腿弯、驼背。

③ 乱动：眼睛不断左右斜视，双臂胡乱摆动，或双腿不停地抖动。

除此之外，在站立时也忌讳扶靠、双腿大叉、半坐半立，浑身乱动等。这些不良站姿不但会使人显得拘谨、有失庄重，还会给人以缺乏自信和没有经验的感觉。

二、走　姿

1. 男士走姿

男士走姿的基本要求是从容、稳健，具体要求为：

① 头端：双目平视，下颌微收，表情平和。

② 躯挺：上身挺直，挺胸、收腹、立腰，重心稍前倾。

③ 肩稳：双肩微向后展，行走时两肩不要前后晃动，也不要过于僵硬。

④ 手臂自然摆动：手臂伸直放松，手指微弯，双臂以身为轴，前后摆动幅度为30°～35°。

⑤ 膝盖直：前足着地和后足离地时，膝部不能弯曲。

⑥ 步位正：脚尖正对前方，两脚内侧落在一条直线上。

⑦ 步幅适当：前脚与后脚尖相距为一脚长，但因身高不同有一定差距。通常，男士步幅以一脚半为宜。

⑧ 步速均匀：正常情况下，步幅应自然舒缓，显得成熟、自信。

2. 女士走姿

女士行走姿势的基本要点是：身体协调、姿态优美、步伐从容、步态平稳、步幅适中、步速均匀、走成直线。

在标准站姿的基础上迈步前行，收腹、收臀、提气，目视前方，行走时脚内侧在同一直线上，双肩自然摆动，步履要小、轻，脚步不可过重、过大、过急（紧急情况除外），不要左右摇晃。

① 重心放准。起步之时，上身略为前倾，身体重心在前脚掌上，行走时，要上身正直，头部端正，双目平视前方，挺胸立腰，重心稍向前倾，面带微笑。

② 步幅适中。行走时双肩平稳，双臂以肩关节为轴，前后自然摆动，摆动幅度以30～40 cm或30°为宜。所走的每一步应与本人的一脚长度相近，女士每步约为30 cm，与此同时，步子的大小还应当大体保持一致。

③ 步态平稳。女士行走时，两只脚行走线迹应是正对前方或一条直线，即常说的一字步，或尽量走成靠近一条直线，形成腰部与臀部的摆动而显得优美。千万不要走成两条直线，那样会很不雅观。女士行走要行如风，自如、匀称、轻柔，有明显的节律感和步韵感。

④ 步速均匀。在一特定的场合，一般应当使其相对稳定，较为均匀，而不宜使之过快或过慢，或者忽快忽慢。

⑤ 造型优美。行走的时候，保持自己身体造型的优美，使自己在行进之中保持优美身体的造型，就要做到昂首挺胸，步伐轻松而矫健。其中最为重要的是，行走时应面对前方，两眼平视，挺胸收腹，直起腰、背，伸直腿部，使自己的全身从正面看上去犹如一条直线一般。

⑥ 错误的行走：横冲直撞、阻挡道路、贸然抢行、不守秩序、蹦蹦跳跳、奔来跑去、制造噪音、步态不雅。

第二节　坐姿和蹲姿

一、坐　姿

1. 男士坐姿

基本要求：上体自然坐直，两肩放松，两腿自然弯曲，双脚平落地上，不要耸拉肩膀，含胸驼背，前俯后仰，给人萎靡不振的印象。双膝应并拢，也可双膝稍稍分开，但不可与肩同宽。双手五指伸直或轻握拳头放在双腿上。

① 标准式：上身挺直，双肩正平，两手自然放在两腿或扶手上，双膝并拢，小腿垂直落于地面，两脚自然分开成45°。

② 前伸式：在标准式的基础上，两小腿前伸一脚的长度，左脚向前半脚，脚尖不要翘起。

③ 前交叉式：在标准式的基础上，小腿前伸，两脚踝部交叉。

④ 屈直式：在标准式的基础上，左小腿回屈，前脚掌着地，右脚前伸，双膝并拢。

⑤ 斜身交叉式：在标准式的基础上，两小腿交叉向左斜出，上体向右倾。

⑥ 重叠式：右腿叠在左膝上部，右小腿内收贴向左腿，脚尖下点。

正位坐姿

叠腿式坐姿

西方国家男士

2. 女士坐姿

入座时要轻而缓，走到座位面前转身，轻稳地坐下。女士入座时，若是裙装，应用手将裙摆向下捋平再坐，不要坐下后再站起整理衣服。坐下后，上身保持挺直，头部端正，目光平视前方。坐稳后，身子一般只占座位的2/3左右。女士的双手放在左腿或右腿上，双膝并拢，任何时候都不能分开。一般情况下，不要靠背，休息时可轻轻靠背。

常用坐姿：

① 标准式：上身挺直，双肩正平，两臂自然弯曲，两手交叉叠放在两腿中部，并靠近小腹。两膝并拢，小腿垂直于地面，两脚尖朝正前方。着裙装的女士在入座时要用双手将裙摆内拢，以防坐出皱纹或因裙子被打折而使腿部裸露过多。

② 前伸式：在标准坐姿的基础上，两小腿向前伸出一脚的距离，脚尖不要翘起。

③ 前交叉式：在前伸式坐姿的基础上，右脚后缩，左脚交叉，两踝关节重叠，两脚尖着地。

④ 屈直式：右脚前伸，左小腿屈回，大腿靠紧，两脚前脚掌着地，并在一条直线上。

⑤ 后点式：两小腿后屈，脚尖着地，双膝并拢。

⑥ 侧点式：两小腿向左斜出，两膝并拢，右脚跟靠拢左脚内侧，右脚掌着地，左脚尖着地，头和身躯向左斜。注意大腿、小腿要成90°的直角，小腿要充分伸直，尽量显示小腿长度。

⑦ 侧挂式：在侧点式基础上，左小腿后屈，脚绷直，脚掌内侧着地，右脚提起，用脚面贴住左踝，膝和小腿并拢，上身右转。

⑧ 重叠式：重叠式也叫“二郎腿”或“标准式架腿”等。在标准式坐姿的基础上，腿向前，一条腿提起，腿窝落在另一腿的膝关节上边。要注意上边的腿向里收，贴住

另一腿，脚尖向下。

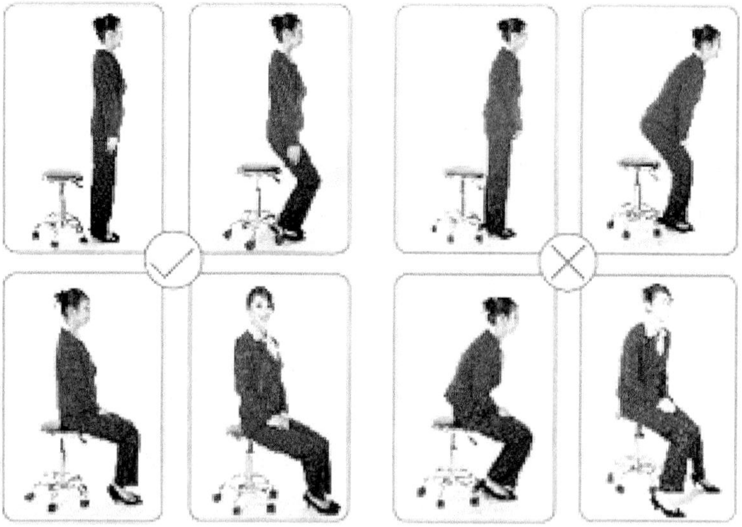

二、蹲　姿

在日常生活中，当人们拿取、捡拾低处物品时，往往需要采用蹲姿。但是很多人却因不雅的蹲姿而破坏了个人形象，同时也令旁观者感到尴尬。下蹲时注意两腿靠近，臀部始终向下。如果旁边站有他人，尽量使身体的侧面对着别人，保持头、胸和膝关节自然、大方、得体。

常见的蹲姿：

① 高低式：下蹲时，左脚在前，右脚在后，两腿靠紧往下蹲。左脚全脚着地，小腿基本垂直于地面，右脚脚跟提起。脚掌着地。右膝低于左膝，右膝内侧靠近左小腿内侧，形成左膝高右膝低的姿态，臀部向下，基本上靠一只脚支撑身体。

② 交叉式：下蹲时右脚在前，左脚在后，右小腿基本垂直于地面，全脚着地。左腿在后与右腿交叉重叠，左膝由后面伸向右侧，左脚跟抬起，脚掌着地。两腿前后靠

紧，合力支撑身体。臀部向下，上身稍前倾。

三、蹲姿禁忌

① 忌方位失当。如正对或背对客人蹲下，会让对方感到尴尬或不便。

② 下蹲时，注意不要让背后的上衣自然上提，露出皮肤和内衣；女士无论采用哪种蹲姿，切忌两腿分开，既不雅观，更不礼貌。此外，下蹲时的禁忌还有：忌弓背撅臀，忌突然下蹲，忌离人过近，忌蹲着休息。

第三节 表 情

面部表情可以显示一个人的情绪状态，也可以掩饰一种情绪。因此，面部表情也是最难解释的。当我们区别一个人的情绪的时候，不会忙着先看他的腰身四肢，也不是急于先看他的穿着打扮，而是先看脸。看人先看脸，见脸如见心，面部表情是写在脸上的心思，是人的内心外观，是最重要的体态语言。

一、微 笑

微笑是一种没有国界的语言，它具有丰富的内涵和巨大的作用。在人际交往中，得体的微笑作为"通行证"、"润滑剂"，可以缩短人与人之间的心理距离。

1. 正确的微笑方法

笑的共性是面露喜悦之色，表情轻松愉悦。

① 微笑前，先放松自己面部肌肉，然后使自己的嘴角微向上翘起，让嘴唇呈弧形。最后在不牵动鼻子、不发出笑声、不露出牙齿尤其是不露出牙龈的前提下，轻轻一笑。

② 在微笑时目光应柔和、发亮，眉头自然舒展，眉毛微微向上扬起。

③ 力求表里如一。真正的微笑应该是发自内心的、真诚的，只有这样的微笑才具有感染力。

正确的笑容应该真诚、适度、合时宜，具体如下：

① 真诚。笑容应发自内心，做到表里如一，显示出亲切。同时，让笑容与自己的举止、谈吐有很好的呼应。

② 适度。笑容虽然是人们交往中最有吸引力、最有价值的面部表情，但也不是随心所欲，想怎么笑就怎么笑，不加节制。

③ 合时宜。笑容得注意区别场合与对象，并不是走到哪儿笑到哪儿，见谁对谁笑。如当别人遭受到重大打击时，不宜笑；特别严肃的场合不宜笑等。

2. 微笑的"四不要"

① 不要缺乏诚意，强装笑脸。

② 不要露出笑容随即收起。

③ 不要仅为情绪左右而笑。

④ 不要把微笑只留给上级、朋友等少数人。

二、眼 神

眼神是希望交流的信号，表示尊重并愿意倾听旅客的讲述，此外，还可以通过目光的接触来判断旅客的需求。目光接触是否得当将影响沟通的效果，目光最好保持在与旅客的眼睛在同一水平线上，这样既可以体现出对旅客的尊重，也流露出平等的关系。航空服务人员在与旅客交流时，不要斜视、扫视、窥视，让旅客产生被瞧不起而受辱的感觉。航空服务人员在学习、训练眼神时，主要应当注意注视他人的部位、注视他人的角度以及在为多人服务时加以兼顾的问题。

1. 注视的部位

航空服务人员为旅客服务时，可以注视旅客的常规身体部位有四种：

① 注视旅客的双眼。既可表示自己对旅客全神贯注，又可表示对旅客所讲的话正在认真聆听。问候旅客、听取诉说、征求意见、强调要点、表示诚意、向旅客道贺或与旅客道别，皆应注视旅客双眼，但是，时间不宜过久，否则双方都会比较难堪。

② 注视旅客的面部。与旅客较长时间交谈时，可以以旅客的整个面部为注视区域。注视旅客的面部时，最好不要聚焦于一处，而是以散点柔视为宜。在工作岗位上接待旅客时，注视旅客的面部是最为常用的。

③ 注视旅客的全身。同旅客相距较远时，范围一般应当以旅客的全身为注视之点。在站立服务时，往往有此必要。

④ 注视旅客的局部。航空服务人员在工作之中，往往会因为实际需要而对旅客身体的某一部分多加注视。例如，在递接物品时，应注视旅客手部。特别需要说明的是，如果没有任何理由而去注视打量旅客的头顶、胸部、腹部、臀部或大腿，都是失礼的表现。

2. 注视的角度

航空服务人员在注视旅客时，所采用的具体的角度是否得当，往往十分重要。既方便服务工作，又不至于引起旅客误解的注视角度主要有三种：

① 正视旅客。正视，即在注视旅客的同时，与之正面相向，同时还须将上身前部朝向旅客，即便旅客处于自己身体的一侧，在需要正视旅客时，也要同时将面部与上身转向旅客。正视旅客，是一种基本礼貌，主要表示重视旅客。斜着眼睛、扭过头去注视他人，或者偷偷注视别人，都难以表达此种含义。

② 平视旅客。平视，即在注视旅客时，身体与其处于相似的高度。平视与正视，一般并不矛盾。因为在正视旅客时，往往要求同时平视旅客。在服务工作之中平视旅客可以说是一种常规要求。这样做，可以表现出双方地位的平等与本人的不卑不亢。

③ 仰视旅客。仰视，即在注视旅客时，航空服务人员所处的具体位置较旅客为

低，而需要抬头向上仰望旅客。反之，若自己注视他人时所处的具体位置较旅客为高，而需要低头向下俯看旅客，则称为俯视。在仰视旅客时，可给予旅客重视信任之感，因此航空服务人员在必要时可以这么做。俯视旅客，则往往带有自高自大之意，或是对旅客不屑一顾。服务礼仪规定站立或就座之处不得高于旅客，主要就是为了防止造成俯视旅客的客观事实。

另外，航空服务人员在注视旅客时，视角要相对保持稳定，即使需要有所变化，也要注意过渡自然。不管怎么说，都不允许对旅客上上下下反复进行打量。这种扫视旅客的做法，往往会使旅客感到被侮辱、被挑衅。

第四节　手　姿

手姿，又叫手势。手势是通过手和手指活动传递信息，是人们日常交往和生活中不可缺少的动作。手势是一种非常富有表现力的“体态语言”，它不仅对口头语言起加强、说明、解释等辅助作用，而且还能表达有些口头语言所无法表达的内容和情绪，是最有表现力的体态语言。

一、航空服务人员手势动作注意事项

1. 遵守惯例

在使用手势动作时，有一定的习惯。比如，在任何情况下都不要用手指指点别人，那是极不礼貌的。在谈到自己的时候，可以用右手轻按自己的左胸，这样显得稳重可信。使用手势时，右侧用右手指示，左侧用左手去指示，注意使用整个手掌，拇指自然地靠近内侧，其他四指并拢，目光望着对方的眼睛，然后移向所指方向等等。

因各国习惯不同，同一手势所表达的意思也不尽相同，因此，与外国人交往时不可乱用手势。比如，在我国竖起大拇指表示称赞夸奖；而在欧洲一些国家，伸出拇指上挑可视作招呼出租车；而在澳大利亚则认为竖起大拇指尤其是横着伸出是一种侮辱。又如，OK 手势，即用拇指和食指组成一个圆圈，其余三指竖起，这在美国人眼中是好、顺利、平安之意；而在日本则代表钱；在南美洲的一些国家，这是一种下流、侮辱性的手势。再如，在我国和日本当招呼别人过来时，可伸出手掌向下摆动，但在美国这是唤狗的手势，如果用来招呼人则会引起误解。

2. 避免手势动作幅度过大，过于夸张

在交谈中，人们常常借用手势来加强语气，帮助表达，但在运用中需注意把握得当，否则会引起对方反感。

3. 避免一些不雅的手势动作

如当众搔头皮、掏耳朵、挖鼻孔、剔牙、修指甲等。

二、常见手势动作

（一）致意、告别

当双方距离很近的时候，手势要小，五指自然并拢，抬起小臂挥一挥即可；双方距离较远时，可适当加大手势幅度。

（二）递物与接物

递物与接物是常用的一种动作，应当双手递物和双手接物（五指并拢），表现出恭敬与尊重的态度。递接物品时注意双臂夹紧，自然地将两手伸出。

在工作中，所有的东西、物品都要轻拿轻放，旅客需要的东西要轻轻地用双手送上，不要随便扔过去，接物时应当点头致意或道谢。

1. 递书、资料、文件

① 即使只有一页，也一定要用双手，并将文件的正面朝向旅客，使旅客很容易看清。

② 接文件等时，也要礼貌地双手拿取，注意不要让手从腰的位置落下来。

③ 归还文件时一定要将文件正面朝向旅客。

2. 递送剪刀利器等尖锐物品

应将剪刀、小刀的柄递给旅客便于拿取，如添上另一只手，则非常恭敬。像别针之类的小东西，可以将它托在纸上或夹在上面，不仅便于拿取，也给人以亲切感。同时，还要注意递笔时，笔尖不可以指向旅客。将带尖、带刃或其他易于伤人的物品递于他人时，切勿以尖、刃直指对方。

3. 展　示

一是将物品举至高于双眼之处，这适于被人围观时采用；二是将物品举至上不过眼部、下不过胸部的区域，这适用于让他人看清展示之物。

4. 指　引

在工作中手势运用要规范和适度，在引路、指示方位时应五指并拢，手心微斜，用手掌的全部来指示，掌心向上，小臂带动大臂，根据指示距离的远近调整手臂的高度，身体随着手的方向自然转动，目光与所指的方向一致。收回时手臂应略成弧线再收回。在做手势的同时，要配合眼神、表情和其他姿态，才能显得大方。向每位旅客指示方向，手掌五指并拢，指示较近座位时，大臂和小臂成 90°～120°夹角；指示较远座位时，手臂伸直。注意切忌用单个食指指示方位。

一般情况下，向旅客指示方向或物品位置时要面带微笑，视线顺序依次是旅客的眼睛、指示物或方向，然后回到旅客的眼睛，这样来确定旅客理解与否。

【练一练】

1. 靠墙训练

把身体靠近前面，五部位（后脑、双肩、臀部、小腿肚、脚后跟）充分和墙面接触，然后将双手和墙面接触。

2. 应用书的站姿练习

保持正确站姿，先在双膝之间夹一本书，然后在头顶上顶一本书，最后在左、右上臂各夹一本书，通过这种练习，让我们的站姿更加挺拔。

3. 不同衣装的走姿

（1）西服的走姿

以直线为主，要挺拔，保持后背平正，双脚立直，走路的步幅略大，手臂放松摆动，站立要两腿并拢或两腿间隔不超过肩宽。行走时男子不可晃动，女子髋部不可摆动。

（2）旗袍的走姿

走路的步幅不可大，以免旗袍开叉过大，导致裸露过多，要走一字，但脚尖可略开，髋部可左右摆动。站立时双手交叉于小腹前。

（3）长裙的走姿

行走要稳，步幅可大，转动时，要注意头和身体的协调、整体造型要美。

（4）短裙的走姿

步幅不宜大，走路速度可稍快，保持活泼灵巧。

4. 双臂摆动练习

身体直立，以两肩为支点，双臂前后自然摆动，摆幅在 10°～30°。此练习可纠正双肩过于僵硬、双臂左右摆动不均或手臂不能自然摆动等毛病，使双肩摆动优美自然。

5. 顶书行走训练

在练习走姿的基础上，要求学生头顶一本书，此练习可以纠正走路时身体摇摆或摇头晃脑的毛病，保持最好的状态。

第五节　空乘人员规范、优美的职业仪态

当看到这张照片的时候，相信你已经被照片中的空姐所打动，其实在一个人未曾开口之前，她的仪态就是无声的语言。

那么什么是仪态呢？仪态从狭义上说指的是姿态，但从仪态反映的是一种动态美的角度来看，它应包括更多的内容，例如表情和谈吐，它都包含有一个人的动态性

外观，都会影响人们对一个人仪态的评价。因此仪态从广义上说是姿态、表情、谈吐等多种因素所构成的一个人的动态性外观。

良好的仪态是一种规范、一种修养、一种风度，它是更深层次的美。它揭示我们的内在，比语言表达的更真实、更可信，通过它，向乘客展示着自己，消融彼此之间的距离。下面就让我们一起共同感受良好的仪态带给我们身心的愉悦吧。

一、优雅的站姿

最容易表现姿势特征的，是人处于站立时的姿势。

1. 站姿规范标准

头部：头要正，眼睛平视前方，下巴微微抬起。

肩部：男士肩部微微下沉，向两侧伸展；女士肩部微微下沉，向后扣。

脊椎：从头开始，到脊椎，再到尾骨，感觉有力将人体挺拔起来。

胸部：微微挺起来。

腹部：收腹。

腰部：立腰，后背挺直。

脚跟：并拢，两脚尖微微分开。

手部：双手自然垂于体侧，手指自然弯曲，也可以搭于腹前或后背。

2. 标准站姿的肌肉力量

站立时要使身体挺拔，肌肉应形成三种对抗力量：

① 髋部向上提，脚趾抓地。

② 腹肌、臀肌保持一定的紧张，前后形成夹力。

③ 头顶上悬，肩向下沉，缺一不可。

3. 纠正不良站姿

生活中每个人都有自己独特的形态特征，如果不注意培养标准的形体姿态，就容易形成某种不标准姿态。比如探脖子，斜肩，驼背，挺腰，撅臀以及双手叉腰，双臂抱在胸前，两手插在口袋里，身体依靠其他物体等。这些从形体上看是不美的，所以必须纠正自己的不良站姿。

4. 服务工作中的四种基本站姿

站姿大致有四种：侧放式、前腹式、后背式和丁字步。一般来说男士可采取双腿分开与肩同宽的姿势，双手相握于身前（右上左下，右握左），而女士则可双脚成八字步或丁字步站立，双手交叉轻握悬垂于腹部（虎口交叉，右上左下），如长时间与人交谈，则可微微提起双手交握于胸前。

心理学家指出，双腿并拢站立的人，一般会给人以稳健、踏实、可信赖的印象，但同时也会给人不好接触的印象；而两腿分开站立、双脚有点外八字的人，则传递给人以果断、进去、具有主动积极态度的信息；双腿并拢站立、双脚一前一后的人，则是比较有抱负和目标的人，性格急躁但很勇敢和富有冒险精神；还有一种人，站立的时候，以一只脚为中心，另一只脚的脚尖着地放在重心腿的后面，这类人大多喜欢变化，愿意接受挑战。

当然，站姿并不能完全代表一个人，因为受过专业训练会改变人的身体姿态，但它至少能够说明一点，站姿是一种重要的语言，它具有传情达意的作用。

5. 站姿的注意事项

① 站立时注意肌肉张弛的协调性，强调挺胸立腰，两肩部和手臂的肌肉要适当放松，呼吸要自然。

② 站立要以标准站姿的形体感觉为基础，如果没有正确站姿的基础，变换姿态也不会美，所以要注意纠正形态上的不标准姿态。

③ 站立时要面带微笑，规范的站姿与热情的微笑相结合。

空乘人员的站姿要体现在工作中，使自身的仪态举止养成好的习惯。规范要与自然相结合，运用自如，分寸得当，使人感到既有教养又不做作。

二、优雅的坐姿

坐是仪态的主要内容之一，无论是工作还是学习、生活都离不开坐，所以它同样具有美丑、优雅与粗俗之分，端庄优雅的坐姿，会给人以文雅、稳重、自然大方的美感。

1. 坐姿规范标准

① 入座时要稳，走到座位前，转身之后轻稳地坐下。

② 面带笑容，双目平视，嘴唇微闭，微收下颌。

③ 双肩平正放松，双臂自然弯曲放在膝上，也可放在扶手上。

④ 坐在椅子上，应立腰，挺胸，上身挺直，身体重心垂直向下。

⑤ 双膝自然收拢，双腿正放或者侧放，双脚并拢或交叠。

⑥ 坐椅子的三分之二。

⑦ 起立时，右脚向后收半步，而后站起。

⑧ 谈话时可以侧坐，此时上体和腿同时转向一侧。

2. 不良坐姿

不应前仰后合，或是歪歪斜斜；两腿不应过于交叉或长长地伸出去；坐下后不应故意挪动椅子；女士不可以跷二郎腿；不要为了表示谦虚，坐在椅子边上，身体前倾；不可以大腿并拢小腿分开，或双手放在臀部底下，腿不停地抖动；脚尖相对，双脚交叉都是不礼貌的。

3. 注意事项

① 女士如果是裙装，入座时应当把下摆收拢一下，不可坐下再整理。

② 男士可以将双脚、双膝开至与肩同宽；女士不可跷二郎腿，双膝、脚跟必须靠拢，不可双腿叉开，否则不雅；不要将脚跨在椅子、桌子上。

③ 不要坐满椅子，也不可以只坐边沿。

④ 与客人谈话时，不要只是扭头，可以侧坐，上体与腿同时转向客人一侧。

【练一练】

搬椅子的练习

右手放在椅子靠背的右下侧，左手扶椅，保持椅面和地面平行，然后请放在自己的右侧，这种训练方法需要做到动作轻。

三、优雅的走姿

人的走姿可以传递出很多情绪，比如愉快、沮丧、热情，或是懒散、懈怠等。心理学家发现：步伐较大且有弹力、双手用力摆动的人，通常比较自信、乐观、有目标；走路时拖沓着步伐且快慢不定的人，则比较犹豫、悲观、没有主见；喜欢支配别人的人，走路时喜欢脚向后高踢；女性走路时双臂摆得愈高，愈说明她精神饱满，精力充沛；相反，走路不怎么摆动手臂的女性，大多正处在思绪混乱或沮丧的时候。

1. 标准走姿

要使自己的走姿体现出一些积极的信息，就应该保持目光平视，头正颈直，挺胸收腹，双臂自然下垂前后摆动，身体保持平稳，从腰部以下开始移动，双手要协调摆动。走动时，男性应表现出内心的自信和阳刚之美，不要把双手背在身后，这样看上去很傲慢。女性则应该动作稳健而轻盈，以表现出女性的优雅。出脚和落脚，脚尖都应指向正前方，千万不要有内八字或外八字。

2. 不良走姿

走路时尽量不要走外八字和内八字，走路时要注意不要前倾，不要前伸头部要跟臀部保持一条直线，不要弓腰驼背、歪肩晃膀、身体轻垮、摇头晃脑，不要边吃东西边走路，更不可将双手插在裤兜中或背着双手左顾右盼。

3. 工作中的常用走姿

① 前行步(注意转体)。

② 后退步(后退两三步，先转身后转头)。

③ 侧行步(站在客人左侧，右转，路窄用胸对客人)。

④ 前行转身步(左转，右转)。

⑤ 后退转身步(左转，右转，后退转身)。

四、优雅的蹲姿

在空乘工作中，低处拾物、VIP服务还有特殊乘客的服务中都会遇到蹲姿，比如低处拾物，有时习惯弯腰捡起，但其实是不适合的。

1. 蹲姿规范标准

① 下蹲时，应当自然，得体大方，不遮掩；用目光示意有准备地下蹲，双腿最好保持一前一后，腰脊挺直，如果无必要尽量不使用双手。

② 下蹲时注意避免滑到。

③ 下蹲时，头、胸、膝关节不可在一个角度上，以使蹲姿优美。

④ 女士无论采用何种蹲姿，都要将腿靠近，臀部向下。

2. 不良蹲姿

① 避免动作过于唐突，毫无征兆地突然蹲下会显得很粗鲁。

② 蹲下的时候要注意方向和距离，不能与面前的人相距过近，即使是帮忙拾取物品，也应略略退后再下蹲。

③ 下蹲时，方位不要失当，不要在顾客正前方或正后方下蹲，最好侧对顾客。

④ 在工作场合如无必要，不应长时间蹲着，更不要蹲着休息，因为长时间蹲着会使制服或工作服有很多褶皱，影响职业形象。

⑤ 蹲着也让人感觉精神不振、情绪不高，传达出一种负面的消极信息。

3. 工作中的蹲姿

下面两幅图片是工作中的正确蹲姿。

4. 蹲姿的注意事项

注意内衣，“不可以露，不可以透”，否则这是最有失检点的地方。

工作和生活中，其实使用蹲姿的场合并不多，但有时候善解人意地蹲下，代表了一种做人的态度。下蹲所体现的，更多是做人平和亲切的态度，至于姿势的优美与否反而不重要。因此做人有时候要记得蹲下，实施平等关怀他人，实施认真审视自己，不断进步。

五、优雅的手势

在体态语言中，手势也是十分重要的语言。手势能表达很多种意思，有时候是一些方向的指示，情谊的传递；有时候能够显露我们真实的心境甚至也是一种精神上的象征。

手势的规范标准

接待：迎接乘客时，食指以下靠拢，拇指向内侧轻轻弯曲，指示方向高度不超过胯部。

指引：需要指引方向的时候，手臂微弯，向所需要的方向指明，高度不低于肩部。

第六章　航空服务人员日常社交礼仪

第一节　介绍礼与握手礼

一、介绍礼

(一) 介绍礼仪的含义

介绍是现代社会交往中与他人进行沟通、增进了解、建立联系的一种最基本、最常规的方式，是人与人进行相互沟通的出发点。在社交场合中，无论是你介绍他人还是被他人介绍，只要能够正确运用介绍的礼节，都会使对方对你产生良好的第一印象。

(二) 介绍的几种方式

从介绍者主体角度讲，常用的介绍种类有：自我介绍、他人介绍、集体介绍。

1. 自我介绍

自我介绍是在没有中介人的情况下，自己把自己介绍给其他人，以便对方认识自己。它是树立个人形象的一种重要的方法，也是社会交往的一把钥匙。

(1) 基本做法

自我介绍时，本人要镇定，充满信心，微笑要亲切自然，眼神要友善坚定，先向对方点头致意，得到回应后，再向对方介绍自己的姓名、身份、单位，并可随之递上名片。常用语言是："你好！我叫 XXX，在 XX 公司 XX 部门工作。"

自我介绍要根据交往目的来决定介绍内容和介绍方法。在聚会、宴请等社交活动中，你想多结识些朋友，扩大社交的圈子，最好的方法是作自我介绍。这样的介绍内容可以简单些，如找到合适的机会，向对方点头致意，并介绍自己说："我叫 XX，认识您很高兴。"需要的话可以补充一句就职单位，效果也很好。在不了解对方是否愿意认识你时，不妨先请问对方的尊姓大名，如对方立即回答了，说明愿意与你交往。此时，便马上介绍自己，以使交往顺利进行下去。

总之，自我介绍是扩大社会圈、扩大工作面、结交更多朋友的好方法。在商务活动中，自我介绍也可以名片、介绍信、工作证等作为辅助手段，增强对方对自己的信任程度。

(2) 注意事项

① 掌握时机。向别人介绍自己，总要在有必要之时，否则便会劳而无功。不仅如此，介绍自己还应选择适当的时机。一般来讲，干扰较少时，对方有兴趣时，初次见

面时，都适合于进行自我介绍。

② 简明扼要。介绍自己必须以简短为佳，避免夸夸其谈。

③ 内容有别。介绍自己时，应当根据具体的情况而在内容上有所区别。就具体内容而论，有三种介绍自己的形式：一是应酬式，即只介绍自己的姓名；二是交流式，即除了介绍自己的姓名之外，还须介绍自己所在的单位、职务或者所学专业，其目的是使他人对自己的基本情况有所了解；三是问答式，即根据交往对象所提出来的具体问题来选择自我介绍的基本内容，有问有答，答其所问。

上述三种自我介绍的形式各有其适用的场合：应酬式自我介绍适用于泛泛之交；交流式自我介绍适用于意欲结交之人；问答式自我介绍则主要适用于在自我介绍时兼以答复他人询问的情况。

2. 他人介绍

他人介绍，又叫居中介绍，是指由介绍者作为第三方来为彼此不相识的对方相互进行介绍。这种居中介绍架起了陌生人之间相互了解的桥梁。

(1) 基本做法

居中介绍须先了解对方是否有结识的愿望，不要贸然行事。最客气的介绍方法是以询问的口气问："张先生，我可以介绍李先生与您认识吗？"或"您想认识 XX 公司的李先生吗？"如对方同意，再正式进行介绍。

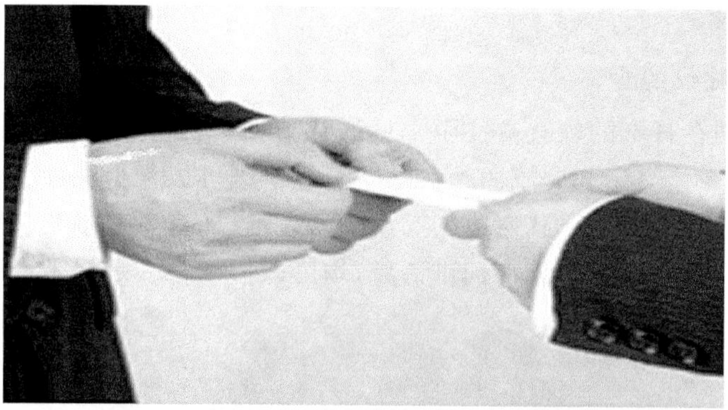

(2) 注意事项

① 了解介绍者。在一般情况下，为他人介绍时，介绍者应由下列身份者担任：

- 与被介绍双方都相识的人；
- 社交聚会中的主人；
- 商务往来中的专职接待人员；
- 在场之人中地位最高者；
- 应被介绍人一方或双方要求者。

② 掌握介绍顺序。介绍他人时必须遵循"尊者优先"的原则：把年轻者先介绍给年长者；把职务低者先介绍给职务高者。如果双方年龄、职务相当，则把男士先介

绍给女士；把家人先介绍给同事、朋友；把未婚者先介绍给已婚者；把熟悉的人先介绍给不熟悉的人；把后来者先介绍给先到者。

3. 集体介绍

集体介绍是为他人介绍的一种特殊情况。它指的是由介绍者为两个集体之间，或者个人与集体之间所作的介绍。

(1) 集体介绍的顺序

介绍集体时，依礼也有顺序上的尊卑先后之别。在一般情况下，集体介绍同样应当遵循“尊者优先了解情况”的原则。比如说，替两个团体进行介绍时，通常应当首先介绍东道主一方，随后方可介绍来访者一方。至于具体介绍的内容则有两种：一是只作整体介绍，即只介绍双方集体的情况，而不具体涉及个人情况；二是介绍个人情况，在介绍集体时涉及个人情况，一般讲究“双方对等”，即在遵循“尊者优先了解情况”原则的同时，对双方的个人情况均应予以介绍，在具体介绍各方的个人情况时，则应当由尊而卑，依次进行。

(2) 注意事项

在宴会、舞会或普通集会上，由于来宾较多，这时不必逐一进行介绍，主人只需介绍坐在自己旁边的客人相互认识即可，其余客人可自动和邻座聊天，不必等主人来介绍。

二、握手礼

(一) 握手礼仪的含义

握手是人们在日常的社会交往中常见的礼节，是沟通思想、交流感情、增进友谊的重要方式，是现代交际和应酬的礼仪之一。握手既可以作为见面、告辞或和解时的礼节，也可以作为一种祝贺、感谢或相互鼓励的表示，如对方取得某些成绩与进步时，赠送礼品、发放奖品奖状、发表祝词讲话后，均可以握手来表示祝贺、感谢、鼓励等。

（二）握手的正确方式

1. 起身站立

在他人面前起身站立，含有对对方的恭敬之意。因此，在与别人握手时，均应起身站立，上身稍前倾，两足立正，以示尊重。只有女士在社交场合才可以有所例外，用微笑点头的方式代替握手。

2. 使用右手

右手四指并齐、拇指张开向受礼者伸出，在齐腰的高度与对方恰到好处地认真一握，礼毕即松开。用左手与别人握手，一般被认为是不礼貌的，只有在特殊情况下才允许那样做。

3. 手位正确

同别人握手时，手位应当力求正确无误。标准的做法是：握手的双方相互握住对方右手除拇指之外的其他四个手指。仅仅握住对方手指的指尖，或者握住对方的整个手掌，或者握对方的手腕，都是不恰当的。

4. 时间恰当

握手的具体时间既不宜过短，也不宜过长。握手的时间太短，近似敷衍对方；握手的时间过长，则会显得热情过度。在正常情况下，与他人握手的时间以 3 秒钟左右为宜，切不可久握不放。

5. 力量适度

握手所用力量应适度。所用的力量过轻，会令人觉得缺乏热忱；过重，则有挑衅之嫌。

6. 神态友好

与别人握手时，两眼凝视对方，面带微笑，可表达出你的温和友善。

7. 稍作寒暄

与别人握手时，总要同时与对方交谈片刻，要么是问候对方，要么是叙叙家常。如果始终一言不发，便会导致冷场。

（三）握手的顺序

两个陌生人被介绍认识时，需不需要握手，由在介绍中占优先地位的人来决定，即“尊者在前”，遵照“先高后低，先长后幼，先主后宾，先女后男”的原则。双方握手时，应由地位较高者先伸出手来，若地位较低者先伸出手来，则是失礼的表现。具体而言，长辈与晚辈握手时，应由长辈率先伸手；老师与学生握手时，应由老师率先伸手；女士与男士握手时，应由女士率先伸手；已婚者与未婚者握手时，应由已婚者率先伸手；职务高者与职务低者握手时，应由职务高者率先伸手。

当客人与主人握手时，情况则较为特殊。客人抵达时，应由主人率先伸手；而当客人告辞时，则应由客人率先伸手。前者是主人为了体现自己对客人的欢迎之意，后者则是客人为了请主人就此留步。

如果一个人需要与数人一一握手，其合乎礼仪的顺序有两个：一是由尊而卑依次进行，适用于握手对象地位尊卑较为明显时；二是由近而远依次进行，适用于握手对象地位的尊卑不明显或者难以区分时。

（四）握手的注意事项

1. 不宜戴手套

只有女士在社交活动中才可以戴着薄纱手套与别人握手。

2. 不宜戴墨镜

戴着墨镜与别人打交道，通常被视为暗含“拉开距离”之意。唯有眼部患病或存在缺陷者，才可以那么做。

3. 不宜把手插兜

与别人握手时，另外一只手不仅应当空着，而且应当在身体的一侧自然垂放。要是一手插入衣兜之内与人握手，容易给人造成过分随便的印象。

4. 不宜掌心向下

伸出手来与人相握时，要让手掌垂直于地面，表示待人平等。假如掌心向下，通常会给人居高临下之感；如果令掌心向上，表示待人谦恭。

5. 不宜滥用双手

只有在亲朋故旧相见时，方可以用双手与对方相握。与初识者握手时，尤其当对方为异性时，以双手与其相握是不合适的。

6. 不宜跨着门槛

在握手时，双方不要一边握手一边走动，尤其是不要跨着门槛，一脚门内一脚门外与别人握手。

7. 与女士握手时，男士不宜先伸手

男士与女士握手时，应等女士首先伸出手，男士只要轻轻一握即可。如果女士不愿握手，男士也可微微欠身问好，或用点头、说客气话等代替握手。

与女士握手，一般只握其手指部分，约为手掌的 1/3。握手力度要轻一些，时间要短一些。但是，如果用力过小，对方就会认为你拘谨或虚伪敷衍。因此，握手必须因时间、地点和对象不同而区别对待。

8. 与多人握手时不要交叉

客人多时，握手不要与人交叉，让别人握完后再握。

第二节　交谈礼仪与电话礼仪

一、交谈礼仪

（一）交谈礼仪的含义

交谈礼仪是指人们在交谈活动中所应遵守的礼节和应讲究的仪态。通过交谈能体现出一个人的思维能力、文化素质、道德品质等诸多内在因素。一个善于使用语言与他人沟通，并建立起良好关系的人，事业也一定能够取得成功。

（二）交谈的原则

1. 倾听的原则

做一个善于倾听的人，是使交流顺利进行的一个前提。既然是交谈，就要时刻注意给别人说话的机会，就不能一个人唱“独角戏”，对他人的发言不闻不问，甚至随意打断对方的发言。在交谈中，要善于倾听对方说话，这不仅是尊重对方，体现自己修养的表现，更重要的是可以从别人的话语中得到自己所需的信息，以促进思考和更好地交流。

2. 赞美的原则

懂得恰当赞美别人的人往往是最受欢迎的，因为一般来说人都是喜欢听赞美之词的。赞美是一种能引起对方好感的社交方式，它能协调交谈双方的关系，创造出一种热情友好、积极肯定的交谈气氛。赞美应该是有感而发，诚挚中肯，恰如其分；赞美也要因人而异，注意场合，讲究效果。

3. 专注的原则

交谈时，双方神情要自然、专注，眼睛注视对方，避免注意力分散，迫使别人再次重复谈过的话；不要做无关的动作，如翻阅书报、打呵欠、剔牙齿、抬腕看手表等，这些动作会给人感觉心不在焉，是极不礼貌的表现。

4．参与的原则

听对方讲话时，可用言语作适当的参与和呼应。如用“嗯”、“对”或点点头表示赞同，并适当插话或提问，以表明你对对方所谈内容的关心、理解，使对方有知遇之感。但不要中途打断别人的谈话，应让对方把话说完，可在对方讲话出现停顿时再表达自己的观点。

5．幽默的原则

幽默的言谈能给人快乐，给人意味深长的思考。即使是在谈论一个严肃的问题，只要恰当地运用幽默的语言，也会让人在轻松、愉快的感受之中领略其中的含义。建国初期，一位西方记者看到周恩来总理用的是一支美国产的派克钢笔，就挑衅地提出要看一看周总理使用的钢笔。周总理落落大方地把钢笔递给他，轻松地说：“这是支美国制造的派克钢笔，是我们在朝鲜战场上的战利品。”这句幽默的话语，既维护了中国的尊严，又使那位记者无言以对。

（三）交谈的注意事项

1．良好的语音

在交谈中不讲方言土语，尽量避免使用不规范的语言，这是尊重对方的表现。普通话是我国法定的现代汉语的标准语，是交往对象能够理解的规范化语言，在交谈中要提倡讲普通话。

2．准确的语言

准确的语言不仅要求表达者准确地利用言词表达自己的思想，不至于发生词不达意或错传信息的问题，而且要求表达者恰当地处理好辅助语言，使语音、音量、语速、语调等恰到好处地表达自己的思想和感情。

3．肢体语言的表达

交谈时要善于使用表情、体态等肢体动作来配合语言的使用。除了眼睛要注视对方外，自己脸部的表情、手势的运用，都可以随着交谈内容的变化而变化，这不仅可以增强交谈的效果，活跃交谈的气氛，还有利于显示个人的风度和魅力。不过肢体语言也不宜过多，幅度过大，否则会给人以张牙舞爪、轻浮造作之感。

4．用语文雅

在交谈中要尽量使用尊称，并善于使用一些约定俗成的礼貌用语，如：“您”、“请”、“对不起”、“谢谢”、“抱歉”、“打扰了”等等。应当尽量避免某些不文雅的语句和说法，对于不宜明言的一些事情，尽可能用委婉的语句来表达，多用一些约定俗成的隐语。如想要上厕所时，可以说“对不起，我去一下洗手间”，或者说“不好意思，我去打个电话”。

5．尊重隐私

交谈时要注意尊重个人隐私，做到“五不问”：不问收入、不问年龄、不问婚姻、不问健康、不问个人经历。在与外国人交往时要特别注意这一点，不要问及他们涉及个人隐私的问题，否则会让交谈很不愉快。

二、电话礼仪

（一）固定电话礼仪

1．拨打电话应遵守的礼仪

（1）时间选择

除了紧急要事之外，一般不在早上7点以前、中午午休时间或晚上10点半以后打电话。打国际长途电话，还要注意各国和地区的时差。如急需在清晨、深夜、用餐时间等可能影响对方休息或用餐时打电话，应当先致歉意。

（2）环境选择

最好选择安静的环境打电话，事先消除嘈杂、电视等声音，以免影响通话效果或产生背景环境联想。

（3）内容准备

拿起电话之前，应首先明确通话的目的，考虑好通话的大致内容，对简单的问题有一个初步的交谈计划，稍微复杂一些的事情最好事先记下要点以免漏掉。

（4）礼貌通话

电话接通后，应当有礼貌地及时报上自己的姓名、单位及自己要找的人。如“您好！我是XX单位的XX，请您帮忙找一下XX先生（或小姐）接电话，谢谢。”即使接电话者正是你要找的人或是你熟悉的声音，仍要主动告知对方自己的姓名。

（5）挂断电话

一般由打电话者使用简洁的结束语和告别语，如“好的，就这样吧，再见”，提醒对方将要挂断电话。听到对方放下话筒后才挂断电话，是对对方的尊重。挂断电话时应轻轻放下话筒,不要鲁莽地“啪”一下挂断。

2. 接听电话应遵守的礼仪

(1) 接听及时

电话铃响了,要及时去接听,不要怠慢,更不可接了电话就说“请稍等”然后放下电话半天不理人家。如果确实很忙,可表示歉意,说:“对不起,请过10分钟再打过来,好吗?”一般是铃响两次后拿起话筒,不要铃声才响了一次就接听,这样会令对方觉得突然,而且容易掉线。若响了四次以上,接电话后应说“您好,对不起,让你久等了”以示歉意。

(2) 礼貌应答

拿起话筒后,即应自报家门,并首先向对方问好。例如:“你好!广西XX进出口公司,请问您找哪位?”自报家门是一个与人方便、自己方便,且节约时间、提高效率的好方式。人们习惯的做法是,拿起电话听筒盘问一句:“喂!哪位?”这在对方听来,陌生而疏远,缺少人情味。接话人主动自我介绍,会给对方的心里留下一个非常友好的印象,同时也避免了因对方打错电话而浪费时间。

(3) 做好记录

电话机旁应放笔和记录本,养成记录必要电话内容的习惯,仔细倾听对方电话内容,对重要事情应认真记录。记录完毕后,可重复一遍,核对准确。

(4) 结束通话

在通话时,接电话的一方不宜率先提出中止通话的要求。如果自己正在开会、会客,不宜长谈,或另有其他电话打进来,需要中止通话时,应说明原因,并告之对方“一有空闲,我马上打电话给您”,免得让对方觉得我方厚此薄彼。遇上打起电话说个没完的、非得让其“适可而止”的话,应当说得委婉、含蓄,不要让对方难堪。比如,不宜说:“你说完了没有?我还有别的事情呢!”而应当讲:“好吧,我不再占用您的宝贵时间了”,“真不希望就此道别,不过以后真的希望再有机会与您联络”。

(二) 手机礼仪

1. 手机的携带——常规和暂放位置

在一些公共场合,不使用手机时,要把它放在合乎礼仪的常规位置。存放它的常规位置有:随身携带的公文包里(这种位置最正规)或者上衣的内袋里。不管怎样,都不要在不用的时候拿在手里或挂在上衣口袋外。

2. 使用手机的禁忌——遵守公共秩序、注意安全

在以下一些场合,应该关掉手机:

① 在飞机上,不管业务多忙,为了自己和其他乘客的安全,都不要使用手机,一定要关机。

② 在加油站,为了安全也不可以使用手机。

③ 在剧院或电影院,接打手机是极其不合适的。如果需要保持联络,应该把手机调到静音状态。在这种场合,一般不要主动打出电话。非得回话,采用静音的方式

发送手机短信是比较适合的。

④ 在餐桌上，特别是在宴会上，应该关掉手机或是把手机调到振动状态。不要在举杯祝酒或正吃到兴头上的时候，被一阵烦人的铃声打断。

⑤ 开会的时候，要关掉手机或把手机调成振动状态。

⑥ 在公共场合使用手机，应该把自己的声音尽可能地压低，而绝不能大声说话。更不要一边走路一边用手机聊天，那样既不安全也给其他行人造成干扰。

⑦ 如果使用彩铃，最好不要使用怪异或格调低下的彩铃，以免影响形象。

三、语　言

1. 聆　听

积极主动地聆听，对旅客的感受和意见要表示出极大的兴趣和真诚的聆听表情，以示关怀、专注和接受。全神贯注地聆听，不可东张西望或兼做其他事情，应绝对避免诸如抠指甲、搔头皮等既失礼又猥琐的小动作。未听明白而需插话时，应先用“对不起，请允许我打断一下”、“请让我弄明白这个问题好吗?”等文明用语征得旅客同意，不随意打断旅客问话或表述，以避免旅客产生误解。注意信息反馈，聆听中可辅以轻微点头或“哦”、“是”等简单词汇对旅客的言谈表述做出反应，以示对旅客的尊重；也可用简单复述的方式表示正专注于旅客说话的内容。

避免下列不受欢迎的倾听方式：抱着胳膊、心不在焉、眼睛不看着说话者等；轻易打断对方的话语转换话题；没有控制自己的情绪，对旅客的语言反应敏感；只顾低头记笔记不看对方。

2. 交　谈

要诚恳、自然、大方、谦逊。语音语调温和可亲，语速快慢适当，表达得体。精力集中，姿势端正。目光应平视或低于旅客的眼睛，双方应保持适当的距离（45～100厘米为宜）。手势幅度不可过大，不可用手指点旅客，或用不友好、不耐烦的眼光注视旅客，使旅客产生冷漠感或距离感。音量大小依谈话人数的多少和环境嘈杂与否而定，一般以使每一位旅客听清为宜，但在旅客较多的情况下，使前一至二排旅客听清即可。工作场所必须使用普通话和相应外语。交谈用语要谦逊文雅，要多用“请”、“您”、“您好”、“谢谢”、“不客气”、“对不起”、“再见”等文明敬语。忌用专业术语、服务禁语。与旅客交谈，切忌边走边讲，谈话时不宜看手表、手插口袋或双臂抱胸，交谈不要涉及个人隐私。

严格执行首问责任制。对于旅客的提问，回答应迅速、准确、耐心、有问必答。严禁使用“不知道”、“不清楚”、“没办法”、“无可奉告”、“这不是我的职责”、“你去问别人吧”、“你没看见我很忙吗”等语言。有时候当你不得不说“不”时，要用婉转的语言来回答，如，“对不起，我不太清楚，但我可以帮您问一下”等。在任何情况下，不得直接或间接地对旅客使用攻击或侮辱性语言；不得对旅客无意造成的差错公开进行批评或指责。

3．接打办公电话

总的要求是：用语礼貌、语调温和、言语清晰、语音适中、信息准确、服务高效。有固定人员值守的岗位，接听电话铃响不得超过三下。打、接电话须使用普通话，以避免因方言不熟而造成误解，切忌在工作场合发生电话争执。通话时切忌同身边其他人谈笑，室内其他人员应保持安静，通话中要适时应和。通话中如有急事须处理要让对方等待时，应及时向对方表示歉意，并告之原因及需等待时间，以便让对方选择保留电话或事后通话。如果电话需要传呼他人，应当事先问清接话方是谁，然后用手捂住话筒或按下保密键再传呼接话人，如接话人不在可代为询问，并记下对方的姓名、单位、电话号码等信息。通话结束时应使用"再见"、"谢谢"等话语，并确认对方已先挂机后才可按下话筒。

第三节　拜访与行进中的位次礼仪

一、拜　访

（一）拜访礼仪的含义

拜访是人们在日常工作和生活中一种常见的交际形式，它能够有效地沟通感情，增进彼此之间的感情与友谊。中国人素以好客而闻名，但实际上并非所有的客人都受到欢迎。如：扰乱主人美梦的不速之客，浪费主人宝贵时间的不相识之客，乱翻乱闯的不自重之客等都是不受欢迎的。因此，不论是礼节性的社交拜访，还是请教、讨论等事务性拜访，以及朋友之间的私人拜访都应在礼节上特别加以注意。

(二)具体拜访方式

1. 预约在先

拜访他人,一般情况下应当提前预约,以便对方安排日程。未经对方允许前去拜访,容易干扰对方的计划。做客时的时间预约,反映了一个人自身的涵养,也体现了对主人的尊重。

(1) 约定时间

在与主人事先约定时间时,通常应该优先听取主人的意见,以体现对主人的尊重。如果由自己提议见面时间,也应该尽量考虑对方的时间安排,提供几种选择方案并征求主人的意见。一般情况下,主人认为不适合的时间、繁忙的工作时间、家人朋友团聚的节假日、凌晨与深夜,以及常规的用餐时间和午休时间,都不宜作为拜访的时间。

(2) 约定地点

拜访的地点可以是拜访对象的工作地点,也可以是其私人住所,前提是征询过拜访对象的意见。

(3) 约定人数

在约定拜访时,客人应事先向对方告知届时到场的具体人数及其身份。同时,宾主双方都要尽量避免在拜访时安排对方不欢迎的人参与。

一般情况下,拜访的人员一经约定,便不宜随意改变,切忌在没有告知主人的情况下随意增加拜访的人员,以免给主人已有的安排造成不必要的干扰,影响拜访的效果。

(4) 按时赴约

如果双方有约,应准时赴约,不能轻易失约或迟到。但如果因故不得不迟到或取消访问,一定要设法在事前通知对方,并表示歉意。此外,登门拜访不宜提前到场,让对方措手不及,出现令双方尴尬的场面。

2. 上门有礼

在登门拜访时,也应该注意遵守必要的礼仪规范。

(1) 提前通报

到达约定的拜访地点后,不管与主人关系多么密切,都不可不打招呼便进入屋子里。一般来讲,提前通报可以请其秘书或家人转告,也可以敲门或按门铃。敲门时,宜以食指轻扣两三下即可,不应该在暂时没有答应时显得不耐烦,并用拳头擂门。按门铃时,则让铃响两三下即可,若室内没有反应,可过一会儿再按一次或数次。

(2) 问候致意

若与主人是初次见面,应该先做自我介绍,向对方主动问好,并与对方握手为礼。如果主人的同事或亲属在场,应当主动向其打招呼,问好,以示诚意。

(3) 应邀就座

进入室内后,一般来说不应见到座位就马上坐下,而应就座于主人指定的位置,并把随身带来的外套、雨具等物品放到主人指定的地方。

(4) 举止稳重

做客时,要彬彬有礼,举止稳重大方,不能随随便便,但也不必过于拘谨。主人端上茶水时,应从座位上欠身,双手捧接,并表示感谢。要保持主人屋内的清洁,不要擅自吸烟或乱扔果皮,更不能随意动主人的私人物品或翻动主人的抽屉或橱柜。

3. 做客有道

在他人的办公室或私人居所做客期间,通常都要注意围绕主题、限定范围和适时告辞等三件事情。

(1) 围绕主题

"无事不登三宝殿",登门拜访都有其特定的主旨和目的。谈话时要开门见山,围绕商定的主题进行,有话则长,无话则短,不要东拉西扯,言不及义。

(2) 限定范围

要使拜访围绕主题进行,客人应当自觉控制自己的谈话范围。因此,客人不宜对主人的同事、亲属或有人过分关注而忘记此行的目的,也不应该过分关注主人的个人隐私。

(3) 适时告辞

无论哪种形式的拜访,都应控制有度,适可而止。在拜访时间上,一般每次拜访不宜超过一个小时;初次进行的拜访,通常应控制在半小时以内。在适当的时候就要起身告辞,即使主人再三挽留,也不应多留。

二、行进中的位次礼仪

行进中的位次排列,指的是人们在步行的时候位次排列的顺序。在陪同、接待来宾或领导时,行进的位次引人关注。

(一) 平面进行

陪同客人并排行进和单行行进时,有不同的做法。并排行进的要求是中央高于两侧,内侧高于外侧。一般情况下,陪同人员应该把内侧(靠墙一侧)让给客人,把方便留给客人。与客人单行行进时,即成一条线行进时,标准的做法是前方高于后方,以前方为上,如果没有特殊情况,应该让客人在前面行进。

在客人不认路的情况下,陪同人员应在前面带路做引导。而陪同引导的标准位置是在客人左前方 1 米处。

(二) 上下楼

上下楼时宜单行行进,以前方为上,把选择前进方向的权利让给对方。男女同行时,一般女士优先走在前方。但如遇到着裙装(特别是短裙)的女士,上下楼时宜让女士居后,以免短裙"走光",避免尴尬。

(三) 出入电梯

出入有专职人员值守和无人值守的电梯时,需要遵守不同的礼仪规则。

出入无人控制的电梯时，陪同人员应先进后出，并控制好按钮。电梯在楼层停留时间一般设定为30～45秒。有时客人较多，导致后面的客人来不及进入电梯，所以陪同人员应先进电梯，控制好开关按钮，让电梯门保持较长的开启时间，避免给客人造成不便，同时也可以更方便地帮客人按楼层按钮。

上楼的引导

引导者(限女性)走在后面，客人走在楼梯里侧，引领者走在中央，配合客人的步伐速度引领

下楼的引导

引导者在客人的前面，客人走在里侧，而引领者应该走在中间，边注意客人动静边下楼

第四节 名片礼仪与送别礼仪

一、名片礼仪

(一) 名片礼仪的含义

名片是商务人员重要的交际工具，是个人身份的代表。对方将自己重要的信息毫无保留地交给你，是对你的充分信任和尊重，对待名片应像对待其主人一样尊重和爱惜。

(二) 递送名片

将本人的名片递送给他人时，通常要注意以下几个方面的礼仪：

1. 有备而至

参加重要的人际交往活动之前，应当有意识地准备好自己的名片，并且将其置于易于取拿之处，以备不时之需。最为得体的做法是：将名片装入专用的名片盒、名片夹或名片包之内，然后将其放入自己的上衣口袋或随身携带的包、袋中。

2. 讲究时机

一般说来，递送名片多在初次见面进行自我介绍之后，但是并非做过自我介绍之后就一定要递送自己的名片。将自己的名片递送对方，除了希望对方进一步了解自己之外，还含有对对方表示重视，希望结交对方，与对方保持联络之意。把自己的名片递送给熟人，仅见于本人的单位、地址或联络方式发生变更之后。

3. 考虑顺序

两人交换名片时，应当遵循“尊者优先了解情况”的原则，即双方之中地位较低者应当首先把自己的名片递交给地位高者。当将本人的名片递送给多人时，要么由尊而卑依次进行，要么由近而远依次进行，不讲任何顺序是不恰当的。

4. 态度恭敬

名片应双手呈递，态度上显得恭恭敬敬，使对方感到你对他很尊敬。具体来说，有下述几点必须注意：

① 起身站立。

② 主动走近对方。

③ 以双手递上名片。

④ 将名片正面面对对方。

⑤ 按照常规，在递上本人名片同时，应当对对方微笑，并略道歉恭之语。可以说“请多关照”“请多指教”“希望今后保持联络”，当然，说“这是我的名片”也未尝不可。

（三）接受名片

1. 认真接受

名片是个人身份的代表，因此，在接受他人名片时态度是否认真，往往会与是否尊重对方直接联系在一起。接受别人名片时，要表现出自己的认真友好之意，必须注意以下几点：

① 起身站立。

② 迎向对方。

③ 用双手要以不低于胸部的位置收下。

④ 由名片的下方恭敬地接过收到胸前，并认真地拜读。

2. 口头道谢

当他人将名片递送给自己，尤其是当对方首先递上自己的名片时，理应口头向对方致谢，或是告之对方“非常荣幸”。

3. 专心诵读

为了表示对递上名片者的尊重，在接过名片后，务必牢记“接受名片，一定要看，通读一遍”这12个字。这样做至少有三个好处：

① 表示对对方的重视。

② 可以及时了解对方的具体情况。

③ 可以当面请教不清楚的地方。

4. 妥善存放

接过名片后得体的做法，是在通读他人的名片之后，应将其收入名片盒、上衣衣兜、或随身携带的包、袋以及桌子的抽屉之中，切忌当着客人的面随意乱放或是随手插入裤子后面的口袋中。客人走后，可在名片上记下初次见面的时间等，便于记忆。

5. 有来有往

接过他人递上的名片之后，应当立即回递上自己的名片。有来而不往，难免会令对方不快。倘若尚无名片的话，则可直言相告，或者告诉对方“改日再补”。

（四）索取名片

在一般情况下，你想得到对方的名片，但他却并未给你，那最好不要直截了当地说“请您给我一张名片”。而应该以请求的口吻说“如果没有什么不便的话，能否请您留一张名片给我？”

根据交换名片的礼仪，索取他人的名片，大体上共有以下四种常规方法：

① 主动递上本人名片。

② 向对方建议互换名片。

③ 询问对方：“今后怎样向您请教？”向有地位、有身份的人或者长辈索要名片时，可采取这种暗示的方法。

④ 询问对方：“今后如何与您联系？”向平辈或者晚辈索取名片时，可以做出这样的暗示。

以上四种索取他人名片的具体做法，各有各的适用对象。前两种做法主要适用于携带名片之人，后两种方法则主要适用于未带名片之人。应当说明的是，不论他人以何种具体方式向自己索取名片，都尽可能地不要加以回绝。

二、送别礼仪

前台秘书一般不负责送客，因为有接待者在陪同客人。在客人行至前台时前台秘书应该点头致意，目送客人，或向客人表示感谢：“谢谢您的来访，请慢走！”

办公室秘书需要帮助送客。客人离开时，要先提醒客人带好随身物品，一般送到电梯前或楼梯口。如果乘坐电梯，要帮助客人按电梯钮，等客人上电梯后，微笑着向客人挥手告别，等电梯门关上后再离开。重要的客人要送到大门口，如果客人乘车离开，应帮助客人打开车门，身份最高的客人要请其坐在车的后排靠右的位置。关门后，仍要恭敬站好，向客人挥手告别。要等客人乘坐的车消失在视野之后，再转身回来。

和上司一起送客时，无论行走或站立，都要比上司稍后一两步，在需要开门或按电梯钮时再赶上前去。

在客人走后，不要和同事一起议论客人。因为有时如果客人因事马上返回，可能正好听到议论，这对双方都是极为尴尬的事情。

三、乘坐交通工具礼仪

轿车是现代社会交往活动最为常见的交通工具。有关乘坐轿车的座次排列礼仪，则根据轿车类型的不同，乘车时座次排列也大为不同。

（一）小轿车

乘坐双排或三排座轿车时，座次的具体排列因驾驶员身份的不同，而具体分为下面两种情况。

情况一，由主人驾驶小轿车时，按照汽车前进的方向来看，礼宾顺序的原则是：司机旁边副驾驶的位置为一号；如果有两位客人，则与主人较熟悉、关系密切的一位坐在前面副驾驶座位。其他座位的座次，由尊而卑依次应为：后排右座、后排中座。此为双排五座轿车的车次安排。三排七座轿车的座次安排由尊而卑依次则为：副驾驶座、后排右座、后排左座、后排中作、中排右座、中排左座、中排中座。

情况二，由专职司机驾驶小轿车时，要考虑乘车者的安全性和下车是否方便，按照汽车前进的方向来看，双排五座轿车的礼宾顺序原则是：后排右座、后排左座、后排中座、前排副驾驶座。三排七座的礼宾顺序则为，后排右座、后排左座、后排中座、中排右座、中排做左、前排副驾驶座。副驾驶座一般为陪同人员座位。在正式场合乘坐轿车时，应请尊长、女士、来宾就座于上座，这是基于对对方的一种礼遇。然而更为重要的是，与此同时，不要忘了尊重嘉宾本人的意愿和选择，即便嘉宾不明白座次，坐错了的话，也不要轻易对其指出或纠正。这时，务必要讲“主随客便”。嘉宾坐在哪里，即应认定哪里是上座。

（二）越野车

乘坐越野车时，前排副驾位置为上座。因为越野车功率大，底盘高，安全性也较高，但通常后排比较颠簸，而前排副驾驶的视野和舒适性最佳，因此为上座位置。其他位置的顺序依次为后右、后左、后中。

（三）大中型客车

指的是四排及四排以上座位的大中型客车。其不论由何人驾驶，均以前排为上，以后排为下；以右位尊，以左位卑；并依距离前门的远近，来排定具体座次的尊卑。

第七章　航空服务人员沟通礼仪

随着社会经济的飞速发展和全球经济的一体化，航空业竞争愈来愈激烈，航空硬件已不是必胜的法宝，单纯的微笑也不再是百病通治的灵丹妙药。乘坐飞机不再是身份和地位的象征，形形色色的人都有可能乘坐飞机，这就给空乘人员提出了新的挑战。

比如你的笑脸问候并没有迎来一句“谢谢”的回答，乘客一上飞机就冲乘务人员发脾气，对乘务人员的服务处处挑剔……也许有太多太多的不理解，那就让我们试着去架设一座沟通的桥梁吧，去站在乘客的角度看待我们不能理解的问题。旅客乘机购买的产品不仅仅是实物产品——航空器上某一座位在某一时间的使用权，更包括无形的产品——服务，旅客乘机需要的是安全、舒适、便捷、开心。一杯热水，一句温馨的祝愿，一个真诚的眼神，一个得体的鞠躬，一个善意的解释都可以成为沟通的基石。

第一节　航空服务人员沟通的原则和要领

一、空乘工作沟通的原则

1. 规范性

民航乘务工作者有着非常严格的服务程序与规范，乘务员必须严格遵守和执行，并且要通过沟通使旅客了解并理解，以保证每一航班的顺利。

2. 明确性

安全性是乘坐飞机的旅客最为关心的事情。乘务员的首要工作是要保证旅客的安全，机舱必要物品的使用和讲解清晰、明确。

3. 尊重性

旅客乘坐飞机的票价要远高于火车和客运汽车、轮渡等交通工具，飞机的便捷性和舒适性也是乘客自身价值的体现。服务中的沟通要更人性化，让顾客感到物有所值。

4. 幽默性

狭小空间里磕磕碰碰在所难免，作为乘务员具备幽默的沟通技巧可起到润物细无声的作用，让旅途充满快乐。

二、空中沟通要领

空中乘务人员与服务对象之间形成亲和力在服务中是非常重要的。某位外资企业的经理曾说,坐国内飞机时有些空姐当面笑得很灿烂,可当你有事情回头再看她时,脸上的笑容转瞬即逝,变得冷冰冰的,使人心里很不是滋味。这说明有些空乘人员的微笑仅仅是职业性的,缺少内涵,我们的沟通技巧还有待进一步提高。具体说,在沟通中要注意以下事项:

1. 努力创造亲和效应

人们在人际交往和认知过程中,往往存在一种倾向,即对于自己较为亲近的对象,会更加乐于接近。对空乘人员来说,为了使自己热情的服务获得旅客的接受,有必要在服务过程中积极创造条件,努力形成双方的共同语言,如多与乘客沟通,保持微笑服务等等。

乘务人员在讲解求生注意事项时有很多乘客闭目养神,不注意听。很多国外航空公司的空乘人员这时候喜欢来一段幽默表演,比如说:"要抛弃或离开一个旧情人也许有50种方法,但要离开这架飞机只有5种方法,如果你不注意听,就一种也不知道,只能等死。"乘务员的话语使乘客在笑声中集中了精力。又如某家航空公司的一次任务是接待国外某王室成员,在得知这位王室成员酷爱诗歌并曾经正式出版过两部诗集后,航空公司特意安排两位外语优秀、爱好诗歌的空乘人员在王室成员登记后闲暇时向其请教诗歌,并请其在他本人的诗集上签名留念,由于沟通得体,结果客舱气氛非常融洽。

2. 尊重旅客,学会用心倾听

人们常说,服务行业应"两张耳朵一张嘴",就是要多听少说,多听比多说更为有益。俗话说"善听者善交人",要想做到高效沟通,需要学会用心倾听。既不要在对方谈兴正浓时打断,又要善于概括对方说话的要点,协助对方将话说出来、说下去,还要善于听出对方的弦外之音。

3. 使用委婉、亲切的语言

在客舱服务中,回答旅客提出的问题或向旅客进行说服工作,例如解释民航规章制度、旅行常识,纠正旅客不文明行为等等,都需要沟通。回答旅客的提问不要以貌取人,要用婉转的道理和有涵养的语言回答旅客,避免因直言快语引起失敬和失和。解释民航规章的出发点是为旅客服务,而不是用民航规章来卡旅客。记住反驳不要说得太直接,出言求智、礼貌周全,要使旅客礼中知理、心悦诚服。如韩国空姐的美来自她们的谈吐举止、礼貌大方而不失温文尔雅,每一次与客人对话时总是先一鞠躬,弯腰显示出对客人的尊重,永远笑容满面,给人一种温馨的力量。这种笑是一种发自内心的礼仪,而不是勉强为之的应付的笑,而且她们从来没有精神萎靡的时候,总是挺直腰身,保持着一种精神上的饱满。有一次在韩国的航班上,一位旅客在等洗手间的时候,顺便坐到了乘务员的位置上,只见一位空姐笑容满面地过来,弯下腰,轻轻地像耳语一样在乘客旁边说："这个位置是专供乘务员坐的，因为这个地方靠近紧急出口。"空姐的语气轻柔、温文尔雅却又诚恳沉稳，由于沟通得体，不仅没有使乘客尴尬，反而使其心悦诚服地起身离开。

4. 以幽默化解矛盾

心理学大师弗洛伊德说，人类是"求快乐的动物"。其实人一生总是在做两件事情，追求快乐和逃避痛苦，我们都喜欢"笑、高兴、快乐"，而不喜欢"痛苦"与"悲伤"。作为空乘人员有必要在生活中多观察、积累，学会用幽默来与旅客沟通。幽默需要合乎时宜，要根据时间、地点、对象等具体条件来决定。一般来说，旅客身体不佳或情绪低落时不宜采用幽默的方式。

第二节　航空服务沟通的类型与特点

一、航空服务沟通的类型

客舱中的沟通包括语言沟通和非语言沟通两方面。

（一）语言沟通

指运用语言、文字来传达信息的活动，它包括书面沟通和口语沟通。客舱中主要体现为口语沟通。

（二）非语言沟通

借用非语言媒体实现的沟通，如利用人的姿态、声调、语调或者面部表情、肢体动作来传达某种信息等，都是非语言沟通。除了身体语言外，其他环境因素，如沟通情境内的物理环境、家具摆设、当事人对时间的知觉以及文化背景等，也可用来进行沟通。

非语言沟通形式划分为以下五类：

1. 体态语言

通常包括身体的姿势，身体各部位的移动，面部的表情变化，目光的接触等，也包括沟通活动中身体静态的部分传达的信息，比如身高、体态胖瘦、发型、肤色等身体特征。

如一次飞行中，一位旅客因对机场的服务不满，登机后情绪十分激动，对乘务员的工作百般挑剔，多次提出各种要求，有一点不如意就嚷着要写意见投诉。其实这样的情况在工作中经常会碰到。航空运输是一个特殊行业，"安全"两字高于一切，但也因为要承诺"安全"，民航的一些措施会给乘客带来一些不便。这样的矛盾无法避免，只能通过窗口服务——特别是客舱的优质服务来尽量减少冲突。理解乘客的心情，乘务员就不会因委屈而伤心甚至抱怨，而会冷静应对，始终保持亲切的微笑，该解释的说明到位，该服务的用心做好。

2. 接触行为

接触行为指的是拥抱、爱抚及其他特殊的接触动作。

3. 音调语言

音调语言包括音质、声调、语气、节奏(说话的速度)等。

4. 空间语言

空间语言是指在人际交往的时候所需要保持的距离。比如,情侣之间及夫妻之间使用亲密距离(15～45 cm),好朋友之间使用个人距离(35～120 cm),管理人员和职工之间或教师与学生之间使用社会距离(120～350 cm),在公开聚会场合使用公众距离(350 cm 以上)。此外,一个人在某一个情景下长时间以来也有自己固定的领域或者空间距离。

5. 环境因素

环境因素包括沟通过程中的环境,比如家具、建筑风格、设计、灯光、音乐以及对方的着装佩饰,佩饰指的是香水、帽子、眼镜、首饰、领带等装饰物品。

在非语言沟通形式中我们主要指体态语言,包括微笑、目光、身体姿态、手势等。

二、航空口语沟通的特点

从旅客方面调查的结果表明,文明礼貌、真挚和善的语言能引起旅客发自内心的好感;明确简洁、适当中肯的语言能增强旅客的信任感;适应对象、灵活多变的语言能给旅客以亲切感,使旅客获得心理上的满足。因此,客舱语言作为一种特殊的行业用语体现了以下特点:

1. 准确性

飞机作为交通工具,其安全性一直是旅客最为关心的问题,乘务员在做安全示范时语言必须准确。

2. 灵活性

保持服务一致性的过程中,乘务员应该很灵活而且有创造性,和乘客之间保持良好的关系,而不要只是照本宣科地来做事。这是一个有关如何保持两者间的平衡的问题。如在提供服务时,一位乘客要求吃素食,而飞机上正好没有准备这种食物。这时乘务人员应该返回厨房,想想办法,找到一个解决方案,比如把各式各样的蔬菜和水果拼在一起,而不是告诉乘客“我们没有准备这种食物,你无法享用”,这样会使乘客很苦恼。

3. 生动性

乘务员要运用具有活力的语言去打动旅客,引起共鸣,特别是对乘客所做的一些景点、名胜介绍更是如此。如对“川剧”可以这样介绍,四川,古称华阳,又名巴蜀,那里民风淳朴,物阜人康,被人们誉为“天府之国”。俗话说“奇山奇水有奇杰”,在四川这块沃野上,不仅涌现出无数雄才大略的政治家、军事家和一大批卓越的词人才士,还造就出一批优秀的表演艺术家。它不仅磨砺出无数宏伟的诗篇佳作,同时,也孕育出一个独具特色的戏曲艺术形式——川剧。川剧，这个被赞为“天府之花”的戏曲剧种，以它丰富的剧目、多样的声腔、独特的表演，在中国戏曲舞台上领尽了风骚，成为巴蜀之地的又一骄傲。

4. 亲切性

因为空乘服务工作的特点和性质，服务用语要亲切、简洁。如：“欢迎您乘坐本次航班！”“请问您要喝点什么？”“让您久等了！”“您的脸色不太好，请问是哪儿不舒服么？”“谢谢您对我们服务提出的宝贵意见，我一定把您的建议反馈给公司。”亲切简洁的话语可以大大提高乘客的满意度。

5. 委婉性

客舱沟通讲究艺术的说话方式。与客人对话，一般情况下要采用询问式、请求式、商量式、解释式等恰当的说话方式。因工作需要或条件限制而需要拒绝乘客时，也要尽量用委婉的表述方式，而不允许使用命令式语气。直接使用否定词句会让乘客下不来台，心情不愉快。如有两位熟人在飞机上相遇，找到乘务员想协调一下座位，乘务员可以用“这两位乘客想坐在一起，能否请您和他们换一下”来与相邻乘客进行沟通。

询问式：“请问……”

请求式：“请您协助……好吗”

商量式：“您看……可以吗”

解释式：“您好！这里是……”

第三节　航空服务语言的基本要求与播音技巧

一、航空服务语言要求

航空服务语言的基本要求是乘务员必须能够说一口流利的普通话。

一般来说，在通常对话环境下，说话人的音色、音量和音域如何关系不是很大，但作为代表国家、民族和公司形象的客舱服务人员，发音吐字却是沟通中至关重要的问题，面对中外乘客你首先必须把普通话说得很标准。

1. 学会使用柔性语言

语气亲切、语调柔和、措辞委婉、说理自然，常用商讨的口吻与人说话，这样的语言使人感到愉悦亲切有较强的说服力，往往能达到以柔克刚的交流效果。同样的话可以有不同的说法：比如暂时回答不出的问题，你可以说“很抱歉，我不是很清楚，我马上帮您查一下”，而不要说“这个问题我不知道”一般情况下，用肯定的语气说话比用否定的语气说话会使人感到柔和、亲切。

2. 语言幽默，不卑不亢

航空服务中，难免会遇到一些正面很难解释的事情，作为服务人员要学会以幽默而化解。

3. 能够用流利的外语进行交流

民航界的服务，涉及世界各地，作为航空服务人员，我们要能够用简单的英语、日语甚至手语进行交流。与外国乘客或聋哑乘客打交道时，如果你能用流利的外语或手语与他们进行交流，与旅客的沟通就会顺利很多。

二、航空服务播音要求

① 航空服务人员播音要使用普通话、英语两种以上语言，广播内容应准确，播音应清晰、匀速。

② 语速适当，用心感受。要抓住内容特点，使节奏流利和谐，缓急结合。

③ 语调生动，语言灵活。根据需要，分出轻重缓急，分清抑扬顿挫，而且要能够根据不同内容传达出不同的思想感情。

④ 声音圆润、自然，吐字清晰。注意克服发音吐字方面的不良习惯，如鼻音、喉音、挤捏音、虚声等，做到发音圆润动听，吐字清晰悦耳。

第四节　航空服务中的语言艺术

语言是人们用来表达思想、交流感情的交际工具。在乘务行业中，语言是每个接待人员完成任务不可缺少的工具，空中乘务人员以语言表达方式为主要服务内容，因此服务用语是关系服务质量、服务水平的大事。

作为一名乘务员，语言艺术在服务工作中是基础性的，也是最重要的。语言得体、谈吐文雅、满面春风，能使客人“闻言三分暖”，见面总觉格外亲。要做好服务工作，就要学好服务语言，掌握语言艺术，用礼貌、幽默的语言与旅客交谈，并用含蓄、委婉使人不会受到刺激的话代替禁忌的语言。

一、服务语言的艺术化

服务语言是服务人员素质和服务艺术的最直接体现，语言表达是空乘服务的基本技能。在空乘服务中，服务语言艺术运用的如何，会给服务工作带来不同的结果。一句动听、富有艺术性的语言，会给航空公司带来很多回头客，而一句让旅客不满意的语言，很可能就会从此失去一位或多位旅客。

服务语言是旅客对服务质量评价的重要标志，在服务过程中，语言适当、得体、清晰、纯正、悦耳，会使旅客有柔和、愉快、亲切之感，对服务工作产生良好的反应；反之，服务语言“不中听”，生硬、唐突、刺耳，客人会难以接受。强烈的语言刺激，会引起旅客的不满与投诉，会严重影响航空公司信誉。

空乘服务语言与讲课、演讲以及人与人交往中一般的礼貌用语是有很大的差别的。在服务语言标准化的基础上，通过措辞、语速、语调、表情，使语言表达得准确清晰，语言充满真情善意，富有感染力和说服力，显示出乘务人员的知识素养和文明服务水平，使旅客感到轻松自如。

艺术性的礼貌服务用语应该做到：

① 柔和，适度而不刺耳。

② 清晰，准确而不模糊。

③ 纯正，悦耳而不杂乱。

④ 言简意赅而不啰嗦。

二、语言要与表情、动作相一致

语言要与动作相一致，人若满腔热情，说话时便会不由自主地加上动作，做动作时也会自然而然地伴随着语言。空乘在为乘客服务时，应尽量在自己说话时配以适当的表情和动作，并保持一致性，要以饱满的热情，拿出最佳状态，才能取得最好的效果。

三、常用艺术性服务语言

1. 称谓语

例如，小姐、先生、夫人、太太、女士、大姐、阿姨、同志、师傅、老师、大哥等。

这类语言的处理，有下列要求：

① 恰如其分。

② 清楚、亲切。

③ 吃不准的情况下，一般男士称先生，女士称小姐。

④ 灵活变通。

2. 问候语

例如，先生，您好！早上好！中午好！晚上好！圣诞好！国庆好！中秋好！新年好！

这类语言的处理，有下列要求：

① 注意时空感。问候语不能是“先生，您好！”一句话，应该让客人有时空感，不然客人听起来就会感到单调、乏味。例如，中秋节时如果向客人说一声“先生，中秋好！”就强化了节日的气氛。

② 把握时机。问候语应该把握时机。

3. 征询语

征询语确切地说就是征求意见或询问时的用语。例如，小姐，您有什么吩咐吗？征询语常常也是服务的一个重要程序，征询语运用不当，会使旅客很不愉快。

使用这类语言时要注意以下几点：

① 注意客人的形体语言。例如当旅客东张西望的时候，从座位上站起来的时候，或招手的时候，都是在用自己的形体语言表示他有想法或者有要求了。这时服务员应该立即走过去说“先生/小姐，请问我能帮助您做点什么？”“先生/小姐，您有什么吩咐吗？”

② 用协商的口吻。经常将“这样可不可以？”“您还满意吗？”之类的征询语加在句末，显得更加谦恭，服务工作也更容易得到客人的支持。

③ 应该把征询当做服务的一个程序，先征询意见，得到客人同意后再行动，不要自作主张。

4. 拒绝语

例如，您好，您的想法我们理解，但恐怕这样会违反规定，给旅行安全带来影响，谢谢您的合作。

这类语言使用时有下列要求：

① 一般应该先肯定，后否定。

② 客气委婉，不简单拒绝。

5. 请示语

例如，先生，请一直往前走！先生，请随我来！

使用这类语言时有下列要求：

① 避免命令式。命令式的语言，会让客人感到很尴尬，很不高兴，甚至会与服务员吵起来。如果你这样说："先生您有什么事让我来帮您，您在座位上稍坐，我马上就来好吗？"可能效果就会好得多。语气要有磁性，眼光要柔和。

② 应该配合手势。有些服务人员在碰到客人询问地址时，仅用简单的语言指示，甚至挥挥手、努努嘴，这是很不礼貌的。正确的做法是运用明确和客气的指示语，并辅以远端手势、近端手势或者下端手势，在可能的情况下，还要主动地走在前面给客人带路。

6. 答谢语

例如，谢谢您的好意！谢谢您的合作！谢谢您的鼓励！谢谢您的夸奖！谢谢您的帮助！谢谢您的提醒！

这类语言的使用，有下列要求：

① 客人表扬、帮忙或者提意见的时候，都要使用答谢语。

② 乘客提出一些服务方面的意见，有的意见不一定提得对，这时有的乘务人员就喜欢去争辩，这是不对的。正确的做法是，不管他提得对不对，我们都要表示答谢："好的，谢谢您的好意！"或者"谢谢您的提醒！"

③ 客人有时高兴了夸奖服务人员几句，也不能心安理得，无动于衷，而应该马上用答谢语给予回报。

7. 提醒道歉语

例如，对不起，打扰一下！对不起，让您久等了！请原谅，这是我的错。对不起，机组没有医生，这就为您广播找医生。

提醒道歉语是服务语言的重要组成部分，使用得好，会使旅客随时都感受到尊重，并留下良好的印象。同时提醒道歉语又是一个必要的服务程序，缺少了这一个程序，往往会使服务出现问题。

8. 特殊情况下的服务用语

① 请别让孩子在过道走动，飞机颠簸得厉害。

② 请按顺序排队。

③ 对不起，这里是紧急出口，您的行李不能放在这里。

④ 请跟我来！

⑤ 动作快！

⑥ 请您不要在飞机上打手机。

9. 客舱内禁止使用的服务用语

① 嘿！

② 老头儿。

③ 大兵。

④ 土老帽儿。

⑤ 你想干什么？

⑥ 没办法。

⑦ 我解决不了，爱找谁找谁。

⑧ 这是其他部门的事，与我们无关。

⑨ 越忙越添乱。

第八章　地面服务礼仪

第一节　安检服务礼仪

一、安检服务的定义

安检是安全技术检查的简称，它是指在民航机场实施的为防止劫(炸)机和其他危害航空安全事件的发生，保障旅客、机组人员和飞机安全而采取的一种强制性的技术性检查。

安检十分必要，它是民航企业提供高质量旅客服务最重要的基础。9.11 事件发生后，安检服务在全世界范围内都得到了进一步的重视和提高。安检服务的根本目的是：防止机场和飞机遭到袭击；防止运输危险品引起的事故；确保乘客的人身和财产安全。因此，作为旅客应积极配合安检服务人员的工作，真正享受安检服务带来的旅行安全保障。

二、安检服务总则的主要内容

① 民用航空安全检查部门(以下简称安检部门)，依照有关法律、法规和本规则，通过实施安全检查工作(以下简称安检工作)，防止危及航空安全的危险品、违禁品进入民用航空器，保障民用航空器及其所载人员、财产的安全。

② 安检工作包括对乘坐民用航空器的旅客及其行李，进入候机隔离区的其他人员及其物品，以及空运货物、邮件的安全检查；对候机隔离区内的人员、物品进行安全监控；对执行飞行任务的民用航空器实施监护。

③ 民航公安机关对安检部门的业务工作进行统一管理和检查、监督。从事民用航空活动的单位和人员应当配合安检部门开展工作，共同维护民用航空安全。

④ 对于本规则规定的危及民用航空安全的行为，安检部门应当予以制止并交由民航公安机关审查处理。

⑤ 乘坐民用航空器的旅客及其行李，以及进入候机隔离区或民用航空器的其他人员和物品，必须接受安全检查；但是，国务院规定免检的除外。

三、旅客及行李、货物、邮件的检查

① 对国内航班旅客应当核查其有效乘机身份证件、客票和登机牌。有效乘机身份证件的种类包括：中国籍旅客的居民身份证、临时身份证、军官证、武警警官证、士

兵证、军队学员证、军队文职干部证、军队离退休干部证和军队职工证，港、澳地区居民和台湾同胞旅行证件；外籍旅客的护照、旅行证、外交官证等；民航总局规定的其他有效乘机身份证件。对 16 岁以下未成年人，可凭其学生证、户口簿或者户口所在地公安机关出具的身份证明放行。对核查无误的旅客，应在其登机牌上加盖验讫章。

② 对旅客实施安检时，安检人员应当引导旅客逐个通过安全门；对通过时安全门报警的旅客，应当重复过门检查或使用手持金属探测器或手工人身检查的方法进行复查，排除疑点后方可放行；手工人身检查一般应由同性别安检人员实施；对女旅客实施检查时，必须由女安检人员进行；对经过手工人身检查仍有疑点的旅客，经安检部门值班领导批准后，可以将其带到安检室从严检查，检查应当由同性别的两名以上安检人员实施。

③ 旅客的托运行李和非托运行李都必须经过安全检查仪器检查；发现可疑物品时应当开箱（包）检查，必要时也可以随时抽查；开箱（包）检查时，可疑物品的托运人或者携带者应当在场。

④ 空运的货物应当经过安全检查或存放 24 小时，或者采取民航总局认可的其他安全措施；对空运的急救物品、鲜活货物、航空快件等有时限的货物，应当及时进行安全检查；对特殊部门交运的保密货物、不宜检查的精密仪器和其他物品，按规定凭免检证明予以免检；航空邮件应当经过安全检查，发现可疑邮件时，安检部门应当会同邮政部门开包查验处理。

四、证件检查的方法

证件检查应采取检查、观察和询问相结合的方法。可以总结为“一看”、“二对”、“三问”。

“一看”就是对证件进行检查，要注意甄别证件的真伪、认真查验证件的外观式样、规格、塑封、暗记、照片、印章、颜色、字体、印刷以及编号、有效期限等主要识别特征是否与规定相符，有无变造、伪造的疑点。注意查验证件是否过期失效。

“二对”就是观察辨别持证人与证件照片的性别、年龄、相貌特征是否吻合，有无疑点。

“三问”就是对有疑点的证件，通过简单询问其姓名、年龄、出生日期、生肖、单位、住址等进一步加以核实。

五、人身检查

（一）人身检查的岗位设置与职责

人身检查由安全门检查员、前传和引导检查员负责实施。

1. 人身检查员的职责

人身检查岗位一般设引导和安全门检查两个具体岗位。其基本职责就是：

① 引导旅客有秩序地通过安全门。

② 检查旅客自行放入盘中的物品。

③ 对旅客人身进行仪器或手工检查。

④ 准确识别并根据有关规定处理违禁物品。

2. 前传、维序检查员职责

① 维持待检区秩序并通知旅客准备好身份证件、机票和登机牌。

② 开展调研工作。

③ 在安全检查仪器传送带上正确摆放受检行李物品。

(二) 人身检查的方法

对旅客进行人身检查有两种方法：仪器检查和手工检查。在现场工作中通常可采用仪器与手工相结合的检查方法。

仪器检查指安检人员按规定的方法对旅客通过安全门或采取手持金属探测器等检查，发现危险品、违禁品。现阶段我国各大机场的人身检查普遍使用安全门检查和手持金属探测器检查。

手工人身检查是指安全检查人员按规定的方法对旅客身体采取摸、按、压等检查方法发现危险品、违禁品。

1. 安全门检查的方法

所有乘机旅客都必须通过安全门检查(政府规定的免检者除外)。旅客通过安全门之前，安全门前的引导员应首先让其取出身上的金属物品，然后引导旅客依次逐个通过安全门。如发生报警，应使用手持金属探测器或手工人身检查的方法进行复查，彻底排除疑点后才能放行。对旅客放入盘中的物品，注意采用摸、掂、试等方法检查是否藏匿违禁品。

2. 手工人身检查的方法

检查人员面对旅客，先从旅客的前衣领开始，至双肩、前胸、腰部止；再请旅客转身，从后衣领起，至双臂外侧、内侧、腋下、背部、后腰部、裆部、双腿内外侧和脚部止。冬季着装较多时，可请旅客解开外衣，对外衣也必须进行认真的检查。对女性旅客实施检查须由女性检查员进行。

(三) 人身检查的要领和程序

1. 手持金属探测器检查的程序

检查人员站在旅客右前侧，按以下程序进行：头部—右手—左手—胸部—腹部及躯干两侧—右腿—左腿。然后请旅客转身，再去旅客身后从上到下进行检查。

2. 手工人身检查

手工人身检查应遵循由上到下，由里到外，由前到后的程序。检查要领主要是顺身体的自然形状，通过摸、按压、拍打、用手来感觉出藏匿的物品。

(四) 人身检查的重点对象

① 精神恐慌、言行可疑、伪装镇静者。

② 冒充熟人、假献殷勤、接受检查过于热情者。

③ 表现不耐烦，催促检查或言行蛮横、不愿接受检查者。

④ 窥视检查现场、探听安全检查情况等行为异常者。

⑤ 本次航班已经开始登机、匆忙赶到安检现场者。

⑥ 公安部门、安全检查站掌握的嫌疑人和群众提供的有可疑言行的旅客。

⑦ 上级或有关部门通报的来自恐怖活动频繁的国家和地区的人。

⑧ 着装与其身份不相符或不合时令者。

⑨ 检查中发现的其他可疑问题者。

第二节　问询服务礼仪

候机楼问询处主要提供诸如航班信息、机场交通、候机楼设施使用等问询服务。问询服务往往能直接解决旅客在旅行过程中遇到的许多麻烦，或能为旅客解决问题指明方向，因而深受旅客欢迎，它已经成为航空运输企业旅客服务的不可或缺的窗口。

一、问询服务的分类

问询服务根据服务提供方的不同可以分为航空公司问询、机场问询和联合问询，其中联合问询是航空公司与机场共同派出问询服务人员组成联合柜台，向旅客提供最为全面的问询服务。

问询服务根据服务提供方式的不同可以分为现场问询和电话问询。现场问询是指在问询柜台当面向旅客提供问询服务；电话问询是通过电话方式向打来电话的客

人提供各类问询服务，通常电话问询还可以分为人工电话问询和自动语音应答问询。人工电话问询主要用来解决旅客提出的一些比较复杂或非常见的问题；自动语音应答则由旅客根据自动语音提示进行操作，通常能较好地解决旅客所关心的常见问题，它能大大地节省人力，提高服务效率。

根据服务柜台的设置位置不同，还可以将问询服务分为隔离区外的问询服务和隔离区内的问询服务。

二、问询服务的岗位职责和要求

（一）首问责任制

首问责任制服务，即旅客求助的第一位工作人员有责任在第一时间确保准确答复或有效解决问题的前提下提供优质服务，否则必须将用户指引到能提供有效服务的单位或岗位。

首问责任制度最早来源于政府行政部门为解决长期以来存在的办事效率低下、不负责任、相互推诿等问题而制定与实施的一项制度。由于该制度适合于许多服务性行业，故也为国内民航运输企业所广泛采用。

当旅客提出问询服务要求时，由第一位接到信息的工作人员负责接待，对询问事项办理或协助办理、跟踪反馈，该服务人员即为首问责任人。提供协助或后续服务的人员或部门为第二责任人，相对于第一环节是后续服务的首问责任人。

（二）问询服务的岗位职责

① 掌握航班动态，耐心、细致地回答现场旅客问询。

② 负责做好电话问询工作。

③ 负责提供各类温馨预约服务，并向旅客介绍航空公司和机场服务的内容及特色。

④ 负责做好不正常航班的解释工作。

⑤ 做好前台服务，负责接待各类旅客及相关人员。

⑥ 完成上级领导安排的其他工作。

(三)问询服务的岗位要求

1. 一般要求

① 每日值机柜台开启前到岗;检查电脑、电话等设施设备是否处于正常状态;如有故障要及时报修或调用备用设备,确保问询工作顺利进行。

② 确保问询柜台始终有工作人员在岗,若有特殊情况需要离开,必须在柜台上放置“请稍等”指示牌。

③ 根据旅客提出的要求及时给与帮助;遇到无法解决的特殊问题,应该及时汇报。

④ 必须在国内或国际最后一个出发航班登机结束后,才可以关闭柜台。

⑤ 旅客在现场提出投诉时,应该耐心解释记录相关情况,并及时向上级反映。如有必要可向旅客提供企业投诉电话。

2. 岗位知识要求

精通民航基础知识;掌握国际航空运输概论和旅客行李运输、客票等相关业务知识;初步了解旅游地理基础知识;熟悉民航旅客心理学基础知识;熟悉本部门各岗位工作程序,并了解相关部门及单位的业务知识;熟悉《中国民用航空旅客、行李国内运输规则》和《中华人民共和国民用航空法》的内容及规定。

3. 业务处理要求

(1) 现场问询

遇到旅客问询应主动站立,5 米之内与旅客目光交流,努力做到表情自然、和蔼亲切;主动向旅客问好,细致、耐心地回答旅客问题,礼貌地向旅客道别;回答旅客问题时,应使用文明礼貌用语,做到语言简明清晰、语气温和、速度适中,忌用专业术语、服务禁语;回答旅客问题时,注意肢体语言(手不可放在口袋里或双手抱在胸前),避免出现有损企业形象的举止;必须双手交接旅客递交的票证和其他物品。

（2）电话问询

接听电话时铃响不超过三声，做到口齿清晰、速度适中、用语规范；回答旅客问题时，应简明清晰，语气温和并使用文明礼貌用语，忌用专业术语、服务禁语；努力提高电话接通率，禁止利用问询电话拨打私人电话。

第三节　值机服务礼仪

从航空公司的角度，值机服务即航空公司的旅客运输服务部门为旅客办理乘机手续的整个服务过程，其主要内容包括办理乘机手续前的准备工作、查验客票、安排座位、收运行李及旅客运输服务和旅客运输不正确情况的处理。

值机服务的工作程序包括：

① 悬挂或显示“航班号”、“到达站”的标牌。

② 查验客票和有效旅行证件。

③ 收运行李：检查行李包装、行李过秤、填制并拴挂行李牌、传送行李、收取逾量、限重行李费。

④ 在客票有关栏目填写行李件数和重量，撕下乘机联，发放登机牌。

⑤ 清点旅客人数，接受候补旅客。

⑥ 填报旅客人数、行李重量、件数。

⑥ 通知增补餐食供应品。

⑧ 核对乘机联、行李牌数量。

⑨ 航班上客人时，在登机口利用所收乘机联协助查找未登机旅客。

⑩ 与乘务长交接人数，同时说明相关重要旅客及特殊旅客情况。

⑪ 将乘机联和出口航班准备表交票证管理员保管。

值机服务柜台的种类：

① 普通旅客柜台：任何旅客在指定的普通值机柜台都可办理登机、托运手续，行李较多的旅客应提早办理登机手续，以免耽误航班。

② 值机主任柜台：乘坐各国际国内航班的 VIP、头等舱旅客、持有本航空公司会员卡的旅客都可以在此享受与众不同的便捷或无缝隙的一条龙服务。

③ 会员专柜：此柜台为通过各航空公司特别会员服务方式订票的旅客提供在机场的取票服务，或提供大客户贵宾的乘机优质服务。还为旅客办理各航空公司俱乐部的现场入会手续，为持有会员卡的旅客查询旅程、旅程补登、制卡等服务。

④ 特殊旅客服务柜台：此柜台专为晚到旅客、有特殊需求的旅客(如无人陪伴儿童、孕妇、伤病旅客等)提供方便、快捷、舒适的服务，尽可能满足每一位旅客的特殊需求。(注：晚到旅客应在保证航班正常的情况下方可办理乘机手续)

⑤ 团体旅客柜台：此柜台专门为团体旅客办理乘机手续服务。

对于值机柜台的工作人员来说，值机工作当中最主要的对客服务是：查验客票和证件、座位安排、收取行李。在检查客票中包括四个方面，即合法性、有效性、真实性和正确性。旅客乘坐飞机必须交验有效客票，国际航班还要交验相应证件。承运人自旅客办理乘机手续至到达目的地的这段时间里，都有权查验旅客的客票。

1. 客票的合法性

客运企业出售的客票符合我国和国际上有关规定，并为空运企业承认和接受。

① 查验客票的出票人是否与本公司有相关的代理业务或财务结算关系。

② 查验客票乘机联是否符合签转规定，是否加盖了签转章。

③ 查验客票是否已经通知声明挂失。

2. 客票的有效性

① 查验所接受的乘机联的运输有效航段、承运人，必须与实际承运的航段和承运人一致。

② 客票各联页是否齐全，所接受的客票应具备乘机联和旅客联，任何情况下不得接受无旅客联的单张乘机联。

③ 检查客票填写是否完整。如果接受不定期客票，须将承运人、航班、日期、订座情况补填在客票上，方为有效。

④ 查验客票是否在有效期内(有效期为一年)，旅客必须在客票有效期内完成客票上列明的中途分程、联程、回程的全部航程。

3. 客票的真实性

客票的真实性是指客票本身和客票上所反映的情况都是真实的，不得伪造或涂改。

4. 客票的正确性

客票的正确性是指客票乘机联上的内容正确无误。

① 承运人实际承运的航段与乘机联上标记的航段一致。

② 实际承运人与乘机联上指定的承运人一致。

③ 客票所采用的运价正确，与座位等级、航程、折扣、特种票价一致。

④ 客票上所采用的各种代号正确。

安排旅客座位是办理乘机手续中的一项重要工作。安排好旅客的座位，不仅是提高旅客服务质量，搞好旅客上下飞机秩序的保证，而且能有计划地安排飞机的载重平衡，确保飞行安全。

为旅客安排座位时的基本要求是：

① 旅客座位的安排，应符合飞机载重平衡的要求。

② 按座位等级安排旅客就座，F舱座位由前往后集中安排，Y舱由后往前。

③ 团体、家庭或互相照顾的旅客安排在一起。

④ 不同政治态度和不同宗教信仰的旅客，不要安排在一起。

⑤ 国际航班飞机在国内航段载运国内旅客时应与国际旅客分开安排。

⑥ VIP或需要照顾的旅客，按照旅客所定舱位等级情况及人数，预留相应座位。

⑦ 经停站有VIP或需要照顾的旅客，事先通知始发站留妥合适座位。

⑧ 携带外交信袋的外交信使及押运员应安排在便于上下飞机的座位。

⑨ 应急出口座位应严格按规定发放。

应急出口座位发放规定：

① 值机人员应将出口座位须知卡摆放在值机柜台前显著位置，让旅客便于阅读。

② 航班预计旅客人数不需占用出口座位时，不得将旅客安排在出口座位，需要使用出口座位时，应提前安排有能力的旅客就座出口座位。

③ 在办理出口座位乘机手续时，必须用明确的语言询问旅客是否愿意履行出口座位须知卡上列明的职责，在得到旅客的承诺以前值机人员不得将旅客安排在出口座位。

行李运输是随着旅客运输而产生的，与旅客运输有着不可分割的关系。收运行李主要包括以下工作内容：

① 了解行李中的物品是否属于行李的范围。

② 了解行李内是否夹带禁运品、违法物品或危险品，是否有易碎易损、贵重物品或不能作为交运行李运输的物品。

③ 检查行李的包装是否符合要求，检查行李的体积、重量是否符合要求。

④ 行李过秤。

⑤ 免费行李额确定，逾重行李收费。

航班离站前30分钟，停止接收旅客，清点乘机联和行李牌。实行“全开放”柜台方式办理值机手续，航班控制人员将在航班规定的离港时间前25分钟在离港系统中初始关闭。航班初始关闭后，值机柜台不能再接收关闭航班的旅客。

第九章　客舱服务礼仪

【学习目标】

1. 了解迎送服务的作用并掌握迎送服务要点。
2. 了解广播服务的重要性与广播要求。
3. 了解餐饮服务的意义并掌握餐饮服务要点。
4. 了解机上娱乐服务要点。

第一节　迎送服务礼仪

迎送是社交礼节的基本形式之一。在航班中，迎送服务既表达着乘务员对旅客的欢迎、感谢、尊重之情，也是体现乘务员礼仪素养的重要环节。正确认识迎送服务的重要性，充分把握迎送服务的契机，使旅客在第一时间内对乘务员留下美好的印象，为后续客舱服务奠定良好的基础。

一、迎接旅客首轮效应

首轮效应也称首因效应、第一印象效应。其核心是：人们在日常生活中初次接触某人、物、事所产生的即刻印象，通常会在对该人、物、事的认知方面发挥明显的、甚至举足轻重的作用。对于人际交往而言，这种认知往往直接影响着交往双方的关系。首轮效应对个人形象、企业形象的形成起着先入为主的作用，其在服务业的应用尤为重要。

首轮效应是由第一印象、心理定势、制约因素三个主要部分组成的。当人们在第一次接触陌生人的时候，决定其是否能够接受对方的最大因素就是“第一印象”。根据心理学有关方面的研究发现：第一印象在见面“7 秒”的瞬间就已决定。先出现的信息对总体印象形成具有较大的决定力。第一印象一旦形成，就会在人的头脑中占据主导地位，而且不会轻易改变。人们的相互第一印象主要来自三个方面。

下图中可以发现，在第一印象形成的过程中，非语言因素的影响高达 93 %，而言谈内容本身仅占 7 %。乘务员首次为旅客服务的接触点是迎客阶段，此时应充分利用首轮效应，把握好“7 秒”的机会，充分展示完美的职业形象，赢得旅客的好感。

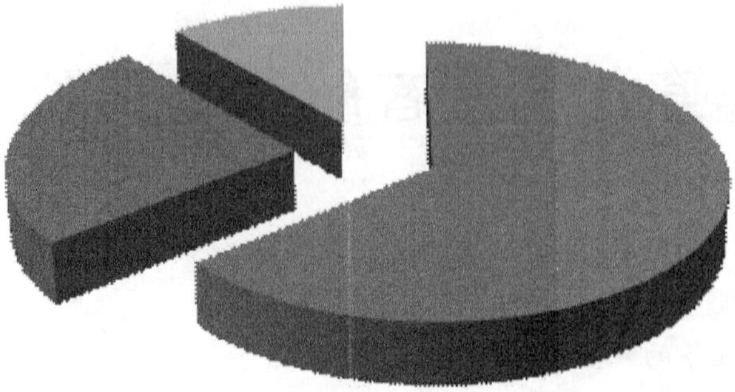

第一印象的构成

二、迎接旅客

(一) 迎客前准备

1. 检查形象

迎客前,乘务员应根据仪容仪表、服饰着装要求,进行自查或互查。如发现脱妆应及时补妆,以保持整体的精神面貌与形象的端庄、典雅。

2. 检查客舱

旅客登机前,乘务员应按照安全运行和客舱清洁的要求,确认客舱内没有与飞行无关的人员和物品,确保客舱环境干净、整洁。

3. 播放乐曲

一般来说,登机时间会持续 30～45 分钟。在这段时间里,播放轻松、欢快的乐曲能调节沉闷、枯燥的气氛,同时表达全体机组人员对旅客到来的欢迎之情。

① 乘务员通过机载设备,以视频或音频形式播放指定的登记音乐。

② 播放时音乐适中,以不影响旅客交谈为宜。

③ 旅客登机完毕后关闭音乐。

4. 营造环境

① 客舱灯光,一般调节至明亮状态。

② 客舱温度,一般保持在 22～24 ℃,以旅客体感舒适为宜。

5. 迎候旅客

乘务员应在指定区域内,站姿端正,面带微笑,等候旅客登机。

提示:迎客时,身体不得倚靠在舱门、舱位隔板或座椅靠背上,避免给人带来工作随意、精神状态不佳的感觉。

6. 两舱服务

两舱服务对象是指购买头等舱和公务舱的旅客。在两舱旅客登机前,乘务员需要做好以下准备工作。

① 准备饮品。根据航线准备迎宾酒和饮料,使用专用玻璃杯,确保杯内清洁、完

好无损。

提示：倒杯标准为软饮料倒至七成满，气泡酒倒至四五成满。

② 准备毛巾。

- 预先湿润毛巾（根据不同季节控制水温），以挤压不出水为宜。
- 毛巾应放于专用毛巾篮里（预备的毛巾须多于实际需求数）。
- 摆放时要求整齐、美观，确保毛巾不受过分挤压而变形。
- 不同规格或种类的毛巾不能混放于同一毛巾篮内。
- 毛巾不可放入烤箱内加热或保温。

③ 整理衣帽间。

- 保持衣帽间清洁、无杂物。
- 准备好挂衣架和标识牌。

④ 了解信息。

乘务员应根据地面服务人员提供的两舱旅客名单，事先了解并记住旅客姓名、职务、座位号等信息，以便首次问候旅客时可以提供“姓氏服务”或“职务称呼”，并准确引导旅客入座。凸显服务的亲切与个性化，表达对旅客的尊敬之意。

（二）服务要点

1. 主动问候

主动问候基本要求如下：

- 面带微笑，热情主动地问候每一位踏进客舱的旅客。
- 应与旅客有视线交流，并主动引导旅客尽快入座。问候时应注意与旅客保持适当距离。

【相关链接】

空间距离

美国人类学家霍尔通过研究后，提出：在沟通时，互动双方空间由近及远可以分为亲密距离、个人距离、社交距离和公众距离。

亲密距离（0～44 厘米），该距离是高度私密的，适合夫妻、情侣、父母与子女及知己密友。沟通时，更多地依赖触觉和嗅觉，而不是视觉和听觉。

个人距离（44～120 厘米）：在非正式场合下，适合朋友和熟人的交谈、聚会等。沟通时，身体接触很有限，主要依赖视觉和听觉。

社交距离（120～360 厘米）：适合正式的社交互动，商业会谈、职场交往等。沟通时，需要更清楚的语言表达和充分的目光接触。

对于沟通距离的处理，除了受相互了解和亲密程度的影响外，还会受到文化背景、社会地位、性别等因素的制约。

2. 礼貌用语

① 基本作用:礼貌用语在迎客服务中既是尊重他人的具体表现,也是与他人建立友好关系的敲门砖。

② 使用要求:原则上使用普通话和英语向旅客问候。如果能确认旅客的国籍,使用其母语问候,对旅客而言会感到分外欣慰,问候时,注意语言的亲切自然,语调略微上扬。

3. 迎客礼

迎客礼是鞠躬礼的一种形式,表达对旅客的尊敬和诚意。直挺挺的站立与稍弯腰的服务姿态比较而言,容易令人产生距离感,不愿与之接近。

"鞠躬礼"起源于中国,商代有一种祭天仪式"鞠祭":祭品为猪、牛、羊等,不切成块,而是将整体弯卷成鞠型,再摆到祭处祭奉,以此来表达祭祀者的恭敬与虔诚,这种习俗在一些地方一直保留到现在。

人们在现实生活中,逐步沿用这种形式来表达自己对地位崇高者或长辈的崇敬。鞠躬,意思是弯身行礼,是表示对他人敬重的一种正式礼节。这种礼节一般是下级对上级或同级之间,老师或学生,晚辈与长辈,服务人员向宾客表达由衷的敬意。它既适用于庄严肃穆或喜庆欢乐的仪式,也适用于普通的社交场合和商务活动中。

4. 引导入座

面带微笑,上前询问并查看旅客登机牌的座位号,主动引导入座或告知旅客其座位在客舱内的大致方向。

五指并拢,小臂带动大臂,手心微倾,指示座位的方向。根据指示距离远近调整手臂弯曲程度,身体随着手的方向自然转动,目光与所指方向保持一致。

手势可以反映一个人的修养,性格。所以,在人际交往中要注意手势的幅度、次数和力度等。

手势礼仪之一:幅度适中。在社交场合,应注意手势的大小幅度。手势的上界一般不应超过对方的视线,下界不低于自己的胸区。左右摆的范围不要太宽,应在人的胸前或右方进行。一般场合,手势动作幅度不宜过大,次数不宜过多,不宜重复。

手势礼仪之二:自然亲切。与人交往时,多用柔和曲线条的手势,少用生硬的直线条手势,以求拉近相互间的心理距离。

手势礼仪三:避免不良手势,例如,与人交谈时,讲到自己不要用手指自己的鼻尖,而应将手掌摁在胸口上;谈到别人时,不可用手指别人,更忌讳背后对人指点等不礼貌的手势;避免抓头发,玩饰物,掏鼻孔,拉袖子等手势动作。

5. 过道疏通

为了尽可能缩短旅客登机所耗时间,迎客时每位乘务员都应主动承担起"疏导"职责,做到"眼明手快","灵活应对"。

① 积极寻找。时刻关注过道上的旅客,在第一时间找到堵塞点。

② 判断原因。旅客大多因放置行李或寻找座位而占据通道,只有找到堵塞原

因，才能采用相应的疏通措施。

③ 解决帮助。针对原因，灵活应对。例如：如果因个别旅客放置行李而堵塞过道，乘务员应帮助寻找合适的行礼摆放位置，并提示旅客尽快入座。只是一味地催促旅客，并不能真正结解决问题。

④ 表示感谢。对旅客的积极配合应及时给予感谢。

6. 行礼摆放

行礼指旅客在旅行中为了穿着、使用舒适或方便的需要而携带的物品和其他个人财物。根据《中国民用航空旅客、行李运输规则》相关规定：乘坐国内航班头等舱的旅客允许随身携带2件行李，公务舱和经济舱允许随身携带1件行李。每件行李的体积不得超过20厘米×40厘米×55厘米，重量不超过5公斤，国际航班根据各航空公司要求而有所不同，超过承运人规定重量或尺寸的行李不得带入客舱。

(1) 基本要求

① 乘务员在引导旅客入座时，应主动协助或帮助需要的旅客将行李摆放在行李架等中国民用航空局批准的储藏区域内。

② 所有旅客的手提行李应放置在许可的储藏区域内，确保其不会对旅客通过或穿越通道产生障碍，也不会影响到应急出口的使用。

③ 手提行李不得置于影响机组人员接近应急设备或阻挡旅客看到信号标示的任何区域。

④ 存放应急设备的区域均不得放置任何物品，同时乘务员在航班运行中应加强对上述区域的监控。

⑤ 放置于旅客座位下的行李必须接受行李挡杆的限制，防止行李物品在紧急着陆时所产生的极限惯性作用而从侧面滑到通道上。

⑥ 不封闭的衣帽间仅用于悬挂衣物。

(2) 安全提示

① 告知旅客避免叠放行李，如需叠放时应考虑行李的尺寸、外形、材质等因素，避免向外滑出的可能。

② 提醒旅客看管好自己的行李。

(3) 注意事项

① 帮助旅客将行李安放在其视线范围以外时，必须将具体放置位置明确告诉旅客，同时防止旅客间错拿行李。

② 对于不符合尺寸、重量要求的手提行李应及时通知代班乘务长，交由地面工作人员办理托运。

③ 原则上不要为旅客保管易碎及贵重物品。

④ 为旅客保管冷藏食品，要了解冷藏的要求。冷藏食品应独立存放，如果无法满足冷藏要求时应向旅客说明情况。为旅客保管物品要做到全程负责。

提示：

① 药品不得冷藏在厨房区域内，可提供冰块让旅客自行保管。

② 关登机门前，乘务员必须检查确认所有旅客行李已存放妥当并关好行李架。

(4) 动作要领

关闭行李架时要做到姿势优雅，必要时可踮起脚后跟以增加身体高度，保持身体的稳定，并侧身对旅客。

7. 目视评估(仅限经济舱)

在发生紧急情况时，坐在出口座位上的旅客应能协助机组成员组织撤离。为保证这些旅客能胜任其职责，负责座位的乘务员应对其进行目视评估。

基本要求如下：

① 正确判断。确认该旅客是否符合坐在出口座位的条件。

② 逐一介绍。使用规范用语向出口座位旅客逐一介绍出口座位的注意事项和紧急情况下的应急操作方法等，并确认该旅客已明确上述全部内容。

③ 核实确认。确认出口座位旅客是否愿意履行相应的责任和义务。如旅客不愿履行，必须将该旅客重新安排至其他非出口座位，并不得要求其说明理由。

④ 及时汇报。在登机门关闭前，及时将出口座位确认情况汇报给乘务长。

【相关链接】

出口座位旅客应具备的能力

① 确认应急出口的位置。

② 辨认应急出口开启机构。

③ 理解操作应急出口的指示。

④ 操作应急出口。

⑤ 评估打开应急出口是否会增加由于暴露旅客而带来的伤害。

⑥ 遵循机组成员给予的口头指示或手势。

⑦ 收藏或固定应急出口门，以便不妨碍使用该出口。

⑧ 评估滑梯的状态，操作滑梯，并在其展开后稳定滑梯，协助他人从滑梯离开。

⑨ 迅速地通过应急出口。

⑩ 评估、选择和沿着安全线路从应急出口离开。

8. 核对人数

① 乘务员使用计数器进行点数(有些航空公司利用离港系数计算人数)。

② 乘务长必须确认旅客人数与载重平衡表保持一致。

③ 如果出现不符，应立即重新核对旅客人数，避免因此延误航班。

提示：

① 核对人数时应要求旅客在座位上坐好，不要随意走动。

② 带小孩的旅客将小孩抱好。

③ 确认盥洗室内无人。

【相关链接】

载重平衡表(Balance sheet)

它是航班载运旅客、行李、邮件、货物和集装设备重量的记录,是运输服务部门和机组之间、航线各站之间交接载量的凭证,也是统计实际发运量的根据,它记载着飞机各种重量数据。

9. 两舱服务

(1) 引导入座

① 两舱旅客登机时,乘务员应主动上前迎接。迎候时,根据旅客名单或登机牌旅客姓名显示,使用“姓氏服务”或“职务称呼”。

② 主动帮助提拿行李,准确引导入座。

③ 主动协助旅客摆放行李。

④ 主动向旅客作简短的自我介绍。

(2) 存放衣物

① 旅客交予存放衣物时,乘务员应检查确认是否有污损,提醒乘客贵重物品自行保管。

② 使用标示牌,做好座位号的记录。

③ 航程中妥善保管衣物,避免污损。

【案例】

疏忽大意惹抱怨

某航班,两舱乘务员为头等舱一位女士存放衣服时,看到其白色大衣胸前有类似口红的印记,但是乘务员没有及时与该女士进行确认。当乘务员归还衣服时,旅客认为是乘务员弄脏了她的衣服,并为此提出赔偿。

点评:存放旅客衣物时应做好必要的确认。本案中由于乘务员没有按照存放衣物的要求操作,最终导致旅客不满,同时使自己处于被动的局面。

(3) 提供毛巾和迎宾饮品

① 旅客入座后及时提供毛巾。

动作要领:四指并拢托于毛巾篮底部,大拇指放于篮的两边,毛巾篮平放于小腹部位,不要紧贴身体,上臂下垂,大小臂夹紧;送时需使用毛巾夹。

② 提供迎宾饮品时,摆上杯垫,将饮料杯置于杯垫上。

动作要领：四指并拢托于盘底，大拇指放于托盘两边；托盘平放于小腹部位，不要紧贴身体；上臂下垂，大小臂夹紧；送时应拿杯身的下 1/3 处或杯颈处，不可拿杯口。

③ 征求旅客同意后，及时收回旅客用完的毛巾和饮料杯。

动作要领：拿空托盘时，应四指并拢托于盘两边；大拇指放于托盘的窄边，将托盘放于身体的一侧，不要让托盘随身体晃动，也不要紧贴身体；使用毛巾夹收回毛巾。

④ 提供报纸（杂志），发放报纸（杂志）时，应主动向旅客介绍配备的品种。

动作要领：将报纸（杂志）摆成扇形放在左手臂上，右手（手心朝上）轻扶报纸（杂志）的边缘；到达旅客面前时，呈标准站姿，面带微笑；取出时，右手食指在上、拇指在下，将报纸（杂志）移出，反手，拇指在上，四指在下，正面递给旅客。

⑤ 根据光线情况，为需要的旅客打开阅读灯。

动作要领：五指并拢，单手上举，手心向上，按阅读灯的按钮。

当旅客的需要无法满足时，应真诚地表示歉意，做好解释工作，并设法以其他方式弥补，争取旅客的谅解。

⑥ 提供拖鞋。

时机选择：两舱旅客登机后，乘务员挑选合适的时机为其提供拖鞋服务。

发放方式：送至旅客手中或放于座椅前面的插袋内。

发放要点：主动询问旅客是否需要更换拖鞋，帮助其打开包装，将拖鞋摆放于合适位置，并协助旅客将换下的鞋子妥善放于规定的存储空间。

三、送别旅客

飞机到达停机位后，发动机关闭，“系好安全带”标示灯熄灭，乘务员正常打开舱门，安排旅客离机事宜。

（一）服务要点

① 归还物品。及时归还为旅客保管的行李物品，并做好必要的确认。

② 播放乐曲。在旅客离机时，播放舒缓、悦耳的乐曲，以表达全体机组人员对旅客的感谢之情、送别之意，并期待与旅客的再次相见。

③ 乘务员通过机载设备，以视频或音频形式播放指定的离机音乐。

④ 播放离机音乐时要求音量适中，以不影响旅客交谈为宜。

⑤ 旅客全部下机完毕后关闭音乐。

⑥ 灯光调节。客舱灯光一般调节至明亮状态。

（二）相关提醒

① 提醒旅客不要遗漏随身携带物品。

② 如果到达站与起飞站两地温差较大，应提醒旅客适当增减衣物。

（三）热情道别

在指定送客区送别每一位旅客，并向旅客表示感谢。

送客礼：与迎客礼的基本要求一致。

两舱旅客一般优先下机，乘务员应使用“姓氏服务”或“职称服务”方式，逐一向两舱旅客表达感谢，热情道别，并由衷地表示期待能再次为旅客服务。

（四）主动帮助

① 一般应主动询问特殊旅客是否需要帮助。

② 协助任何需要帮助的旅客下机。

（五）清舱检查

① 即时清舱：两舱旅客下机后，乘务员应即时对两舱区域进行清舱检查。

② 旅客全部下机后，乘务员检查是否有旅客遗留物品并进行清舱检查，完成后及时汇报乘务长。

③ 如发现旅客遗留物品，应立即交还旅客或与地面服务人员办理交接。

四、末轮效应

在本节一开始介绍了首轮效应，阐述了迎客服务的重要性。而送客服务与迎客服务同样重要，它是乘务员与旅客之间的最后一个服务接触点，体现的原则是末轮效应。

相对于首轮效应而言，末轮效应强调服务结尾的完美和完善，其核心内容是：在人际交往中，留给交往对象最后的记忆，是整体印象的重要组成部分，它甚至直接决定着企业或个人整体形象是否完美以及完美的整体形象能否得以维持。

乘务员应充分利用末轮效应，在送别旅客时以完美的形象、专业的表现，加深客舱服务留给旅客的记忆，用出色的送客服务体现优质服务的“有始有终”，为客舱服务画上圆满的句号。

小　结

航班中，迎送阶段是乘务员服务工作较为忙碌的时间段。乘务员要完成引导旅客入座、过道疏通、行李摆放、目视评估、送别旅客、清舱检查等多项工作。在较短的时间内，有条不紊地做好迎送的服务工作，在旅客面前展示出乘务员的最佳职业素养，从而体现一个航空企业的良好形象。充分发挥首轮效应和末轮效应，能给旅客留下美好的印象。

思考题

1. 简述首轮效应对客舱服务的重要性并举例说明。
2. 简述过道疏通的技巧。
3. 简述目视评估的步骤。
4. 简述迎客阶段两舱服务要点。

第二节　广播服务礼仪

广播服务是乘务员通过机载广播器传送声音，为旅客提供各类信息的服务。它贯穿于航班服务始末，具有覆盖面广、传播速度快、功能多样、感染力强等特点。

一、广播服务的重要性

机上广播水平的高低直接影响着旅客对航班服务质量的整体评价。随着国内外航空公司客舱服务理念的提升、客舱服务产品的创新以及旅客期望值的提高，广播服务作为衡量服务品质高低的指标，其重要性已日益凸显，主要体现在以下几个方面。

（一）广播服务是反映航空公司和乘务组专业素质、服务能力、精神面貌等方面的一个直观窗口

清晰、流利、悦耳的广播，能准确传递信息，展现乘务员的服务素质，树立良好的服务形象，提升旅客对服务的认可度；反之，生硬、生疏的广播会使旅客的满意度大打折扣。

（二）广播服务是乘务员和旅客沟通的渠道与纽带

通过广播，可以为旅客提供乘机信息，例如：机型设备介绍、飞行距离、飞行时间、延误起飞、航班取消、遇有颠簸等，既满足了旅客的知情权，体现了航空公司对旅客的重视与尊重；又能使旅客及时掌握信息，主动协助并配合乘务员做好航班运行的相关工作。

（三）广播服务是拉近距离、安抚情绪的有效手段

正常情况下，客舱广播通过声情并茂、生动悦耳的声音传递，能够让旅客拥有一份愉悦的好心情，产生宾至如归的感觉；航班延误时，及时、诚恳、亲切的广播能取得旅客的理解，安抚旅客急切的心情；一旦发生紧急情况时，如赋予广播更强的感染力，还能起到稳定情绪、凝聚力量的作用。

二、广播员的职责

广播员必须经过专项培训方可上岗，其职责主要如下所述：

(1) 在执行航班任务时,应携带公司下发的乘务广播手册。

(2) 登机后,测试广播器是否处于良好状态。若发现故障,应及时汇报乘务长。要正确使用、爱护广播设备。

(3) 根据公司规定的广播内容、顺序和航班运行情况,准确、适时地向旅客进行广播。

【相关链接】

正常情况下的客舱广播

一般正常情况下的客舱广播,主要包括:登机广播、关闭舱门前广播、安全演示、欢迎词、起飞安全检查、起飞前再次确认是否系上安全带、起飞后广播、供餐前广播、颠簸、免税品销售(仅限国际、地区航班)、填写入境单/申报表(仅限国际、地区航班)、入境相关规定(仅限国际、地区航班)、预报到达时间和目的地天气、下降致谢、落地前再次确认是否系上安全带、到达广播、旅客就座提醒、下机广播等。在预报目的地温度时,通常会根据旅客不同的使用习惯,同时使用华氏度(Fahren-heit)和摄氏度(Centigrade)两种计量单位。包括我国在内的世界上很多国家都习惯使用摄氏度,美国和其他一些英语国家则习惯使用华氏度而很少使用摄氏度。他们的换算方式是:

$$C=(F-32)/1.8 \qquad F=C\times 1.8+32$$

三、广播要求

为了确保广播质量,广播员应遵循以下要求。

(一) 基本要求

广播员应按照公司广播手册内容,落实各项广播。在特殊情况下,根据航班情况的不同可临时组织广播词。

广播时要求吐字清晰、音调柔和、速度适中。正常情况下,较为适宜的中文播音速度为每分钟200～220字,英文播音速度为每分钟120～150词。

当长航线、夜航线或大多数旅客休息时,应酌情减少广播或缩短广播内容。

夜航或头等舱、公务舱旅客休息时,在条件允许的情况下,应根据机型分舱广播,避免打扰旅客休息。

当航班延误时应及时广播,告知旅客相关信息。

遇有颠簸应及时提醒旅客,必要时重复广播。

(二) 注意事项

1. 控制语速

语速指的是乘务员在广播时给旅客听觉的一种可接受语速,客舱广播应采用标准语速。若广播语速过快，会让旅客听不清楚，无法理解广播内容；若广播语速过慢，则会给旅客一种拖沓、生疏之感。节奏的快慢在实际广播中受多方面因素的制约，例如：广播时的情绪、对广播内容的熟悉度等。

对于不同性质的广播内容，还要掌握语气，做到声情并茂。让旅客切实感受到广播内容的价值，收到事半功倍的效果。

2. 表达流利

流利性是指广播时吐字清晰、发音标准、内容表达连贯顺畅。广播时，乘务员与旅客间并不是面对面的交流，不能借助手势、表情等辅助手段，只有发准每一个字、词的读音，才能使旅客准确地接收广播中传递的信息。如果广播时发音不准、吐字不清、语言表达不连贯，会使旅客不能正确地理解广播内容，从而影响广播的效果。

因此，乘务员应有意识地加强广播基本功的训练，提高广播水平。例如：借助广播录音带进行标准跟读，学习播音员的发音、练习绕口令来掌握咬字的准确性等，以增强语言的流利性。

3. 及时准确

广播是快速传递信息的一种有效途径，是从点到面的单向传播。为了达到广播效果，必须确保广播的及时性和准确性。在航空运输过程中，旅客通过广播获得航班运行的相关信息，尤其是遇到有航班延误等突发事件时，旅客最想了解的是延误的原因、目前的状况、预计等待的时间等。此时确切信息的及时发布能便于旅客安排好自身行程，达到安抚旅客情绪、取得旅客谅解的作用；及时准确的广播还有助于让旅客协助并配合乘务员工作，从而真正发挥广播的作用。例如：在飞行中，如果遭遇强气流，会对飞机造成较大的空中颠簸。此时，乘务员应立即进行广播，准确传递颠簸信息，才能在最短的时间内通知到所有旅客，提醒旅客注意安全，并根据要求做好安全防范措施。

4. 赋予情感

广播质量不仅仅局限于语速、语音、语调，充满情感、富有人情味的广播更易被听众接受。广播时若缺乏感情、语调平淡，给人的感觉会不亲切，让人失去兴趣，使旅客产生排斥心理；相反，如果能在广播时把握好情感，就能引起旅客的注意，使广播达到预期的效果。

所谓“读书百遍，其义自见”，任何一段广播都应先做到“熟读”，只有熟悉广播词，才能赋予其恰当的情感，从而真正体现广播的生命力。一个好的广播员不能仅仅停留在“读”广播词上，能做到“脱口而出、声情并茂”应是每个广播员追求的目标。

小　结

及时性、准确性、流行性、情感性是广播服务的基本要求。乘务员应充分利用这一有效工具，使其在客舱安全管理、服务质量提升等方面发挥积极、关键的作用，与旅客建立良好关系，创造轻松愉悦的乘机氛围。

思考题

1．简述广播服务的重要性并举例说明。

2．绕口令练习：

白石白又滑，搬来白石搭白塔。白石塔，白石搭，白石搭白石塔，白塔白石搭。搭好白石塔，白塔白又滑。

四和十。十和四，十四和四十，四十和十四。说好四和十得靠石头和牙齿。谁说四十是“四席”，他的舌头没有用力；谁说十四是“适时”，他的舌头没伸直。认真学，常练习，十四、四十、四十四。

东洞庭，西洞庭，洞庭山上一根藤，藤上挂铜铃。风吹藤动铜铃动，风停藤定铜铃静。

3．广播词朗读：

（1）返　航

女士们、先生们：

刚接到机长通知，由于（航路天气恶劣/______机场关闭/机上有病人需要急救），我们必须返回______机场，预计到达______机场时间是______点______分。返航后的有关事宜，我们会及时通知您。感谢您的配合。

Ladies and Gentlemen：

We have been informed by the captain that we have to return back to ______ Airport due to (bad weather along the route/______ Airport is closed/emergency of a patient). We have to return to ______ Airport at ______. We will keep you informed the following matters concerned. Thank you.

（2）安全演示

氧气面罩	现在由乘务员向大家介绍氧气面罩、安全带的使用方法和紧急出口的位置。 Now we will explain the use of ixygen mask and seat belt as belt as well as the location the exits. 氧气面罩储藏在您的座椅上方。发生紧急情况时面罩会自动脱落。氧气面罩脱落后，请用力向下拉面罩，将面罩罩在口鼻处，把带子套在头上进行正常呼吸
安全带	座位上安全带使用时请将连接片插入锁扣内，当飞机起飞、着陆和飞行中遇到颠簸以及“系好安全带”指示灯亮时，请您将安全带扣好系紧。解开时，先将锁扣打开，然后拉开连接片
救生衣	救生衣储藏在您座椅下方/上方，使用时取出，经头部穿好，将带子扣好系紧，在客舱内请不要充气。当您到达机舱门口时，落下救生衣两侧的红色充气手柄；充气不足时，请将救生衣的两个人工充气管拉出，用嘴向里充气。在夜间撤离时请拔出救生衣上的电池销

第三节　餐饮服务

餐饮服务是客舱服务的重要组成部分，不仅影响旅客对航空公司服务的满意度，也反映了航空公司的服务能力。乘务员在做好餐饮服务“规范化”和“标准化”的同时，更要注意读物的“个性化”和“差异化”。

一、餐饮服务的意义

餐饮服务是乘务员与旅客接触时间最长的服务阶段。其重要性如下：

(一) 是企业服务能力的重要体现

机上餐食从食材选购到配送上机经过的环节多，周转时间相对较长，卫生质量要求严，旅客对餐食品质的期望值较高。所以，能否为旅客提供可口满意的餐食是反映航空企业服务技能的一个考量指标。

民以食为天。餐饮服务对旅客的旅途体验有着较大的影响力，细微处可体现客舱服务的质量与品位。近年来，为了不断提升餐饮品质，有些航空公司通过与知名餐饮企业合作，将特色餐饮与航空餐食结合，让中外旅客在空中也能享用到美味佳肴。例如，中国台湾中华航空公司特别与日本东京米其林一星主厨合作，在头等舱及公务舱推出了全新的中式套餐。这次为华航特别设计的中式套餐，结合传统与创新，运用甜薯、香草猪等台湾地道食材，以少油、健康的方式烹饪，并强调食材的完整运用、环保、不浪费，让旅客在旅途中也能享受到轻松无负担的美食。航空公司借着与知名餐饮企业间的合作，既树立了航空企业的品牌形象，也是提升服务技能的有效途径。

(二) 是乘务员服务技能的综合反映

餐饮服务阶段是乘务员综合运用“端、拿、倒、送”、食材烤制、沟通技巧、西餐礼仪、茶文化与酒文化等知识和技能的过程，也是检验乘务员服务能力高低的重要环节。因此，乘务员要全面掌握和熟练运用上述的知识和技能，为旅客提供高质量的餐饮服务。

“端、拿、倒、送”是乘务员应具备的基本服务技能。在每一次服务的过程中，精准、娴熟、规范的动作是保证服务质量的基础和前提。如果乘务员“端、拿、倒、送”动作操作不熟练，在递送热饮的过程中不慎洒在旅客身上，不但会烫伤旅客，还会给旅客带来不愉快的乘机感受。过硬的服务技能会使服务差错的发生概率大大降低；相反，则容易造成旅客不满，从而影响旅客对客舱服务的整体印象。

食材烤制——机上的餐食要经过二次烤制，因此，乘务员在进行餐食烘烤时，要做好充分的准备工作：了解旅客对餐食的个性化需求，针对不同的食材，把握好不同的烘烤时间和温度，才能让旅客品尝到色香味俱全的餐食。例如：在加热牛排时，要根据旅客对牛肉生熟程度的要求，准确选择烤制温度和时间，才能烤制出令人满意的牛排。

沟通技巧——餐饮服务是乘务员与旅客进行沟通的一次很好的机会，乘务员应抓住这一契机，与旅客建立良好的感情沟通。

茶文化与酒文化——在飞机上饮茶已受到越来越多人的欢迎，是人们对健康生活的一种追求。为了保证茶的口感，泡茶时，乘务员要根据不同茶叶的特点，调整水的温度、浸润时间和茶叶用量，从而使茶的香味、色泽、滋味得以充分地发挥；酒和食物的搭配千变万化，有传统的经典组合，也可以依个人不同口味而搭配。通过恰当的搭配，才可以让酒和菜肴更加美味，提高旅客对餐食的满意度。

西餐文化——提供两舱餐饮服务时，一般遵循西餐礼仪中的相关要求，例如餐具的摆放、用餐程序等。只有掌握更多的专业知识，才能将西餐的精髓传递给每一位旅客，更好地将西餐礼仪、西餐文化与机上餐饮服务融合在一起。

乘务员除了要掌握以上餐饮服务要求外，还要针对不同的旅客提供个性化餐饮服务。例如：老年旅客牙口和消化功能相对较差，乘务员应尽可能为其准备口味清淡的餐食；部分旅客因为健康或宗教信仰等原因，对餐食有特别的需求，如对于糖尿病患者来说，不能食用含糖或含糖量高的食物，因此在为糖尿病人服务时，要主动征询旅客对餐食的意见，同时尽可能推荐低糖、低脂肪的食品。

综上所述，看似简单的餐饮服务却包含了乘务员对自身专业知识和服务技能的综合应用。乘务员在餐饮服务过程中展现的综合能力的差异，给旅客带来的用餐享受也是截然不同的。

（三）是与旅客建立良好关系的契机

在世界各地，人们一般都会用精心烹饪的美食招待来访的客人，以表达对客人的热情欢迎，让其产生愉悦的心情，从而更好地尽到“地主之谊”。同样，航空公司为旅客用心准备餐饮，除了表达欢迎之意，营造“宾至如归”的客舱氛围外，还能体现“以客为尊”的理念，使旅客获得心理上的满足，产生亲切感和愉悦感。

餐饮服务是整个客舱服务过程中最具特色的环节，乘务员在此过程中与旅客交流最多、最直接。乘务员应灵活利用这一契机，与旅客进行充分的沟通。特别是对于两舱旅客，不仅要了解、满足旅客的餐饮需求，还要借此掌握旅客其他的喜好等信息，为个性化服务提供支持；沟通有时在弥补服务缺陷或服务差错方面也能起到很大的作用，例如：对于食物配备不能满足旅客需求时，通过语言沟通、解释说明，架起沟通桥梁，取得旅客的谅解。

二、餐饮类别

为了提高旅客满意度，航空公司一般会根据所飞往的国家或城市的餐食口味、旅客性质等，精心搭配机上的餐食和饮料。

三、餐食的种类

(1) 按餐食的类别分，一般可分为正餐、早餐和点心。

正餐(DNR) 包括午餐(LCH)和晚餐(SPR)；

早餐(BRF)，早上 9:00 前起飞的航班供应；

点心(REF)：非正餐时间段供应。

(2) 按餐食供应的时间分，一般可分为早餐、午餐和晚餐。

早餐供应时间：6:30～9:00；

午餐供应时间：10:30～13:30；

晚餐供应时间：16:30～19:30。

【相关链接】

机上餐食的卫生管理

餐食装机后，乘务员应在航前做好餐食数量与质量的清点和检查，确认餐车或餐盒上的生产日期及离开冷库的时间标记，如发现餐食过期或无时间标记，出现异味、变质、变色等，应及时与地面工作人员联系重新更换。

用干冰保持冷藏的餐车在供餐之前不得随便开启，以保证冷藏效果。

有冷藏设施的机型，餐食可在机上保存 12 个小时，但这期间温度不得超过 10 ℃；对于没有冷藏设施的机型，机上餐食的保存时间不得超过 4 个小时；如遇延误，超过上述时间限制，乘务员应及时报告机长，联系配餐公司重新更换。

航班中乘务员如发现餐食出现异味、变质、变色等，不得提供给旅客食用，并及时上报机长。

食品废弃物不得与机上其他食品接触，抵达机场后作为垃圾交由地面人员处理。非一次性的餐饮用具回收后应存放在餐车内，运回配餐公司处理。

四、饮料的分类

(1) 按照引用温度分类，可分冷饮和热饮两类。

冷饮：可乐、雪碧、果汁等。

热饮：绿茶、红茶、咖啡等。

(2) 按照是否含有酒精分类，可分为含酒精饮料和非酒精饮料两类。

含酒精饮料：啤酒、葡萄酒等。

非酒精饮料(又称软饮料)：各类果汁。

【相关链接】

饮料分类

类　别	英文名称	中文名称
酒精饮料	Brandy	白兰地
	Cognac	干邑白兰地
	Whisky	威士忌
	Scotch Whisky	苏格兰威士忌
	Gin	金源(又名杜松子酒)
	Vodka	伏特加
	Champagne	香槟酒
	Sparkling Wine	含汽葡萄酒
	White Wine	白葡萄酒
	Red Wine	红葡萄酒
	Beer	啤酒
	Bailey's	百利甜酒
	Peppermint	薄荷甜酒
软饮料	Orange juice	橙汁
	Pineapple juice	菠萝汁
	Apple juice	苹果汁
	Tomato juice	番茄汁
	Coke	可口可乐
	Sprite	雪碧
	7UP	七喜
	Mineral water	矿泉水
	Ginger ale	干姜水
	Tonic water	汤力克水
	Soda water	苏打水

五、两舱餐饮服务

两舱餐饮服务应遵循西餐礼仪的相关要求，下面以国际远程航线头等舱正餐供餐程序为例来说明。

餐前准备如下：

充分、细致的餐前准备工作是做好餐饮服务工作的重要保障。

餐饮准备期间必须拉合厨房门帘，准备餐食、饮品时动作要轻，声音要低，避免打扰旅客。

拉合门帘的动作要领：细握门把的上端，若有旅客注视，请与旅客微笑点头示意后再轻轻将帘子拉上。

进入盥洗室前乘务员必须脱下围裙。

供餐期间乘务员必须穿着围裙。

提示：

(1) 乘务员在烘烤餐食和供餐前应洗净双手。

(2) 检查用品、用具是否清洁无污渍。热食盘、咖啡杯、面包碟等放入烤箱或用热水预热。

根据旅客的需求和餐食种类，确认烘烤温度和时间。

各餐食的烘烤温度和时间

种类	温度范围/摄氏度	烘烤时间/分钟
面包	150～175 或中温	7～10
肉类	175～200 或中温	15～20
海鲜类	175～200 或中温	15～20
蔬菜类	150～175 或中温	7～10
牛扒类	三分熟：150 或中温	15
	五分熟：175 或中温	20
	八分熟：200 或中温	25
点心/早餐	150～200 或中温	10～15

以上烘烤温度、时间仅供参考，需视机型、烤制数量等情况而定；热食不能叠放烤制，烘烤前应检查包装锡纸，发现破损及时更换；如蔬菜和肉类混合的，以肉类的烘烤时间为准，加热后及时打开锡纸盖避免蔬菜变黄；随时关注烤制时间，确保餐食的色泽和口感。

提示：

1. 送毛巾

美观干净、温度适中的餐前毛巾服务，使旅客能做好用餐的准备。

2. 订餐服务

(1) 航空公司根据所飞区域和航线，提供不同的餐食、饮料品种，供两舱旅客选择。

(2) 提供餐谱、酒水单，并主动向旅客介绍餐食内容及饮料酒水等。

（3）提供订餐服务的动作要领：

将餐谱置于左手小臂内侧（低于肘关节位）；打开餐谱相应页，递送给旅客。

（4）餐谱、酒水单发放后5～10分钟乘务员进行订餐服务。订餐时，乘务员应主动询问旅客对饮料、酒类、餐食品种、主菜烤制的要求以及具体用餐时间。

（5）根据旅客预订的注释，主动向其介绍相应酒的品种、产地、口味。

（6）准确记录旅客的选择要求。

【相关链接】

酒类与食物的搭配

酒搭配食物是一门学问，也是一门艺术。一般来说最粗浅的搭配法是“红酒配红肉，白酒配白肉”。如果更进一步，则食物与酒的搭配要讲究口味协调，也就是说味道重的食物要搭配味道浓郁厚重的酒，味道清淡的食物应搭配味道清新淡雅的酒。酒与食物的基本搭配如下：

红葡萄酒：可搭配牛肉、羊肉、鸭肉、鹅肉、野味（肉色深）、味重的奶酪等；

白葡萄酒：可搭配海鲜、蜗牛、鹅肝、鱼肉、鸡肉、猪肉、野味（肉色浅）、味淡的奶酪、沙拉、水果等。

香槟：可搭配前菜、海鲜、家禽、甜点、水果等。

3. 铺桌布

（1）铺桌布是西餐服务程序中不可缺少的步骤，美观、干净、平整的桌布能为旅客营造良好的用餐环境。

（2）将桌布悬挂于手臂（桌布数须多于实际需求数）。

（3）协助旅客打开小桌板。

（4）铺桌布时，动作熟练、优雅，亲切、礼貌地与旅客进行沟通。

（5）铺桌布动作要领：将桌布悬挂于外侧手臂上，轻轻拉开桌布边缘，将桌布平铺在桌板上。

4. 摆放餐前酒

（1）餐前酒（APERITIF）又称开胃酒，能够起到刺激胃口、增加食欲的效果。

（2）摆放各类酒水、物品，要求“整齐、美观、安全”。摆放时，由低到高，可呈扇形、斜形，方便拿取。

（3）酒类可提供：威士忌、白兰地、金酒、伏加特、红葡萄酒、白葡萄酒、薄荷酒、咖啡酒、香槟酒、啤酒等（其中白葡萄酒、香槟酒和啤酒需要冰镇）。

（4）饮料包括：软饮料、配酒饮料、矿泉水等。

（5）物品包括：鲜花、饮料杯、葡萄酒杯、白兰地杯、果仁、餐巾纸、杯垫、配酒点缀物、搅拌棒、冰桶等。

(6) 送餐前酒水、果仁和纸巾。

(7) 主动向旅客介绍各类酒水。

(8) 准备好旅客需要的酒水、餐巾纸、果仁等。

(9) 饮料杯通常应置于旅客小桌板右侧。

5. 摆放餐具

摆放刀叉勺、黄油碟、面包盘、盐、胡椒、牙签等,要求位置正确、动作轻柔。

6. 送面包

(1) 所有面包须加热(手感微烫)。

(2) 在面包篮中摆放面包时,将蒜蓉面包与其他面包隔开,避免串味。

(3) 面包篮送出时应低于旅客视线,便于旅客选择。

(4) 主动介绍面包的品种。

(5) 根据旅客选择用面包夹夹取后放于面包碟上,夹时不宜用力过大,以防面包变形。

(6) 保持面包的温度和外形,在后续服务中主动询问旅客是否需要添加面包。

【相关链接】

中文名称	英文名称	中文名称	英文名称
三角面包	Croissant	黑面包	Rye Bread
棒状面包	Baguette	蒜蓉面包片	Garlic Slices
全麦面包	Whole Wheat	白芝麻面包	White Sesame Seed Rolls
硬面包	Hard Rolls	法国面包	French Bread
软面包	Soft Rolls	葡萄面包	Raisin Bread
小圈面包	Bun		

7. 送　汤

(1) 主动向旅客介绍汤的种类。

(2) 在旅客面前打开汤盖。

8. 送冷盘

将冷盘中的主菜对着旅客。

9. 送色拉

(1) 将色拉汁倒入专用容器内、附带汁勺,置于托盘上。

(2) 主动向旅客介绍色拉汁的品名、味道及产地。

(3) 将色拉汁搅拌后均匀地浇在色拉上提供给旅客。

【相关链接】

色拉汁介绍

名　称	产　地	配　料	颜　色	形　态	味　道
千岛汁 Thousand Island dressing	意大利	美乃滋、番茄沙司、梅林辣酱油、柠檬汁、蛋碎、酸黄瓜碎、洋葱碎巴、糖	橘红色	半流体状	甜、酸
意大利汁 Italian dressing	意大利	美乃滋、橄榄油、白酒醋、动物性鲜奶油、法式芥末酱、蛋碎、柳橙、柠檬、果糖、盐、白胡椒粉	橘黄色	半流体状	酸、甜
法式酱汁 French dressing	法国	牛高汤、沙拉油、红酒醋、法式芥末酱、洋葱碎、巴西里碎、香菜碎、糖、盐、黑胡椒粗粉、匈牙利红椒粉	青褐色	流体状	酸
麻酱汁 Sesame-soy Sauce	日本	芝麻酱、酱油、麻油、白糖、味精、醋	酱色	流体状	酸、甜

10. 配送主菜

(1) 主菜盘需要事先加热。

(2) 主菜搭配原则为由左至右、由浅至深。

(3) 主菜盘边缘及配菜之间要留有空隙，要求摆放美观。

(4) 送时将主菜对着旅客。

(5) 提供旅客预选的酒类。

11. 用折叠车配送水果、奶酪

(1) 提供时，车上放置水果和奶酪，车下层放置瓷盘、刀叉，要求摆放美观、用具齐全。

(2) 主动向旅客介绍水果的种类，根据旅客需要使用三叉摆盘。提供时，同时送上刀叉。

(3) 主动向旅客介绍奶酪的名称、产地、特征和味道。

【相关链接】

常见的几种奶酪介绍

CAMEMBERT：产地法国，形状扁平圆形，外皮灰白色、里层柔韧呈黄色。有独特的味道，柔和适口。

BLUE CHEESE：产地法国，形状为三角形，呈青点儿斑纹状，与大理石模样相似，有强烈的刺鼻味道和咸味。

CHEDDAR：产地英国，形状为长方形，有发酵孔，浅黄色，味酸，较硬。

EDAM：产地荷兰，形状扁平，外皮由红色蜡纸包裹，内部呈白色，味道温和有点咸，外皮不能食用。

EMMENTHAL：产地瑞士，形状为长方形，富有弹性，味道柔和甘美，网状有无数个大孔。

DANISH BLUE：产地丹麦，有刺舌的味道，外部和内部有青绿色斑点。

GARLIC CHEESE：由锡纸包装，质地松软，含青绿色斑点，有蒜香味道。

什么酒和水果与奶酪最相配

葡萄酒与乳酪，堪称是最能彼此激发出醉人美味的搭档。搭配方式上可从滋味的浓淡相近上入手，比如说：CAMEMBERT 可搭配浓郁的红酒；BULE CHEESE 可配强劲浓厚的红酒或 Muscat、Sauternes 等甜白酒。此外，咸度高的奶酪与略酸的葡萄酒、脂肪含量多的奶酪与较干(dry)的葡萄酒，彼此具有中和作用，同样十分相配。

葡萄、苹果、梨等水果配较清淡的奶酪；杏仁、核桃等坚果则配较硬的奶酪。

配送奶酪时一种奶酪使用一把刀，以防串味。使用七寸盘，要求摆放标准、配置齐全(芹菜、红根条、干果、饼干)。

提示：

(1) 奶酪的切法：

圆形奶酪如 Camembert：从奶酪中心向外切，以每块分为六份为宜。

Edam 的切法：先去掉红外皮，首先沿斜角切，再垂直切以取得三角形，每块以宽 1 厘米、长 6 厘米为宜。

Cheddar 的切法：沿对角切后再直身快切，每块以宽 1 厘米、长 6 厘米为宜。

(2) 注意事项：

切奶酪时，刀从上直切下去，不要左右摇晃，切好后从奶酪下方拉出刀，动作要干净利索。

(3) 提供时奶酪对着旅客，同时送上刀叉，并主动询问旅客是否需要葡萄酒。

【相关链接】

葡萄酒服务

示瓶：根据旅客的选择，用桌布衬垫酒瓶，向旅客展示介绍酒的产地和年份。

开瓶：不同的开瓶器有不同的使用方法，在旋转开瓶器时要注意的是使其底部与瓶口密合，并保持垂直的角度向下转，才不易使木塞断裂，打开后需擦拭瓶口。

斟酒：手臂伸直，右手握住瓶身的正面(1/3)处，在酒杯中倒入一口量的葡萄酒后立即将瓶口略抬起，顺时针旋转的同时擦拭瓶口，收回酒瓶至原位，得到旅客认可后，可添加至 1/2 左右。

12．用折叠车配送甜品、热饮

（1）车上层放置茶壶、咖啡壶、奶杯、糖缸、甜品及蛋糕铲。车下层放置加热的咖啡、杯托、瓷盘、叉、勺，要求摆放美观、物品齐全。

（2）主动向旅客介绍甜品的种类，用蛋糕铲切送，动作干净、利落；使用七寸盘摆放，要求标准、美观；送出时，将蛋糕的切面面对旅客，同时提供叉。

（3）征询旅客对咖啡、茶热饮的需求。送出时，将杯把平行置于旅客右手侧。

13．送毛巾

注意毛巾的温度与湿度，并及时收回旅客用完的毛巾。

14．回收餐具、餐布

（1）观察、识别或询问旅客是否用餐完毕。

（2）用餐完毕后，应及时收回所有餐具和服务用品。

（3）回收时应将餐具适当整理，摆放整齐，防止汤汁外溢。

15．餐后酒的摆放及提供

（1）餐后酒包括薄荷酒、咖啡酒、白兰地、百利甜酒等。

（2）摆放时要求“美观”、“安全”、“物品大全”。

（3）将餐后酒、巧克力或甜品、用具及酒杯摆在车上同时提供。

（4）主动介绍各种餐后酒，根据旅客需要提供。

（5）及时收回旅客用完的餐具。

六、经济舱餐饮服务

（一）餐前准备

（1）餐饮准备期间必须拉合厨房隔帘，做到“三轻”：说话轻、动作轻、脚步轻。

（2）乘务员在烘烤餐食和供餐前应洗净双手。

（3）根据餐食种类确认烘烤时间和温度。

（4）冲泡热饮。热饮主要有茶类和咖啡，在冲泡时应注意：避免在飞机爬升阶段准备热饮；冲泡热饮时，水位高度不得超过壶嘴，以防止颠簸时溢出，水温控制在 60～70 摄氏度。

（5）餐车摆放时，要求“安全”、“整齐”、“美观”、“方便”。

（6）饮料车摆放时，饮料标签朝向旅客，便于旅客选择。

（7）热食摆放时，不要叠放过高(以 3～4 层为宜)，避免滑落。

（二）服务要点

提供服务时，一般遵循窗口座位优先、老弱妇孺优先的原则。

（三）推位餐车

(1) 手指并拢、两手扶住餐车的两侧进行推拉，在拉餐车时还可运用拉住车扶手的方法进行操作。

(2) 掌握适当的速度，避免碰撞到旅客、座椅或其他客舱设施。

(3) 单人推车时，始终站在面对旅客一侧，同时确保另一侧车门锁闭。

提示：

停车刹车，行车松刹车，严禁将餐车独自留在通道走廊。

（四）送饮料

(1) 开启带气饮料时，可用毛巾捂住或放于餐车内打开，防止喷溅；开启果汁类饮料时，应先轻轻摇匀，幅度不可过大。

(2) 需要的旅客应先打开小桌板。

(3) 倒冷饮料时，应先询问是否需要添加冰块（先放冰块，再倒饮料）。

(4) 倒饮料时，应将饮料瓶或壶从餐车上取下，低于餐车位进行倾倒，壶嘴/壶瓶对着过道，必要时可退后一步倒；倒热饮时，不可过急，以免将水花溅到旅客身上；倒冷饮时，杯口不可碰到瓶口，倒带汽的饮料时杯子需倾斜一定的角度。

提示：

(1) 一般纸杯为盛热饮之用，塑料杯为盛冷饮及酒类之用。

(2) 倒饮料时，一般倒至水杯的七八成满为宜。轻度颠簸时则倒至杯子五成满为宜。为年幼旅客提供饮料时，冷饮以五成为宜，热饮需先征求监护人的意见，并放于监护人处。

(3) 送出时应握住水杯下 1/3 处，不应触碰到杯口，递送热饮时避免与旅客手对手交接。

倒饮料的动作要领：

拿水杯时手指并拢，小指可托于杯底，不可大把抓。

（五）送餐食

(1) 主动向旅客介绍餐食的种类，供旅客选择。

(2) 发送餐盒时，将餐盒折叠整齐，送至旅客的小桌板上或递送于旅客手中。

(3) 如配备热食，为确保服务安全，与旅客交接时必须加强语言提醒，不要将热食直接摆放在餐盒内送出，以免热食滑落。递送时可将热食放在托盘上，以免旅客烫手。

（六）回收餐具

(1) 视旅客用餐情况及时收回餐具。

(2) 回收餐具时，应先征询旅客意见，确认后方可收取。

(3) 避免汤汁、饮料等洒落在旅客身上。

(4) 收取完毕后帮助旅客清理并收起小桌板。

七、特殊餐服务

旅客如有独特的饮食习惯或宗教信仰，对餐食有特别的要求，可向航空公司申请提供特殊餐食。

（一）常见的特殊餐食介绍

常见的特殊餐食

代　码	餐食种类	详　情
AVML	亚洲素食	主要为以印度为中心的亚洲地区素食主义者提供的餐食。餐食不含肉类、鱼类、蛋类及乳制品，但多使用香辣辅料。
PRVG	东方素食	以中式制备及烹饪的素食，不含肉、鱼、奶等动物或动物制品，或任何生长在地下的根茎类蔬菜。
VGML	严格西素	为西方国家的素食主义者提供的餐食，西方烹饪不含各种肉类和乳制品。
VLML	不严格西素	为西方国家的素食主义者提供的餐食，西方烹饪不含各种肉类，含乳制品。
BBML	婴儿餐	适用于10个月以上的婴儿，提供一种小孩吃的去渣的肉食和蔬菜，一种小儿甜点和婴儿果汁等。
CHML	儿童餐	多是一些儿童喜欢的食品，如鱼排、香肠、春卷、匹萨等；开胃菜通常是鲜果、巧克力布丁、果料甜点等。
HNML	印度餐	一种印度式菜肴，牛肉是绝对禁止的，可含羊肉、家禽、其他肉类、鱼类及奶制品。严格的印度教徒一般几乎都是素食者。
KSML	犹太餐	专门为犹太正信教徒准备的餐食，按照犹太教的规定，烹饪必须在祷告后完成，因此罐头食品成为主要餐食内容，除鸡肉和鱼肉外有时还有被称为“matzos”的面包。犹太教禁止食用猪肉和火腿。其他食品只有是在犹太教教士的监督下屠宰的才可接受。
MOML	穆斯林餐	专门为不食用猪肉的伊斯兰教徒准备的餐食。严守教规的穆斯林希望肉食是依教规屠宰的，牛羊肉可接受，鱼是允许的。烹调过程中一般不使用酒精。
DBML	糖尿病餐	包含脂肪含量较少的瘦肉、高纤维食品、新鲜的蔬菜水果、面包和谷物等，此种餐食对于是否需要依赖胰岛素的糖尿病人都适用。
BLML	溃疡餐	不含能引起肠胃不适的食物，此种餐食含极少的食用纤维及低脂肪。
NLML	无乳糖餐	不包括任何乳制品。
LSML	低盐餐	适合高血压、心脏病和肾病患者的特殊餐食。餐食严格控制食品的钠含量，主要以生鲜蔬菜、饼干、面糊、低脂肪的瘦肉、低热量的黄油、高纤维低盐的面包、水果、沙拉等食物为主。
FPML	鲜水果餐	只含新鲜水果，无添加糖分的加工水果或水果干。

(二) 特殊餐的预定

(1) 旅客应在起飞前至少 24 小时内向售票点或售票网站提出申请预定。

(2) 乘务员应在起飞前清点验收特殊餐食的数量、种类,确认旅客座位,并与地面服务人员交接。

(3) 特殊餐应优先于正常餐提供。

(4) 如遇旅客在机上临时提出特殊餐食需求,应利用机上现有资源为旅客配备一份合适的餐食,并提示旅客下次乘机时可提前预订特殊餐食。

(5) 婴幼儿的用餐应根据其监护人的要求适时提供。

八、国内与国际航线在餐饮服务方面的差异

国际航线与国内航线相比,由于市场竞争更加激烈,客源更加多元化与国家化,中远程航线飞行时间相对较长等因素的存在,因此在餐饮服务方面,国际航线与国内航线存在一定的差异性。

(一) 国际航线餐饮服务的特点

为了满足国际航线来自不同国家、不同地区旅客的餐饮爱好,航空公司一般会针对不同的国际航线提供更加多样化的选择。例如:新加坡航空在印度航线上,提供 Shahi Thail 这一印度独有的传统佳肴,它由多种著名的传统印度美食所组成,包括一道开胃菜、两种酸菜酱(印度调味品)以及四道小菜、印度烧烤(面包)等。在饮料方面,还配合餐食提供 Lassi(一种奶饮料)和 Masala(马夏拉红茶)。

(二) 国际航线餐饮服务流程更复杂

国家中远程航线飞行时间相对较长,一般又多是跨时区飞行,因此航空公司会相应增加供餐频次,涉及的餐食种类也较多。如同一航班上既提供正餐又会提供早餐或点心餐,满足旅客在不同时段对餐饮的不同需求。因此,国际航线餐饮服务流程相对而言较为复杂。

(三) 国际航线餐饮服务对乘务员要求更高

主要是因为在国际航线上,客源更国际化。首先,餐饮服务需要乘务员不断与旅客进行沟通,才能真正了解旅客的喜好,并提供相应的个性化服务,因此对乘务员的外语水平要求相对较高;其次,鸡尾酒文化源自西方,在西方也更普及、更受欢迎,一般在国际航线上酒类饮品会有所增加,因此乘务员就需要掌握更丰富的酒类知识,尤其是两舱乘务员;再次,乘务员要对各国风土人情有所了解,尊重不同国家或地区旅客的宗教信仰、饮食习惯等,例如在提供犹太餐时,餐食应在完好无损的盒中保存,整套地提供给旅客,供其打开检查,打开后应由旅客本人将餐食交给乘务员加热,餐食由锡纸封严,加热后送给旅客时必须确保完好无损。

小　结

“健康、营养、绿色、环保”是未来餐饮的发展趋势。为了不断满足旅客对餐饮的需求，航空公司不断创新餐饮产品、改进餐具品质、完善供餐流程、营造用餐环境，以此来提升机上的餐饮质量和服务水平，为旅客带来完美的体验。

思考题

1. 简述两舱与经济舱餐饮服务的差异。

2. 简述机上饮料的分类及常见的饮料品种。

3. 某航班，提供正餐，经济舱有米饭和面条两种选择。当其中一种热食品种已送完，在旅客没有的情况下，如何做好后续供餐工作？

第四节　机上娱乐服务

随着现代技术的飞速发展，旅客需求日趋多元化。在确保飞行安全的前提下，航空公司力图为旅客带来更加丰富多样的娱乐体验。特别是在远程航线上，大多数旅客除了对餐饮品质有要求外，也非常关注长时间飞行中消遣娱乐的方式。机上娱乐服务的主要作用在于让旅途变得愉快、轻松，减少长途飞行带来的烦闷、疲劳。

机上娱乐服务主要包括电子娱乐服务和报纸杂志服务。

一、电子娱乐服务

经常搭乘飞机旅行的旅客早已熟悉机上娱乐系统(In-Flight En-tertainment，简称 IFE)，目前 IFE 已经从简单的银幕式电影走入了互联网时代。以 IFE 为主的电子娱乐服务，其提供形式也日趋多样化。与国外先进的航空公司相比，国内电子娱乐服务在硬件配备上相对落后，目前主要以提供视频和音频为主。

IFE 的官方定义是指“航空旅行中，在机舱内为旅客提供任何可能的娱乐实现手段”。世界上第一次推行机上娱乐概念的是 Aero-marine Airways。1921 年，它首次在飞机上为旅客播放了银幕式电影 *Howdy Chicago*。1932 年，Western Air Express 第一次在机舱内放置电视机(In - flight television)。1936 年，IFE 开始逐渐系统化，一家名为 Hindenburg 的航空公司在其跨大西洋的远程航线上，为旅客提供了电影、钢琴、酒吧等设备。1985 年，个人音响播放设备被首次引入机舱内。直至 20 世纪 90 年代，IFE 系统逐渐成为飞机制造商设计时的重要参考指标，现代化的 IFE 几乎已经配备在了全球每一架宽体客机上。以旅客需求和科技发展为导向的机上娱乐系统正经历着前所未有的革新。

【相关链接】

具有里程碑意义的事件

1. 第一次开通宽带互联网

2003年1月16日，德国汉莎航空公司在一架从法兰克福到华盛顿的客机上开通了宽带互联网，成为世界上首家在飞机上为旅客提供互联网服务的航空公司。

2. 第一次开通移动电话

2008年3月21日，在阿联酋航空从迪拜飞往卡萨布兰卡的一架A340—300客机上，数百名旅客第一次体验到了在3万英尺高空的机舱里，通过移动电话与地面进行语音通话的奇妙感觉。阿联酋航空也因此成为世界上首家开通机上移动电话使用功能的航空公司。

3. 第一次提供iPad租赁

2011年11月18日，首屈一指的低票价航空公司捷星航空在飞机上开始提供iPad租赁服务，成为全球首家拥有iPad定制应用程序的航空公司。该项服务最初面向飞行时间长于2小时的航班，可以让旅客观看时下最新的电影、电视节目，欣赏来自好莱坞的最新音乐，体验最新一代的游戏，观看电子书和电子杂志等。

(一) 视频服务

视频服务是指乘务员通过机载影音设备为旅客播放电影、新闻、音乐、电视等节目，并提供订餐、免税品购买、各类资讯查询等服务。

1. 基本作用

(1) 安全提示。通过视频系统播放乘机《安全须知》录像，向旅客做好起飞前的各项安全简介。

(2) 传递信息。旅客可以通过视频看到航行景观、及时了解外界情况，如飞经城市及主要地标、目前所处位置、飞行高度、飞行时间、目的地城市天气状况、机场航站楼信息等。同时，旅客还可以通过浏览航空公司页面，了解更多公司概况，并获取有价值的出行信息(如航班时刻、酒店预订、目的地旅行攻略等)。

(3) 娱乐休闲。旅客可以通过视频，在飞机上享受舒适的服务、购物的乐趣，例如，实现餐点预选、乘务员呼叫、免税品销售等服务。同时，旅客可自行选择IFE中存储的电视、电影、音乐、游戏等节目，甚至是互联网接入。

2. 服务要点

(1) 旅客登机前，乘务员应完成对机载影音设备的正常测试。如发现故障，应及时报告乘务长。乘务长填写“客舱记录本”，并通知机务人员进行修复。

(2) 飞行中，如果机载影音设备出现故障，未能及时修复，应及时告知旅客，真诚地致歉，取得旅客的谅解。

(3) 由指定的乘务员负责设备操作,并对播放情况进行有效监控。

(4) 对儿童、老人、残疾人等特殊旅客,提供指导并帮助他们正常操作,合理地使用机上的相关电子娱乐设备。

(二) 音频服务

音频服务是指乘务员通过机载音频设备为旅客播放各类乐曲,使旅客通过欣赏音乐,放松心情。提供的音乐类型多样、风格各异,有流行音乐、古典音乐、乡村音乐、交响乐、摇滚乐、轻音乐等,以满足不同旅客的不同需求。

1. 基本作用

(1) 调节氛围。迎送旅客时,通过播放轻松、欢快的乐曲能调节沉闷、枯燥的气氛,同时表达全体机组人员对旅客的欢迎之情、答谢之意。

(2) 音乐欣赏。旅客可以根据个人爱好,选择喜欢的音乐类型。

2. 耳机配备

为了降低飞机发动机带来的噪声影响,减少对周围环境的干扰,航空公司为旅客提供耳机服务,以营造令人满意的视听氛围。随着科技的不断发展,飞机上配备的耳机在功能性、舒适性、耐用性等发面都有了较大进步,受到旅客的普遍欢迎。耳机一般会送至旅客手中或放于座椅前面的插袋内。

3. 服务要点

(1) 航前确认耳机配备数量,并完成必要的质量验收。

(2) 发放时,主动询问旅客是否需要使用耳机,根据需要帮助旅客打开包装,并介绍使用方法。

(3) 落地前收回耳机或提示旅客将耳机妥善放置于座椅前口袋内,以免成为紧急撤离的障碍。

二、报纸杂志服务

报纸杂志服务是机上娱乐不可或缺的部分,一直深受广大旅客尤其是老年旅客的欢迎。机上的报纸杂志大多分为财经类、体育类、时尚娱乐类以及综合类,刊载有当今的热门话题、与生活息息相关的实用文章等,让旅客能随时获取相关信息,满足不同旅客的需求,成为旅客的旅途伙伴。

(一) 主要优势

(1) 可随时阅读,不受飞行时间段的限制。

(2) 可以互相传阅、反复使用。

(3) 简单易使用,与电子类娱乐设施相比,报纸杂志因其操作携带方便而受到欢迎。

(二) 发放形式

(1) 报纸发放。应送至旅客手中或摆放于折叠小推车、书报架上等指定位置,供旅客自行选择。为了方便旅客取阅,发放时应注意:① 露出刊头。② 合并同类。③ 确保报纸的数量和品种(必须有外文报)。

(2) 杂志发放。送至旅客手中或放于座椅前口袋内、书报架上,供旅客取阅。

小　结

当下,无论是大型的航空公司,还是中小型的航空公司,都在加紧步伐,加大资金投入,加强机上娱乐设施的建设,使机上娱乐服务标准提升到新的高度。只有不断提升每一个环节的服务水平,完善软硬件的服务功能,才能不断满足旅客的需求,积极适应市场竞争的需要。

思考题

1. 简述机上娱乐服务的重要性并举例说明。
2. 简述电子娱乐服务的优势并举例说明。
3. 与电子娱乐服务相比,报纸杂志服务的优势在哪里?

第十章 特殊旅客服务礼仪

特殊旅客是在年龄、身体、身份地位等方面情况比较特殊，有别于其他旅客的旅客。因为他们的身份特殊，进而也会提出特殊的服务需要。根据实际情况，我们对特殊旅客进行了一定的归纳与分类，总结出以下几种。

第一节 老、弱旅客的服务礼仪

人到老年，体力、精力开始衰退，在感觉方面比较迟钝，对周围事物反应缓慢，活动能力逐渐减退，动作缓慢，应变能力差。生理的变化必然带来心理的变化，老年人由于年龄上的差异，与青年人想的不同，因而心境寂寞，孤独感逐步增加。尽管老年人嘴上不说，但他们内心还是需要别人的关心和帮助的。他们关心航班的安全，关心飞机起飞、降落时带来的不适应感。因此，空中乘务员在为老年旅客服务时，要更加细致，与老年旅客讲话时速度要略慢、声音要略大，经常主动关心、询问其需要什么帮助，洞悉并及时满足他们的心理需要，尽量消除他们的孤独感。

体弱的旅客既有很强的自尊感，又有很深的自卑感，由于身体的原因自感不如他人，暗暗伤心，同时，每件事情都要尽自己最大的力量去做。空中乘务员应尽可能多地去关照他们，而又要使他们感受不到心理压力，对他们携带的行李物品，要主动协助提拿，关心他们的身体状况，消除他们对乘坐飞机的恐惧感。

【案例】

我在送你回家的路上

忽然之间，客舱行李架上各式各样、大包小捆的特产变多了，五颜六色的，印着很多地名。精美的包装让并不十分贵重的物品显得身价不菲，也让客舱里年味十足，这些都提醒着我，要过年了。

"姐，你看那个老人家，我让他把手里那堆东西放到行李架里或座椅下方，他居然嫌不干净，生怕别人把他那些袋子里装的东西弄坏了，搞得跟易碎品似的。航班三个小时呢，别说他这样抱着受不了，旁边旅客也不方便。"一名乘务员在迎客时把我拉到经济舱隔帘后面悄悄地指着一个老人说。

我望过去，老人一张憨厚的脸上写满沧桑，他十分小心地抱着那堆用各种颜色塑料袋包裹的东西，零零散散的，却把同排的过道堵得死死的。

我上前说："老人家，航程要 3 个小时，您这样会很累的。而且旁边的旅客也不方便,能不能把东西放在您座椅下方或者行李架内?”

老人看看两边的客人,把手里零散的东西整理了一下,却抱得更紧了。他有些不好意思地说:“这些都是吃的东西,放地上不干净。我怕放上面弄坏了,我孙子看见想吃的东西弄碎了又该闹了。我就这样把它们抱紧点,不妨碍他们。”“可是……您这样起飞后吃东西不方便,我们航程配备了中餐。”按照南航的安全规定,他这样的行为很不安全,我继续劝他。

“没事,我在家吃饱了。你们不用管我。”老人家一句话拒绝了我。

我犹豫地站在他旁边,老人家似乎看出了我的为难,看看自己手里那些零散的东西,好像下了很大决心似的,从它们中选出一些依依不舍地递给我,然后不放心地叮嘱道:“这些你放吧!不过一定要好好放,千万不要弄洒汁儿,会串味儿的。我儿子和儿媳妇说春节加班,都已经两年没回家过年了。小孙子在电话里说要吃奶奶做的腊肉、泡菜、冻鱼什么的,这些东西我家老婆子在家准备了整整一个月。可惜她腿脚不方便,要不然就能和我一起过来见他们了。她唠叨了好久,让我一定要拿好,如果串味儿了,孙子就不喜欢了。”说着老人家有些激动,把原本递到我眼前的东西又收了回去。

工作9年也没陪远在外地的父母过一次春节的我强忍着心里的酸楚,在头等舱的行李架内挪出一个独立的小行李架放置老人无比珍贵的“特产”,并告诉老人我们已经十分妥善地安置好他的“宝贝”。或许,这样的行为是出自我心里对父母的一种弥补。

远方的爸爸妈妈,祝你们新年快乐!

(资料来源:瞿瑶,《中国民航报》)

第二节　病、残旅客的服务礼仪

病、残旅客,是指有生理缺陷的旅客及在乘机过程中突然发病的旅客。这些人较之正常人自理能力差、有特殊困难,迫切需要他人的帮助。但是他们的自尊心都极强,一般不会主动要求空中乘务员帮忙,总是想显示出他们与正常人并无多大区别,不愿意别人讲他们是残疾人。对此,空中乘务员要了解这些旅客的心理,特别要注意尊重他们,最好悄悄地帮助他们,让他们感受到温暖。

【案例】

乘客手术后乘机病情恶化,急!白云机场急抢救争分夺秒,赞!

1月28日20时,广州白云机场塔台十二楼运行指挥中心运行监控部内,指挥员正悉心地做着最后的交接班准备。这时,“叮铃铃……”一通突来的来电铃声打破了原本的安静。对方的声音很急促:“喂,外场,联航某飞机上有名疾病旅客,病情严重可能有危险，需要急救！”接报的指挥员沉声道：“北京飞广州的联航航班上有需急救的病人，立刻做好准备！”

经向机组进一步了解，指挥中心得知该航班有一名旅客手术后搭乘飞机，在飞行途中病情突然恶化，落地后需要担架、救护车、氧气瓶和吸痰器，航班预计在20时30分落地。性命攸关，必须要在飞机落地之前，召集机场相关保障单位在机场做好急救准备！此刻距飞机落地仅有不到半个小时的时间！作为白云机场的运行指挥中枢，运行指挥中心的运行监控部既要确保及时将消息通知到位，又要监控和指挥现场保障的全过程。

指挥员们一刻也不敢耽搁，立刻分工合作，各自忙活起来。4部电话马上进入战斗状态，有人负责通知急救部门，告知事件的简要情况，提醒准备相关救治设备；有人通知地勤、安检等部门，令其准备好担架，派出足够的人手做好接机准备；有人实时联系塔台，进一步了解飞机的运行动态及机上病人的具体情况；有人迅速联系中心空乘管理人员到现场准备，核实该航班的机位使用情况。此时正值指挥员交接班的时候，上一班组的指挥员来不及下班，而前来接班的指挥员知道情况后也迅速加入到指挥队伍中。

20时20分16秒，该通知的单位都通知到了，此时距离飞机落地还有14分钟。利用剩下的14分钟，指挥员又进一步了解到，该病人是一位35岁的男子，做完肿瘤手术刚24天，有两人陪同乘机。经简单治疗后，男子病情有所好转，于是机组决定继续飞往广州。了解到这些后，指挥员们考虑到病人可能不便抬动，马上又通知地勤准备好升降平台车，以防万一。然后，他们又通过电话和监控器再次核实了急救部门的到位情况。“指挥中心，急救到位！”20时20分28秒，步话机那头气喘吁吁的声音响起，所有的保障部门都已在飞机落地前赶到了指定地点！

20分31秒，该航班在塔台的指挥下平稳落地。20分34秒，该航班在引导车引导下进入预先安排好的118机位。飞机停稳、放上轮挡、靠接好廊桥的那一刻，指挥员不由自主地双手紧握，手心微微渗出汗水……

20时20分42秒，指挥员从监控镜头上看到，一位白衣天使扛着担架从前廊桥侧梯走上了廊桥。接着，几名员工扶着一位病人走出了前廊桥的侧门。大家都松了一口气，病人的性命保住了！急救人员对病人做了急救处理，随后用救护车将其先送出飞行区，交接给市区派来的急救车。

“呜呜呜呜……”救护车载着病人飞速离开。大家坦然地回到各自的岗位上，继续着自己的工作。得知病人平安到达医院并开始救治后，白云机场人都长长地舒了一口气。

（资料来源：郭瑛，《中国民航报》）

第三节　儿童旅客的服务礼仪

儿童旅客的基本特点是：性格活泼、天真幼稚、好奇心强、善于模仿、判断能力差、做事不计后果。鉴于儿童旅客的这些特点，空中乘务员在服务时，尤其要注意防止一些机上不安全因素的发生。如要防止活泼好动的小旅客乱摸乱碰飞机上的设施；航班起飞、降落时要注意防止小旅客四处跑动；给小旅客提供热饮时，要防止他们碰洒、烫伤等。无人陪伴的儿童，航空公司根据协议，最好派专门的乘务员负责看管，以防出现意外。

【案例】

特殊旅客　特别关爱

根据往年春运总结的经验，今年的两类无成人陪伴儿童（年龄满5周岁但不满12周岁、没有年满18周岁且有民事行为能力的成年人陪伴乘机的儿童）进出港高峰分别是春节前的1月17日到31日，以及春节后的2月9日到20日。

国航地服相关人士告诉记者，他们针对无成人陪伴儿童高峰专门制定了地面服务保障方案，一方面加强信息监控与传递，提前预判各时段无伴儿童高峰，及时调派增加保障人手；另一方面面对发生的各类问题采取值班负责人直接介入来加快处理速度。同时，在人员排班上向无成人陪伴儿童倾斜，确保其出行安程享受“无缝交接”。

记者在首都机场3号航站楼看到，不管是国内值机区、国际值机区还是高端值机区，国航都设有专门的特殊旅客服务柜台，为残障旅客办理乘机登记手续。国航相关人士提醒旅客，如果您想为您的孩子办理无成人陪伴服务，需要在国航或国航授权的售票处办理订座和购票手续时，提出特殊服务申请。随后，当您把孩子送到机场后，国航地服的特殊旅客服务部门即会安排专人与您进行交接，全程陪伴照看您的孩子，协助他们办理相关的乘机与通关手续。该人士还表示，国航为无成人陪伴儿童安排了专用的休息区，休息区里有饮水以及适合这一年龄段儿童的玩具和书刊，到了登机时还会为他们安排专门的登机通道，护送其优先登机。而在3号航站楼的候机区域，首都机场方面设置有多处儿童乐园，无家人陪伴的儿童可在此惬意地度过等待航班起飞的时间。

（资料来源：许晓泓，《中国民航报》）

第四节　初次乘机旅客的服务礼仪

初次乘机旅客的心理，一般来讲主要是好奇和紧张，因为民航运输毕竟不同于汽车、火车、轮船运输，人们不是常见、常坐。因此，初次乘机者对民航的一些设备、环境等都十分感兴趣，怀有一种好奇心。

为满足初次乘机旅客的新奇感，空中乘务员要主动为他们介绍本次航班的情况，如机型、飞行高度、地标等，以满足他们的好奇心。首先，初次乘机的旅客缺少乘机知识，空中乘务员要主动、耐心地介绍，不要指责或嘲笑他们，避免使旅客感到不必要的内疚和尴尬。其次，初次乘机的旅客内心会比较紧张，所以一方面应告知他们飞机这种交通工具的安全性，请他们放心；另一方面，应亲切地与他们交谈，询问他们此行的目的，以分散他们的紧张心情，使他们感觉到乘坐飞机是安全舒适的。

第五节　重要旅客的服务礼仪

一般来讲，重要旅客有着一定的身份和地位。他们比较典型的心理特点是自尊心、自我意识强烈，希望得到一种应有的尊重；与普通旅客相比较，他们更注重环境的舒适和接受服务时的心理感觉；同时，由于乘坐飞机的机会比较多，他们在乘机过程中会有意无意地对机上的服务作比较。针对此类旅客，空中乘务员在为他们服务时态度要热情、言语应得体、落落大方，针对他们的心理需求采用相应的服务。例如，当重要旅客一上机，就能准确无误地叫出他们的姓氏、职务；当重要旅客递给空中乘务员名片时，应当面读出来，这样可使重要旅客有一定的心理满足感；同时，在提供周到的物质服务的前提下，更应该注意与重要旅客精神上的沟通和语言上的交流，使重要旅客的整个航程都沉浸在愉悦的心情之中。

【案例】

因为贴心　所以信赖

去年12月19日，一位国航白金卡旅客购票后拨打了国航高端旅客客户经理专线，提出第二天需要国航用车将他送至首都机场。第二天，当他走出办公楼时发现原来接送客人的奥迪A6，换成了宝马5系最新型的轿车。自从国航2005年用6.88亿元改造波音747和空客A340两舱以来，针对高端旅客的全流程、无缝隙、高品质、个性化的服务已经保持了5年多的时间，这次国航将宝马5系轿车加入到高端旅客服务用车行列，就是旨在使服务硬件再上一个档次。

针对高端旅客，国航2010年年初推出了客户经理制，客户经理就相当于五星级酒店的贴身管家，从售票、出行，一直到机场乘坐飞机，每位高端旅客都由客户经理直接负责。在国航地面服务部的电脑中，储存着4700多名白金卡旅客的5000多条信息，在旅客身上曾经发生的事情，旅客的习惯、爱好等，都有详细记录。平均每天都有300多名白金卡旅客从北京进出港，国航地面服务部的29名客户经理保证了对他们的个性化服务。不管旅客遇到什么问题，比如有的旅客把手机、衣服忘在了机舱里，只要给客户经理打个电话，就没事了。有的旅客上午乘机走的时候不舒服，下午回来时客户经理就已经为他买好药等候在舱门口了，如果正好碰了旅客今天过生日，客户经理也不忘送上问候。

另一位坚持乘坐国航航班7年的白金卡旅客叙述了他的经历。2010年9月，他从青岛乘坐国际航班经北京中转至合肥的航班，由于飞机从青岛起飞晚了两个多小时，他担心赶不上下一趟北京至合肥的航班，于是在青岛起飞前给北京的白金卡柜台打了个电话，希望其将北京至合肥的登机牌提前打出，上飞机后他向乘务长说明了情况，临降落时乘务长请他坐到头等舱，以便第一个下飞机。当他下机来到中转柜台时，工作人员已经手持打印好的登机牌在恭候他了，没有耽误一分钟，他迅速赶往下一个航班登机口，赶上了北京至合肥的航班。无独有偶，当这位旅客时隔几天再次从北京飞往合肥时，遇到了堵车，在北京四环路上走了一个半小时还没上机场高速，对赶上航班几乎不抱希望了，这时他试着给白金卡柜台又打了一个电话，说明堵车情况，问还不能不能赶上飞机。工作人员告诉他不用着急，所有手续都会为他办好，来了就可以马上走。终于，当他离飞机起飞还有15分钟下车时，国航的工作人员已经手持登机牌在等候了，并引领他经过没人排队的白金卡专用安检通道，随后乘上一辆电瓶车到达登机口，在舱门关闭前跨进了机舱。短短15分钟就解决了所有问题，这正是由于实行了客户经理制，有专人对每一名高端旅客负责，所以旅客才能如此顺利成行。

第六节　国际旅客的服务礼仪

随着对国外开放的广泛化，来我国参观、旅游、考察、工作的外国人逐年增多，中国古老灿烂的文化对他们有着强烈的吸引力。但是很多外国人不懂汉语，在交流上存在着语言障碍。在旅行过程中，特别是在一些突发情况下，如航班延误等，往往会给他们带来许多麻烦。因此，在民航服务人员为国际旅客服务时，要了解他们此行的目的，能用较熟练的外语与他们交谈，态度要和蔼热情、不卑不亢，语言得体，对外宾和内宾要一视同仁，以免造成不必要的麻烦。

【案例】

本月北京首都机场首次采用四种语言服务

从今天到本月30日，北京首都机场首次同时采用汉、英、韩、日四种语言为不同的旅客服务。

据了解，此次名为“感受亚洲之旅”的旅客服务促进活动，将在包括首都机场在内的东亚机场联盟的九家成员机场中同时展开。在这次活动中，首都机场将不仅提供多语种服务，而且将重点关注乘机手续办理、问询、安检、餐饮等服务。

此外，首都机场在原来旅客流程手册中英两种语言的基础上，增加了日、韩语言。

（资料来源：王佳，《法制晚报》）

【案例】

"我是小空乘！"

近日，在深圳飞往北京的航线上，南航深圳分公司木棉乘务员偶遇一个想当空姐的古巴小女孩，在乘务员的鼎力配合下，她终于过了一回"空姐"瘾。

女孩SIERRA上了飞机以后，他的爸爸跟乘务员沟通，能否满足一下9岁女儿的心愿，当一回空姐。在征求乘务长同意后，小女孩就跟随空乘姐姐开始派发耳机和毛毯，随后在操作间和空乘姐姐学习如何配送饮料以及餐食。虽然语言不通，小姑娘却学得有板有眼，随后她穿着空姐服装，向旅客发送饮料。旅客对这个小姑娘的行为感觉很好奇，得知她的来历后，都给予了她赞扬和肯定。

（资料来源：孙海英、程炜丽，《中国民航报》）

第七节　航班延误与取消情况下旅客的服务礼仪

当旅客手持机票进入候机室时，一般来讲，心里的需求是希望按时起飞的。在航班正常的情况下，旅客的心情是较为平静或平衡的，一旦听到自己乘坐的航班延误或取消，心里的主观需求与客观现实马上冲突起来，便失去了原有的平静与平衡，随之而来的是情绪波动，这时的心理是焦虑、抱怨和愤怒。对此，空中乘务员首先要全神贯注地倾听对方的诉说，尽管这样做并非易事，但却是缓解旅客情绪必不可少的第一步。其次，向旅客表明你已经听懂了客人的话，承认既成的事实，认同对方的感受。最后，客客气气、实事求是地向客人解释和说明航班延误或航班取消的原因。对客观存在的原因要说得清楚和明白，对由于机场方面的原因造成的延误，要真诚地道歉和自我批评，以求得旅客的理解和谅解。

第八节　挑剔旅客的服务礼仪

在飞机上偶尔也有比较挑剔的旅客。他们往往会对服务、设备和餐食、饮料等提出一些可能达不到的要求。究其原因，有些可能是由旅客本人性格因素决定的，有些则是由于旅客在上飞机之前遇到了不愉快的事情，未能得到解决而发泄。这时，这些旅客的心理，是要求受到尊重和补偿，能发泄。对此，空中乘务员的服务要耐心、不急躁，以平静的心情倾听客人的倾诉，不要急于解释和辩解，避免引起客人心理上更大的反感。用耐心、热心、周到的服务，使客人的心情慢慢自然地平静下来。

【案例】

我会始终对你微笑

"如果不是那位旅客戴着口罩，如果不是他始终在睡觉，我们一定可以更多地与他交流，获得他的认可。”1 月 18 日，在国航重庆分公司客舱服务部会议室内，乘务长和头等舱乘务员在交流服务工作时，不无遗憾地说道。而这起令人遗憾的事，就发生在两天前北京——重庆的 CA1429 航班的头等舱里。

当天迎客时，乘务员 A 与 B 不约而同地注意到 I 排 J 座的一位旅客。他戴着口罩，急匆匆地走进客舱，气呼呼地坐下，直接把座椅靠背放倒并闭上了眼睛。

飞机起飞前，乘务员微笑着请这位旅客把座椅靠背调直，没想到话一出口，就遭到了对方的强烈反对。A 注意到了这一情况后，就嘱咐 B：旅客肯定是心情不好，在服务时要多关注。B 乘务员为其他头等舱旅客服务的同时，不时观察这位旅客。他一直在睡觉，1 个小时后，他睁开了眼，B 马上走到他面前，问他需要什么服务?”他只要了一杯番茄汁，表示不用餐，然后继续睡觉。飞机下降高度时，B 来到这位旅客面前，请他调直座椅靠背，结果再次遭到拒绝。

在遇到旅客不配合时，B 并没有机械地执行规定，而是采取了一些巧妙的方法。在请旅客自行调节遭拒绝后，乘务员 B 继续微笑地说：“先生，飞机起飞时和降落阶段，调节座椅靠背是出于对您自己和其他旅客的安全考虑，请您理解!”说着她便俯下身，不容置疑却又轻轻地替旅客调直了靠背。

在服务过程中，乘务员时常会遇到旅客不理解、不配合的情况。对于此类事件的处置应遵循 3 个原则：

首先，要确保航空安全。飞机起飞和降落时必须调直座椅靠背。这既是对乘坐者负责，也是对其他旅客负责。“这类事情其实很小，很普通。”

其次，要站在旅客的角度思考，努力提供最优质的服务。旅客有时候因为遇到不顺心的事，脾气不好，乘务员要做的就是让旅客的心情平复。这位旅客不吃饭，只喝了一杯番茄汁。2 个多小时的空中旅程，一定会口渴。于是，B 在旅客休息的间隙，走过去问他是否需要加饮料，见他没有反对，便直接将饮料加满了。果然，旅客随后便喝了新加的饮料。

最后，要关注旅客的感受，并让旅客感受到被关注。飞机下落前，乘务员为客人调节了座椅靠背，客人非常不满，并在不停地抱怨。而坐在乘务员位上的 B 视线刚好能看到旅客。于是她在旅客看过来一瞬间，发自内心地向这位旅客点头微笑。“这表明我理解他的不满，同时也表明我愿意尽我所能让他感到快乐!”不论遇到什么情况，我们要始终对旅客微笑，并要真诚地微笑。因为微笑是良好沟通的前提，是表达真诚的最好方式，是解决问题诚意的最佳体现。

（资料来源：王传亮，《中国民航报》）

第九节　民航内部旅客的服务礼仪

内部旅客大多都对航空公司及与飞行和飞机有关的事情比较了解，愿意主动和空乘人员聊一些民航内部的事情，对服务的要求是希望能被照顾，与其他旅客不同。

如果满足其要求会很高兴，如果不能满足其要求，就会不高兴，容易挑空乘人员的毛病。在这种情况下，空乘人员的服务要有理、有利、有节。

（1）有理。航空公司对各舱位有明确的规定，如果我们不能满足内部旅客升舱的要求时，要心平气和、实事求是地说明情况，以求得旅客的理解。

（2）有利。内部旅客中有一些是很有影响的人物，对于这些人要灵活处理，对他们的服务要有利于公司的利益。

（3）有节。内部客人由于对民航内部和公司内部都有相对多的了解，有时会提一些无理的要求，这时应适时制止，不要盲目地为了拉关系、套好感，为其提供违反公司规定和损害公司利益的服务。

【案例】

面对内部人员的特殊要求

在航班上，乘务员发现一对夫妇带着一个两岁多的小孩儿，坐在B757航班的翼上应急出口处，便马上安排为其调换座位，但是该旅客不愿意。乘务员耐心地向其解释："先生。这是应急出口。不满15周岁的旅客坐在这儿，是不符合安全规定的。您看是否……"，"我是民航总局的，这个位置是我特意要求地面安排的。"说着他将工作证拿了出来。乘务员一方面担心他是明察暗访的检察员，在试探自己安全把关得牢不牢；另一方面又因为他是民航总局的工作人员却提出坚持要带小孩坐在应急出口这样的无理要求而感到为难，最后只好请示乘务长。乘务长向该客人提议请其坐到10排，告诉他那儿比较宽敞，旅客欣然接受，调整了座位。对于内部旅客提出的特殊要求，除原则应该坚持外，还要能灵活提出另一个解决方法来满足旅客的需求，相信会得到他们的理解和支持的。

（资料来源：中国民航信息网）

小　结

满足旅客的多种需要是民航服务工作的核心，是关系到服务质量能否保证的一个重要因素。马斯洛需要层次理论为民航服务工作指明了方向，使服务人员进一步明晰了服务的要义。满足一般旅客的各种需要，特别是特殊旅客的需要是民航服务工作的重点，有助于具体地知道民航服务人员的工作。

思考题

1. 理解与评价马斯洛的需要层次理论。
2. 掌握特殊旅客的心理特点与服务需要。

3. 如何处理旅客的不合理需要？

【课后阅读】

谁为你的飞行安全负责

“请您系好安全带!”经常乘坐飞机的人对这句话一定不陌生。系着旅客生命安全的不仅仅是一条安全带,作为航空安全的重要相关人员,飞行员毫无疑问是安全链条上至关重要的一环。

航空公司飞行员队伍如何进行安全管理？飞行员如何保持飞行技术不退步？在技术和飞行自动化越来越先进的今天,飞行员的飞行技术还那么重要吗？目前,带着这些疑问,记者走访了国航飞行总队的安全管理部门。

不能退步的飞行技术

现代科技发展日新月异,航空技术也不例外。然而技术大发展亦如一柄双刃剑,在提高安全裕度、减轻人力劳动的同时,飞行员对自动化设备的依赖性也会越来越强。

作为一名有着多年飞行经历的老飞行员,国航飞行总队航空安全管理室高级经理王振海是飞行安全管理方面的专家,王振海介绍说,在全球范围内,因飞机技术提高导致飞行员驾驶技能弱化,已经成为国内外专家和学者普遍关注的一个问题。“现实的事例不断地告诉我们,完全依靠自动化设备的飞行员是不合格的飞行员,也难以保证飞行的安全。不少乘客也担心,过于依赖自动化设备的飞行员可能缺乏应对突发事件的能力。”

王振海认为,过硬的飞行技术依然是确保飞行安全的重要保证。因此,加强飞行员飞行驾驶技术的训练是非常有必要的。为了培养飞行员过硬的飞行技术,国航飞行总队制定了严格的训练大纲。其中,对于自动化设备失灵后的应急训练是一项极为重要的内容。事实证明,这样的训练不无益处。2009 年国航某航班的 MCR 板失灵,飞行员凭借过硬的驾驶技术将飞机安全降落在首都机场。

遵章守纪是安全的前提

在飞行员队伍中有这样一句话——“违章不一定出事,出事必有违章”,不难看出在飞行中遵章守纪的重要性。有一流水平的飞行员如果不能按规章飞行,就会降低飞行的安全性。所以,按规章飞行就是保证安全的底线。

王振海作了一个形象的比喻,在地面交通中,一个具有高超技术的司机如果总是闯红灯或是超速,就远远没有一个守规矩的普通司机安全。这个道理对于飞行员来说也同样适用。

王振海说:“规章不是用来约束大家、给大家找麻烦的,而是为了营造一个良好的运行环境,让大家飞得更安全。”因此,为了更好地落实各类安全规章,国航飞行总队非常注重从意识上培养飞行作风优良的飞行员。

什么是"优良的飞行作风"？王振海认为，简单来说就是依法按章飞行，飞行员之间要形成良好的互为补充、互相监督机制，让一切安全检查都落实到位。

"意识"不只停留在纸面

飞行过程中哪个阶段风险最大？有数据统计，进近过程是飞行各阶段中发生事故概率最高的阶段。尽管进近以及着陆阶段的飞行时间只占到总飞行时间的 4 %，而所发生的事故数量却占到了所有事故的 13 %。王振海表示，在进近过程中发生的大事故大多是因为飞行员对"三个意识"认识不到位。

那这救命的"三个意识"到底是什么呢？对于飞行员来说，即稳定进近意识、决断意识和复飞意识。看似简单的三条，操作起来却具有一定的难度。因为飞行员在每一次进近时，容易进入一种"偏执"的状态。这是由飞行员在飞行过程中，需要不断地处理许多突然出现的问题。而随着进近过程的发展，飞行员会"越战越勇"地认为自己能够处理所有的问题，一定要落地。

"强调'三意识'一开始在总队里只有我们少数人在说，慢慢地，这个思想逐渐被大家所接受，现在'三个意识'在实际飞行中发挥了重大的指导作用。因为这'三个意识'是可以量化的指标，可实现基于数据的精细化管理，进而提高安全裕度。"王振海给记者举了一个简单的例子，"以前对于飞行员来说，复飞好像是件很丢脸的事情。而现在，我们不鼓励蛮干，对于按规章复飞的飞行员，我们还要给予表扬，因为这样才能最大限度地确保旅客的生命财产安全。"

信息平台为安全加码

飞行员队伍是一支特殊的队伍，统一的进行安全信息培训有一定的困难。王振海说，国航飞行总队承担的远程国际航线较多，人员流动性强，把这些飞行员集中起来进行安全培训，显然是不现实的。而安全信息平台恰好弥补了这个不足。

据介绍，信息平台以互联网为媒介，具有其他传递方式所不具备的优势：传递快、覆盖面广、信息开放共享等。对于飞行员来说，不论在世界的哪个角落，只要有电脑和互联网，就可以在第一时间查看最新、最及时的安全通告，接受安全教育培训。而国航飞行总队则更是将飞行员飞行前的安全通报等内容融入到信息平台中，作为一种工作流程严格地规范飞行员的准备工作。

"这是他们起飞前必须要做的功课，就是上网查看相关的安全通告，因为有实名记录，所以如果没阅读就不能完成准备流程，是不允许飞行的。"王振海对记者说。

不仅如此，飞行总队的信息平台还成为飞行员们交流业务心得的平台。从 2008 年上线以来至 2010 年上半年，该信息平台发布安全通告和航线风险千余条，点击数超过 50 万次，机组反馈信息数量逐年递增。

（资料来源：赵继岚、俞萍，《中国民航报》）

第十一章　国际交往礼仪

随着我国改革开放的不断深入和加入世界贸易组织，我国与世界各国的外交和商贸活动日益频繁，旅游业已成为我国第三产业的经济增长点。国宾馆、大饭店及重要的旅游景点，是国家和商界举行重要外事活动的场所。

许多国际间的礼仪往来，都是通过迎送、会见、会谈、签字、开幕式、宴请、文艺晚会及参观访问等活动来具体体现的。虽然每个国家在社会制度、宗教信仰和民族习惯上都有所不同，但是对倡导文明礼貌、礼仪礼节，都十分重视。2001 年 10 月，APEC 第九次领导人非正式会议在上海成功举办。出席会议的各经济体领导人和世界级的工商巨头，既亲眼目睹了上海的风采，又亲身体验了上海旅游接待服务的热情和细致。上海赢得了各经济体领导人和与会者众口一致的称赞。

由于国际间交往活动的场合涉及国际机场、高星级酒店、旅游景点及豪华游轮等涉外单位，所以，这些企业的员工，都需要配合外事部门，承担接待服务的光荣任务。为了做好国际交往活动的接待工作，必须熟悉相关的国际交往礼仪常识，掌握国际交往的工作规范和基本技能，才能圆满完成每一项外事接待任务。

第一节　迎　送

一、官方迎送

(一) 接待准备

迎来送往，是国际交往中最常见的礼节。接待准备工作由外事部门负责主持、联系和安排。接待准备工作大体有以下几项：

① 了解来访人员的情况，索取必要的资料。为了安排好接待工作，要事先了解对方的来访目的、要求、行程路线和交通工具，对来访人员抵离的具体时间与地点，以及来访人员的姓名、身份、性别、年龄、生活习惯、宗教信仰、饮食爱好与禁忌等资料都应掌握。这些都是安排接待服务规格和确定各项礼仪活动的重要依据。

② 拟定接待方案。接待方案包括接待规格和各项主要活动的安排。接待规格的高低，通常是根据来访者的身份、愿望及两国关系等因素决定的。由此来安排礼仪活动的多少、规模的大小、隆重的程度以及有哪些领导人出席等。为了确保接待方案的圆满实施，主管部门必须对每一项礼仪活动都要计划周密，安排细致，做到定目的、定要求、定内容、定时间、定地点、定单位和定人员。对其中的每一项分工和责任都必须十分明确，确保万无一失。

③ 对参加接待服务的人员要进行严格的挑选和必要的培训。

④ 根据确定的礼宾规格，具体落实会见、会谈和宴请的地点、时间、人员、座次、程序及菜单，备齐接待物品。宴会上使用的食品、饮料等要求有人把关、化验，以确保安全、卫生，防止意外事故发生。

⑤ 落实安全保卫工作，制定周密的警卫方案。严格按照有关规定控制通信设备和出入人员。对使用的车辆、行车的路线，以及会见、会谈、宴请的场所等都要认真仔细地进行安全检查，不能有任何疏忽或差错。

⑥ 安排好来访者的下榻处和迎送车辆。外国国家元首或政府首脑通常是在国宾馆下榻，整个代表团的住房分配可先由东道主根据来访者的身份、地位作出安排，在征求对方意见后实施。有时可把下榻处的建筑平面图交给对方，由其自行安排。对于外国国家元首、政府首脑通常安排开道车和摩托车队护送，并在所乘坐的车辆的右前方插上该国国旗。宾、主及其随行人员的座次要按礼宾顺序来安排。对于大型代表团的随行人员也可安排乘坐大轿车。对有些重要的外国代表团，也可派开道车，以示重视。

（二）国际通行的迎送规格

对外国国家元首、政府首脑的正式访问，世界各国都会举行隆重的迎送仪式。官方迎送仪式一般在机场、车站举行，也有在总统府、议会大厦、国宾馆等地方举行。举行仪式的场所，要悬挂宾主双方国旗。在领导人行进的主要道路上，铺上红地毯。

官方迎送仪式在各国的做法不尽一致，但大体上包括以下内容：

① 需要有身份相当的领导人和一定数量的高级官员出席迎送仪式，并通知各国（部分国家）驻该国使节参加；一般安排儿童或女青年在主要领导人与宾客握手之后献上色彩鲜艳的鲜花花束（忌用菊花、杜鹃花、石竹花和黄色花朵），有的国家习惯送花环，或送一二枝名贵的兰花、玫瑰花等。献花后，双方互相介绍，通常先将前来欢迎的官员介绍给来访的主要领导人，可由欢送人员中身份最高者介绍，也可由礼宾交际工作人员介绍；接着奏两国国歌（先宾后主），并检阅仪仗队；鸣放礼炮，最高规格 21 响，一般为国家元首鸣放；政府首脑级 19 响，副总理级 17 响。

② 对军方领导人的访问，一般也举行迎送仪式，如安排检阅仪仗队等。对长期在本国工作的外国友好人士、外交使节和专家等，他们在到任、离任时，各国有关方面亦安排相应人员迎送。

③ 对外宾迎送规格，主要是依据来访者的身份和访问目的，考虑到两国关系的现状和发展趋势加以确定。通常，主要的迎送人员与来访者的身份相等，但有时当事人不在当地或临时身体不适，可由职位相当的人士或副职出面迎送。但要注意，如当事人不能亲自出面，应向对方做些解释。总之，主人的身份要与客人相差不大，并尽可能与来访者对口、对等为宜。

④ 在特殊情况下，有时从发展两国关系或当时的政治需要出发，也可以打破常规接待，安排较大的迎送场面和给予较高的礼遇。但要尊重国际惯例，注意必要的平

衡,避免其他国家产生不必要的误会。

(三) 我国常用的迎送惯例

我国对外国国家元首和政府首脑的迎送仪式大体如下:

国宾抵达时,由国家指定的陪同团团长和外交、外事工作对等的领导人到机场、车站迎送,并陪同来访国宾乘车前往下榻的宾馆。国宾抵达北京的当天或次日,在人民大会堂东门外广场(天气不好时,则在人民大会堂东门内的中央大厅)举行隆重的欢迎仪式。欢迎仪式为双边活动,不邀请多国驻华使节参加。中方由与来访国职位相当的国家领导人和有关部门负责人出席。天安门广场悬挂两国国旗、组织欢迎队伍、少年儿童献花、奏两国国歌和检阅三军仪仗队。

国宾离京返国或到外地访问时,我国出面接待的国家领导人到宾馆与之话别,由陪同团团长和外交部部级领导人陪同客人前往机场、车站送行或陪同到外地访问。

国宾到外地访问时,应由省长和市长迎送,如省、市长不在,则由副职代表。外国议长率领议会代表团到地方访问时,应由省、市人大常委会的主任迎送,如主任不在,由副职代表。另外,有些外宾虽无明确职务,但其身份特殊,如有些是王室要员(相当于政府首脑外宾)来访,也应参照上述原则安排。

二、民间、旅游客人的迎送

迎送民间团体时,不举行官方的迎送仪式,但需要安排对口部门、对等身份的人员前往接待。对身份高的客人,应事先在机场(车站、码头)安排贵宾休息室及其他相关事宜。在客人到达时,及时将住房、乘车号码卡片发到每个人手中,或通过对方的联络秘书转达,以使客人做到心中有数,主动配合。

迎送旅游客人,主要是做好各项安排。如果客人是熟人,可互致问候;如果客人是首次前来,特别是团队客人应事先指定特定的标志,如小旗或牌子等让客人能远处看到,以便客人主动前来接洽。接待人员更应主动观察打听、自我介绍。

三、迎送的服务礼仪规程

(一) 迎送的陪车礼仪规程

在参加涉外活动时,有时要安排迎送人员陪同乘车。一般认为,双排五座轿车最尊贵的座位是后排与司机成对角线的座位,即后排右座。其余座位的高低次序是:后排左座、后排中座、前排右座。

涉外活动中,宾主同车时,宜请客人坐在主人右侧,译员坐在前排右座;如乘坐的是三排七人座(中排为折叠座)轿车,则宾主坐在最后一排,位置不变,译员则坐在主人前面的加座上。在三排九人座的轿车上,座位高低依次是:中排右座,中排左座;后排右座,后排左座,后排中座;前排右座,前排中座。上车时,应让客人从右侧门先上,自己再从车后绕到左边上车或在前排座位就座。但如果客人上车后已经坐定一个位置，则不宜请其再挪动。

如果宾主不同乘一辆轿车，则主人坐的车应当行驶在客人入坐的车之前，为其开道。

（二）迎送的服务礼仪规范

作为服务接待人员应该了解以上礼仪常识，尤其是前厅的大门礼宾接待员，其主要职责是负责宾客进出大门的迎送工作，见到宾客座车抵达时要主动迎上前引导车辆停妥，并按照座次高低规范地打开前后车门。对VIP，则指定专人负责开车门。此外，服务人员要根据接待单位的要求，主动灵活地配合有关人员，热情周到地协同搞好问候迎宾、来宾签到、佩戴胸花、引领宾客及客人休息的服务。

第二节　会见、会谈、签字仪式和开幕式

一、会　见

会见，是国际交往中常采用的礼宾活动形式，一般称为接见或拜会。凡身份高的人士会见身份低的，或是主人会见客人，一般称为接见或召见；凡是身份低的人士会见身份高的，或是客人会见主人，一般称为拜会或拜见。拜见君主，又称谒见、觐见。我国不作上述区分，都称会见，接见和拜会后的回访，称回拜。

（一）会见的分类

会见的内容有礼节性、政治性和事务性3种。礼节性的会见时间较短，话题较为广泛；政治性会见涉及双边关系、国际局势等重大问题；事务性的会见则有一般外交交涉、业务洽谈等。外交交涉一般称为召见。

会见形式，根据对象不同，分为个别约见和大型接见。个别约见，是指国家领导人或部门负责人就某一方面的外交事务或业务问题，与个别人士或使馆人员进行会面商谈的一种礼宾活动。它的特点是会见的范围小，保密性强。大型接见，是指国家领导人会见一国或几国群众团体或国际会议代表。它的特点是参加会见的人数多，首长比较集中，场面隆重。

（二）会见的座位安排

会见，在国际上通常安排在会客厅或办公室。有时宾、主各坐一边，有时穿插坐在一起。某些国家元首会见还有独特的仪仗形式。在安排座位上，各国也不一样。有的国家主、宾的座位是特别的，有的则是宾、主同坐在一个三人长沙发上。

外国领导人来我国访问，会见安排比较简单，无特殊形式。会见地点安排在人民大会堂或中南海或钓鱼台国宾馆。会见时的座位安排一般为：客人坐在主人的右边（个别情况例外），译员、记录员安排在主人和主宾（主要宾客）的后面，其他客人按礼宾顺序在主宾一侧就座，主方陪同人员在主人一侧就座。座位不够可用沙发，外圈用

扶手椅或靠背椅围置。

（三）会见的服务礼仪规程

宾客到达前，服务员要整理好茶几上的物品和沙发上的华垫。当宾客来到会见桌前，服务员要上前助其就座。然后，用茶杯上茶，茶把一律朝向客人右手一侧。

宾、主入座后，一般由两名服务员从主宾和主人处开始递毛巾。递毛巾时，要热情地道一声“请”。如果是一名服务员递毛巾，要先从主宾处开始，然后再递给主人。如果有两名服务员，则递给外宾的服务员动作要先于另一名服务员。宾客用完毛巾，服务员要及时收回，以保持桌面的整洁。如会见中招待冷饮，则在上完毛巾后递上，其礼宾顺序与上毛巾相同。上冷饮时，托盘中的冷饮品种要齐全，摆放要整齐，请宾客自选。

如果会见中间有休息，服务员要利用间隙迅速整理好座椅、桌面用品等，要注意不要弄乱和翻阅桌上的文件、本册等。会见进行的整个过程，应由一名服务员在适当位置，观察会见厅内情况，如有事招呼，要随时应承，及时处理。如有宾客去洗手间，要为其引路。

会见厅的光线和温度，应根据规定或实际情况与主要宾客的要求而定。一般室温，夏季为 24～25 ℃、冬季为 20～22 ℃为宜。

会见结束时，要照顾宾客退席。接着，及时把厅室门窗打开，并对活动现场进行检查。如发现有遗忘的物品，要设法立即送归原主。在主人送客人返回时，应及时给主要首长一块热毛巾，并送主要首长和年老及行动不便的首长上车。

二、会　谈

会谈，是指正式访问或专业访问中，双方或多方就某些重大的政治、经济、文化和军事等共同关心的问题交换意见，或就具体业务进行谈判的活动。一般来说，会谈内容较为正式，政治性或专业性较强。

外国领导人来我国访问，通常首次会谈安排在人民大会堂举行。如有第二轮会谈，有时会安排在国宾馆。会谈开始前，允许双方记者采访，但几分钟后须退场。如有分组会谈，则另行安排。

（一）会谈座位安排

一般的双边会谈使用长方形、椭圆形或圆形桌子。宾主相对而坐，以正门为准，主人坐背对正门一侧，客人面向正门，主谈人居中。我国习惯把译员安排在主谈人右侧，有的国家则让译员坐在后面，一般应尊重主人的安排。其他人员按礼宾顺序左右排列。记录员可安排在后面，如参加会谈的人数少，也可安排在会谈桌就座。

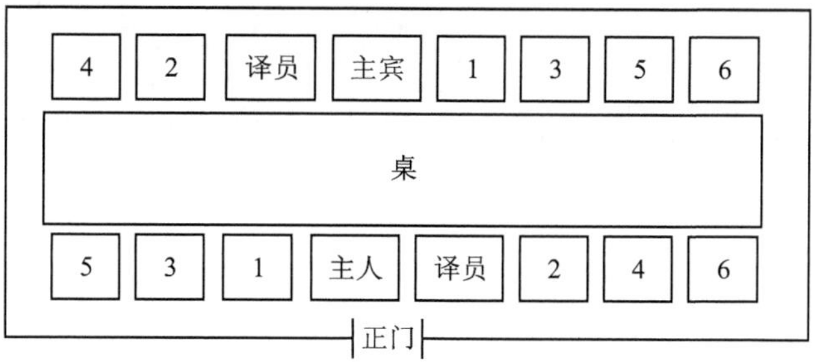

如会谈的长桌，一般朝向正门，则以入门方向为准，右为客方，左为主方。

多边会谈，座位可摆成圆形或方形等。

小范围的会谈，也有不用长桌，只放沙发，双方座位按会见座位安排。

（二）会谈的服务礼仪规程

1. 会谈用品的配置

在每个座位前的桌面正中间摆放一本供记事的便笺，便笺下端距桌面边沿约5 cm。紧靠便笺的右侧摆红、黑铅笔各一支，便笺的右上角摆一个茶杯垫盘，盘内垫小方巾。

2. 会谈的服务程序

当主人提前抵达现场时，应接其入座，上茶。当主办单位通知外宾从驻地出发时，服务员在工作间内将茶杯沏上茶。当主人到门口迎接外宾时，服务员把茶杯端上，放在杯垫上。宾主来到会谈桌前，服务员要上前拉椅让座。当记者采访和摄影完毕时，服务员分别从两边按礼宾程序为宾主双方递上毛巾，宾主用后，应立即将毛巾收回。

会谈中间如果上其他饮料、水果、小点心等，应先把小毛巾放在托盘内上桌。会谈一般时间较长，可视宾主用水的情况，及时续水。如果会谈中间休息，服务员要及时整理好座椅、桌面用品并续水。在整理时,注意不要弄乱和翻阅桌上的文件、本册等。

会谈结束时,要照顾宾客退席,然后按工作程序做好收尾工作。

三、签字仪式

国家之间通过谈判,就政治、经济、科技、文化和军事等各领域内的相互关系达成协议,缔结条约、协定和公约时,举行双方会签互换文本的仪式,称为签字仪式。

国内各省、市、自治区之间的党政机关和其他工商组织,就双方或多方在某一领域内的合作达成协议,举行互签互换文本的仪式,同样可称为签字仪式。

(一) 签字仪式的安排与准备

出任签字的人,一般视文件的性质,由缔约各方确定。有国家领导人签的,也有政府有关部门负责人或工商组织的董事长、总裁签的。双方签字人的身份大体相当。

出席签字仪式者,基本上是双方参加会谈的全体人员。如一方要求让某些未参加会谈的人员出席,另一方应予同意,但双方人数大体相等。不少国家为了对签字仪式表示重视,往往由更高、更多的领导人出席签字仪式。

助签人员的安排,由各方商定。同时,助签人员要洽谈好有关工作细节。

我国同其他国家(或企业间)的议定书,要准备中外两种文字的文本,并一式两份(或多份),具有同等效力。

我国举行签字仪式,一般在签字厅内举行。签字厅内设置长方桌一张,作为签字桌。桌面上覆盖着深色台呢,桌后放两把椅子为双方签字人员的座位,主左客右。座前摆的是各自保存的文本,上端分别放置签字文具,中间摆放一旗架,悬挂签字双方的国旗。

（二）签字仪式的程序及其服务礼仪规范

宾客到达后，由主方领导人及出席人员，陪同步入签字大厅。服务员要主动上前，为签字人员拉椅让座。这时，双方代表分别站在签字代表的身后。双方助签人员，分别站立在各自签字人员的外侧，协助翻文本，指明签字处。开始签字时，两位前台服务员分别站在签字桌两头较远处等候，准备签字后撤走椅子；两位后台服务员要速将香槟酒开启，倒入香槟酒杯内（六七分满）用托盘端入签字大厅，分别站在签字台两侧约 3 m 处，准备上酒。

签字一般有两种文本。当签字人员在本国保存的文本上签毕后，由助签人员互相传达文本，再在对方保存的文本上签字。然后，双方签字代表站起来正式交换，互相握手致意。此时，两位服务员上前迅速将签字椅撤走。随后，两位服务员立即跟上用托盘端上香槟酒，至双方签字人员面前，请其端取。接着，从桌后站立者的中间开始，向两边依次分让，宾、主双方及出席签字仪式人员举杯庆贺并干杯后，服务员要迅速上前，用托盘接收酒杯，照顾签字代表退席。

各国签字仪式的安排不尽相同。有的国家安排的仪式是，设置两张方桌为签字桌，双方签字人员各坐一桌，小国旗分别悬挂在各自的签字桌上，参加仪式的人员坐在签字桌对面。

有的国家安排一张长方桌为签字桌，但双方参加签字仪式的人员，坐在签字桌前方的两旁，双方国旗挂在签字桌的后面。

如有多个国家缔结条约，其签字仪式与上述相仿，只是需相应增添签字人员的座位、国旗和文具等用品。至于签署多边公约，通常只设一个座位，先由公约保存国代表带头签字，然后由各国代表依一定顺序轮流在公约文本上签字。

四、开幕式

开幕式包括各种展览会，如商业性的博览会、文化艺术展览会及经济建设成就展览会等的开幕式。工程项目的动工和竣工典礼及交接仪式等，与开幕式类同。

开幕式通常由经办一方的负责人员主持。如东道国主办，则东道国方面主持，邀请有关国家的代表团、使节参加；或由展览团方面主持，邀请东道国有关官员出席。重大展览会的开幕式或重要工程的落成典礼等，东道国国家领导人往往出席，仪式较为隆重；一般小型展览会的开幕式较为简单，开幕式除双方有关人员参加外，酌情邀请各国驻当地使节、中外记者等参加。

隆重的开幕式，一般有以下内容：

① 会场悬挂相关国国旗，有的还演奏相关国国歌。

② 致辞。由主办展览一方先讲，另一方后讲。

③ 剪彩。一般邀请东道国或展览团参加开幕式人员中一身份最高的官员或知名人士剪彩，亦有宾主双方各一位或各两位人士剪彩。礼仪小姐必须有礼貌地完成托彩球、递剪刀、进退场等一切剪彩礼仪程序。礼仪小姐必须训练有素，做到服饰华丽，具有民族特色；仪容整洁、清丽；举止端庄稳重，走姿轻盈自然，站姿舒展挺拔；面带微笑，双目环视前方，具有东方女性的神韵，具备礼仪小姐的礼仪规范。

④ 参观展览会。

⑤ 参观后举行酒会、冷餐会等宴请招待活动。

第三节 宴 请

宴请，尤其是国宴、正式宴会或大型招待会，是表示欢迎、答谢、祝贺和喜庆等举行的一种隆重的、正式的餐饮活动，是国际交往中最常见的交际活动形式之一。

宴请，具有就餐人数多，消费标准高，菜点品种多，气氛隆重热烈，就餐时间长，接待服务讲究等特点。而各国又有自己国家和民族的特点与习惯。国际上通用的宴请形式有宴会、招待会、茶会和工作便餐等，采用何种宴请形式，要根据宴请活动的目的、邀请对象及经费开支等各种因素而定。

一、常见的宴请形式

(一) 宴 会

宴会，要求气氛热烈隆重、格调高雅上品，在环境布置、台面设计和菜点选配上，非常讲究贴切宴会的主题，注重菜点的色、香、味、形、器及雕刻拼图等形式。同时，强调接待服务的周到细致，讲究礼仪。整个宴会的成功与否，关键在于服务接待的综合水平，包括服务技能、礼仪规范、语言能力。

宴会为正餐，是宾、主一起入座饮酒进食的集会。按规模分，有国宴、正式宴会、便宴、家宴几种类型；按举行的时间分，又有早宴(早餐)、午宴、晚宴三种形式，一般在晚上举行的宴会更为隆重；在餐别上分为中餐、西餐和中西合餐；在礼仪上分为欢迎宴会和答谢宴会等。

1. 国 宴

这是国家元首或政府首脑为国家的庆典，或为欢迎外国国家元首或政府首脑来访而举行的正式宴会，因而规格最高。

我国接待来访的外国领导人，在其抵达北京的当日或次日晚上举行欢迎宴会，由出面接待的国家领导人主持。宴会邀请来访者一行及驻华使馆的外交官员和夫人出席，宴会厅内悬挂两国国旗。宾主入席后，乐队演奏两国国歌及席间乐。宴会上双方领导人先后发表讲话。国宴出席者的身份、规格高，代表性强，宾主均按身份排位就座，席位卡和餐单均印有国徽，礼仪要求严格。

来访国的领导人，在离开邀请国首都之前，往往为东道主举行一次答谢宴会。有的以访问者的名义举行，也有的授权驻东道国的使节出面举行。答谢宴会的规模和形式通常同东道国的正式宴会相仿。是否要举行大型宴会，答谢宴会的规模和形式是否与欢迎宴会相同，一般视访问国的习惯和东道国的习惯而定。

2. 正式宴会

正式宴会除不挂国旗、不奏国歌以及出席规格不同外，其余安排大体与国宴相同。有时亦安排乐队奏席间乐。宾主均按身份排位就座。许多国家正式宴会讲究排场并在请柬上注明对客人服饰的要求(往往从服饰的规定来体现宴会的隆重程度)。对餐具、酒水、菜肴、服务员的装束(仪态)等要求都很严格。在具体安排上，中、西宴会有所不同，各具特色，并着重体现热烈而隆重、注重时效、不铺张浪费的原则。

3. 便 宴

便宴属非正式宴会，常见的有午宴、晚宴，有时亦有早宴。这类宴会形式简便，规模较小，可以不排席位，不做正式讲话，用餐标准可高可低。便宴形式随便、亲切，适用于日常招待熟识的宾朋好友。

4. 家　宴

家宴是在家中设宴招待客人的一种宴会形式。采用这种形式,以示对客人亲切友好。家宴往往由家庭主妇亲自下厨烹调,家人共同招待。

(二) 招待会

招待会是一种灵活简便的宴请形式。招待会一般备有食品、酒水、软饮料,通常不排席位,可以自由活动。常见的招待会主要有冷餐会和酒会两种。

1. 冷餐会(自助餐)

冷餐会的菜肴以冷食为主,兼有少量热菜,菜点十分丰盛,酒水饮料品种繁多。菜点连同餐具陈设在餐桌上,供宾主自取。宾主可以自由活动,广泛交际,可以多次取食;酒水可陈放在桌上,也可由服务员端送。冷餐会可在室内或在庭院、花园里举行，举办时间通常在中午12时至14时或下午17时至19时进行。这种宴请形式最适宜政府部门、企业、贸易界举行人数众多的盛大庆祝会、欢迎会、开业典礼等活动所采用。

我国举行的大型招待会，往往选用大圆桌、设座椅、主宾席排座位，其余各席不固定座位的方式。食品与饮料均事先放置桌铺上，招待会开始后，自由进餐。

2. 酒会（鸡尾酒会）

酒会特点是形式活泼，便于出席者广泛接触交谈。招待品以酒水为主，略备小吃。一般不设座椅，仅设置小桌供宾、主安放酒杯、碟盘。酒会举行的时间较为灵活，中午、下午、晚上均可。请柬上往往注明整个活动延续的时间，客人可在其间任何时候到达和退席，来去自由不受约束。整个酒会气氛和谐热烈、轻松活泼、交际面广。近年来，庆祝各种节日、欢迎代表团访问或各种开幕、闭幕典礼以及文艺、体育演出前后等，往往都采用酒会这种形式。

（三）茶　会

茶会是一种最简便的招待形式，多为社会团体举行纪念和庆祝活动所采用。举行的时间一般在下午4时左右（亦有上午10时）。茶会通常在客厅内举行，厅内设有茶几、座椅。入座时，可有意识地将主宾同主人安排坐到一起，其他人随意就座。茶会顾名思义是请客人品茶，因此，对茶叶、茶具的选择要有所讲究，或具有地方特色，一般选用陶瓷器皿。招待时，略备些点心和地方风味小吃。外国人出席可用红茶、咖啡和冷饮招待。茶会期间，宾主共聚一堂，品茶叙谈，气氛和谐轻松，席间安排一些短小的精彩文艺节目助兴。

（四）工作进餐

工作进餐是现代国际交往中经常采用的一种非正式宴请形式。利用进餐时间（早、中、晚均可）边吃边谈省时简便。这种形式的宴请纯属工作性质，不请配偶。如果是代表团，需用长桌，按会谈席位顺序入坐，以便交谈。

二、宴请活动的组织

(一) 确定宴请的目的、名义、对象、范围与形式

宴请的目的是多种多样的,可以是为某一个人,也可以为某一件事。例如:为代表团来访,为庆祝某一节日、纪念日,为外交使节或外交官员的到、离任,为展览会的开幕、闭幕,以及某项工程动工、竣工,等等。在国际交往中,还根据需要举办一些日常的宴请活动。

在各种交往过程中,在确立了宴请的目的之后,确定邀请对象和以谁的名义邀请十分重要。这时主要的依据是主、宾双方身份对等的原则。身份低会使对方感到冷淡,不礼貌;身份过高亦无必要。如请主宾偕夫人出席,则要以夫妇名义发出邀请。我国一般举行的大型活动,通常以一人名义发出邀请。

邀请范围是指请哪些方面人士,请到哪一级别,请多少人,主人一方请什么人出席作陪。这都要考虑多方因素,如宴请的性质、主宾的身份、国际惯例、对方对我方的做法,以及当前政治气候,等等,各方面都要想到,不能只顾一面。

邀请范围与规模确定之后,即可草拟具体邀请名单。多边活动尤其要考虑政治关系,对政治上相互对立的国家是否邀请其人员出席同一活动,要慎重考虑。

宴请采取何种形式,在很大程度上取决于当地的习惯做法。一般来说,正式、规格高、人数少的以宴会为宜,人数多则以冷餐或酒会更合适,妇女界活动多用茶会。

目前,各国礼宾工作都在简化,宴请范围趋向缩小,形式也更为简便。酒会、冷餐会被广泛采用,而且中午举行的酒会往往不请配偶,不少国家招待国宾宴会只请身份较高的陪同人员不请随行人员。我国也在进行改革,提倡多举办冷餐会和酒会以代替宴会。

(二) 确定宴请的时间、地点

宴请的时间应对主、客双方都合适。驻外机构举行较大规模的活动,应与驻在国主管部门商定时间。注意不要选择对方的重大节日、有重要活动或有禁忌的日子和时间。小型宴会首先征询主宾意见，最好口头当面约请，也可用电话联系。主宾同意后，时间即被认为最后确定，可以按此约请其他宾客。

宴请地点的选择。官方正式隆重的活动，一般安排在政府、议会大厦或宾馆内举行，其余则按活动性质、规模大小、形式、主人意愿及实际可能而定。选定的场所能容纳全体人员。举行小型正式宴会，在可能条件下，宴会厅外另设休息厅（又称等候厅），供宴会前简短交谈用，待主宾到达后一起进宴会厅入席。

（三）发出邀请和请柬格式

各种宴请活动，一般均发请柬，这既是礼貌，也有对客人起提醒、备忘之用。随宴请约妥后，可发亦可不发请柬。工作就餐一般不发请柬，有些国家，邀请最高领导人作为主宾参加活动，需单独发邀请信，其他宾客发请柬。

请柬内容包括活动形式、举行的时间及地点、主人的姓名（如以单位名义邀请，则用单位名称）。请柬行文不用标点符号，所提到的人名、单位名、节日名称都应用全称。中文请柬行文中不提被邀请人姓名（其姓名写在请柬信上），主人姓名放在落款处。请柬格式与行文的中外文本差异较大，注意不能生硬翻译。请柬可以印刷也可以手写，但手写字迹要美观、清晰。请柬发出后，应及时落实出席情况，准确记载，以安排并调整席位。即使是不安排席位的活动，也应对出席率有所估计。

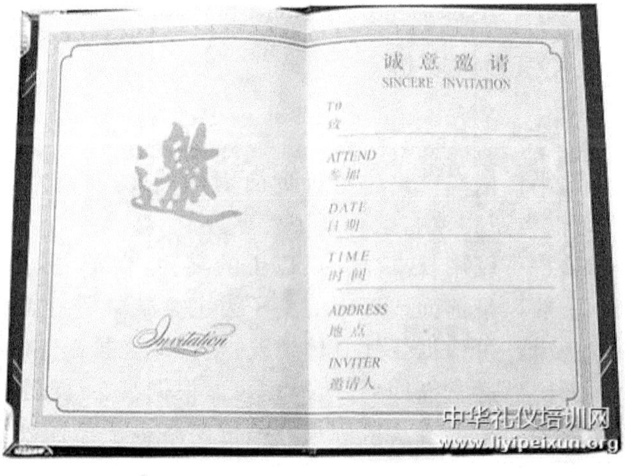

（四）审定菜肴酒水与印制菜单

宴请中享用的食品和饮料，是在主办人规定的预算标准内安排的。选用的菜肴与酒水，主要是依主宾的喜厌与禁忌而定。个别客人因身体和宗教原因，不能吃某种食品时，还需特别照顾。原则上不同级别的宴请菜单，是由不同级别的主管部门负责人亲自审定的。正式宴会的菜单应精美大方，每桌宜放两份，规格高时，也可每人一份，供留作纪念。

(五) 落实讲话稿与翻译人员

如有讲话，要落实讲稿。通常双方事先交换讲话稿，举办宴会的一方先提供。代表团来访，由欢迎宴会东道国先提供；答谢宴会则由来访代表团先提供。双方讲话由何人翻译，一般事先谈妥。

(六) 确定与落实宴请程序

① 主人在宴会厅门口迎候贵宾。隆重的宴请，除主人外，还有其他有关人员在旁排列，组成迎宾线。其位置在客人进门至签到处(亦有在客人进门存衣以后进入休息厅之前)。客人陆续到达时，均有接待人员请其签名佩戴胸花后引进休息厅(或直接进入宴会厅)，休息厅内安排有相应身份的人员照料客人，服务员送上饮料。

② 主宾到达后，由主人陪同进入休息厅与其他客人见面，如还有其他客人尚未到齐，由迎宾线上其他有关人员代表主人在门中迎接。

③ 主人陪同主宾进入宴会厅时，全体客人就座，宴会即可开始。如休息厅小，宴会规模大，也可请主桌以外的客人先入座，主桌上的贵宾最后入席。

④ 如主、宾要发表讲话，一般安排在热菜之后甜食之前，先主人致辞，然后主宾讲话。也常有一入席，双方即讲话。

⑤ 菜单上最后一道用毕后，主人与主宾起立，宴会即告结束。

⑥ 主宾告辞，主人送至门口，握手后目送主宾离开，原迎宾人员仍按顺序排列与其他客人握手告别。

三、宴请的桌次和座位安排

(一) 宴请的桌次安排

按国际习惯，桌次高低依离主桌位置远近而定，一般为右高左低。桌数多时，要摆桌次牌。这样既可以方便宾、主，也有利于管理。

宴会可以用圆桌，也可以用长桌。一桌以上的宴会，桌子之间的距离要适当，团体宴请中，桌子排列一般以最前面或居中的桌子为主桌。

只有两桌的小型宴请，可根据餐厅具体情况，横排或竖排。

冷餐会的桌台用长桌，通常靠四周陈设，也可以根据宴会厅情况，摆在房间中间。如坐下用餐，可摆四五人一桌的方桌或圆桌。座位要略多于宾客数，以便自由就座。

酒会一般摆小圆桌或茶几，以便放花瓶、烟灰缸、干果和小吃等，也可在四周放些椅子，供妇女和年老体弱者就座。

(二) 宴请的座位安排

凡正式宴会，一般均排席位，有时也只排部分客人的席位，其他人只排桌次或自由入座。无论采用哪种做法，都要在入席前通知到每一位出席者，使大家心中有数，现场有人引导。大型宴会，最好是排座位，以免混乱。席位高低以离主人的座位远近而定。

礼宾次序是安排席位的主要依据。这方面既有外国习惯，也有我国习惯。按外国习惯，主桌上男女穿插安排，以女主人为准，主宾在女主人右上方，主宾夫人在男主人右上方。而我国习惯，按各人职务排列，以便交谈，如夫人出席，通常把女方安排在一起，即主宾坐在男主人右上方，其夫人在女主人右上方。两桌以上的宴会，其他各桌第一主人的位置，一般与主桌上的位置相同。

在具体安排席位时，还需考虑席位安排顺序以及其他一些因素。如多边活动需要注意客人之间的政治关系，政治分歧大、两国关系紧张者，尽量避免安排在一起。身份大体相同、使用同一种语言者，或从事同一专业者，可安排在一起。译员一般安排在主宾右侧。

在以长桌作为主宾席时，译员也可以考虑安排在对面，便于交谈。在有些国家忌讳以背向人，译员的座位则不能作此安排。在这些国家用长桌做主宾席时，主宾席背向群众的一边和下面第一排桌子背向主宾席的座位均不安排坐人。在许多国家，译员不上席，为便于交谈，译员坐在主人和主宾背后。

以上是国际上安排席位的一些常规。遇特殊情况，可灵活处理。如遇主宾身份高于主人，为表示对他的尊重，可以把主宾摆在主人的位置上，而主人则坐在主宾位置上，第二主人坐在主宾的左侧。但也可按常规安排。如果本国出席人员中有身份高于主人者，譬如部长请客，总理或副总理出席，可以由身份高者坐主位，主人坐身份高者左侧，但少数国家亦有将身份高者安排到其他席位上。主宾有夫人，而主人的夫人又不能出席时，通常可以请其他身份相当的妇女作第二主人。如无适当身份的妇女出席，也可以把主宾夫妇安排在主人的左右两侧。

席位排妥后可着手写座位卡。我方举行的宴会，中文写在上面，外文写在下面。座位卡用电脑打印，字应尽量打印得大些，以便于辨认。便宴、家宴可以不放座位卡，但主人对客人的座位也要有大致安排。

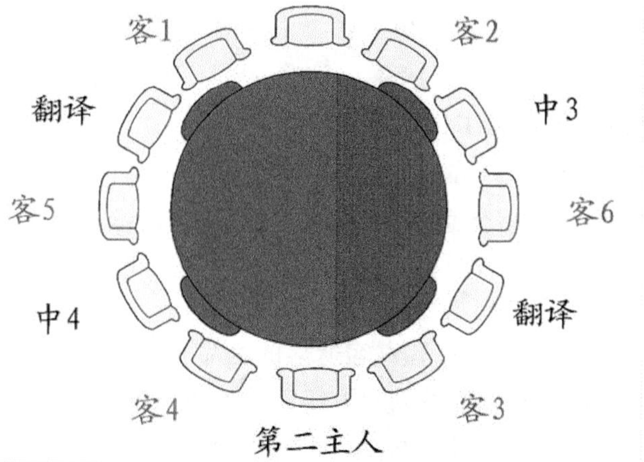

四、宴请服务礼仪的基本环节

参加各种宴请接待服务的工作人员，必须受过严格、正规的专业培训，他们不仅应具备娴熟的操作技术，讲究礼貌礼节，注意仪表仪容，而且应该掌握以下 4 个基本环节。

（一）宴会开始前的准备工作

接到任务后，应了解清楚宴会的餐别、标准、人数、来宾国籍、宗教信仰和生活特点等，研究做好接待、服务工作的具体办法和注意事项。

① 整理餐厅。对餐厅设备、服务用具逐一检查，餐台、座椅应齐全牢固，灯具、门、窗、窗帘和门帘应完好无损，如有问题，应及时维修或调换。然后，摆上花草，美化环境，并根据场地的大小、餐别和人数调整好餐台和座椅的布局。同时，要把休息厅、衣帽间整理好。

② 熟悉菜单和主要菜点的风味特色，做好上菜、派菜和可能要回答来宾询问菜点特色的准备工作。

③ 备齐备足宴会所需的餐具、酒水和调味品，并做好餐具清洁和个人卫生的工作。

④ 根据餐别，按要求摆台，在宾、主入席前 5～10 分钟，应当上冷盘，斟好酒。

（二）宾、主抵达时的迎接工作

① 根据宴会开席的时间，服务接待人员提前在各自的岗位上恭候客人光临。当来宾抵达时，应热情谦逊，面带笑容，话语亲切，服务用语规范。

② 可协助来宾脱去衣帽并挂好，以防衣袋内的物品倒出。

③ 来宾进入会客室、休息室后，应根据来宾不同的生活习惯热情地送茶（或派酒）、递送毛巾，并视情况为吸烟的客人点火。

④ 当宾客入厅走近座位时，接待员应面带笑容，拉开座椅，引请宾客入座，同时慢慢地将座椅推回原位，使宾客坐稳坐好。引宾客入座，要按先女宾后男宾，先主宾后其他的顺序进行。

（三）宴会结束后的整理工作

宴会结束时，应为宾客拉开椅子，以方便行走。视情况目送或陪送到宴会厅门口。如来宾餐后要在会客室休息，可根据实际需要，及时端送茶水、毛巾。

来宾离别时，衣帽间服务员应及时、准确地将衣帽取递给来宾，并热情地协助穿戴。

收台时，要认真检查，如发现有宾客遗落的物品，则应及时送还宾客。

此外，接待服务人员要自觉做到：工作前不吃葱、蒜等有异味的食品；在一旁侍立时，姿势要端正，多人侍立，要排成行。工作中不要聊天、谈笑；主人致辞、客人发表讲话时，要保持肃静，停止上菜、斟酒等工作，不得发出任何响声。奏国歌时应肃立，停止走动。

在宴会厅内，走动脚步要轻快、稳重；服务时动作要敏捷、轻拿轻放。

接待服务人员或客人不慎打翻酒水，应马上处理，撤去杯子，用餐巾擦干净或临时垫在湿处，并重新换上所需的餐具。如酒水溅在客人身上，要立即递送毛巾或餐巾，帮助擦干净（如对方是女性，男招待员不要动手帮助擦），并以示歉意。

五、参加宴请的礼节

（一）抵　达

出席宴请活动，要准时抵达，早到不礼貌，迟到更失礼。抵达宴请地点，先到衣帽间脱下大衣和帽子，然后前往主人迎宾处，主动向主人或其代表问好。如是节庆活动，应表示祝贺，可按当地习惯，赠送花束或花篮；参加家宴，可酌情给女主人赠少量鲜花。

（二）入　坐

应邀出席宴请活动，应听从主人的安排，端庄就座。如果宴会桌次较多，应在进入宴会厅前，先了解自己的桌次。入坐时注意看清楚桌上的座位卡和自己的名字，不要随意乱坐。如邻座是长者和妇女，应主动协助他们就座。

（三）进　餐

入座后，可在主人的主持下开始进餐。进餐时要注意以下几点：

① 进餐前，勿用餐巾或餐巾纸擦碗、筷、杯子等器皿，餐巾应展开放在膝上。餐巾仅有擦嘴之功用，餐后应放在盘子右边。

② 取食时，盘中食物不要盛得太多，盘中食物吃完后，可以再取。如由招待员分菜，需增添时，应等招待员送上再取。

③ 如遇本人不能吃或不爱吃的菜肴，当接待员上菜或主人夹菜时，不要拒绝，可取少量放在盘内，并说声“谢谢，够了”。对不合口味的菜，切勿显露出厌恶的表情。

④ 进餐时，要注意姿态。应闭嘴咀嚼，不要舔嘴唇或发出声响。咀嚼时，不要讲话，更不能主动与他人谈话。

⑤ 喝汤不要啜。如汤太热，可等稍凉后再喝，切勿用嘴吹。

⑥ 嘴内的鱼刺、骨头不要直接往外吐，可用餐巾掩嘴，用筷子（亦可用手）取出，或轻轻地吐在叉上，放在骨盘上。

⑦ 面包一般用手掰成小块送入口中，不要拿着整块咬。抹黄油和果酱时，也要先将面包掰成小块再抹。

⑧ 吃鸡时，欧美人多以鸡胸脯为贵，不能以中国人习惯用鸡腿敬客，以免失礼；吃鱼时，不可翻身吃，要吃完上层，再用刀、叉把鱼骨剔掉再吃下层；吃肉时要切一块吃一块，块不能切得过大。

⑨ 饮酒干杯时，即使不能喝，也应将口杯在嘴唇上碰一下，以示敬意。

⑩ 进餐时，不要狼吞虎咽，也不要一点不吃。当主人劝客再添菜时，如有“胃口”添菜不为失礼。

⑪ 未吃完的菜、用过的餐具、牙签等都应放在盘内，切忌放在桌上，剔牙时，用手或餐巾遮口。

⑫ 不可在餐桌前化妆、擦鼻涕、打嗝。进餐时，打嗝是最大的禁忌，万一忍不住打嗝，应立即向周围的人道歉。

⑬ 不可中途退席。如有人来电话，可请服务员转告对方，等一会儿再打来。

⑭ 在进餐尚未结束前，不能抽烟，直到上咖啡，表示用餐结束时，方可抽烟。

(四) 交　谈

无论是主人、客人或陪客，都应与同桌人交谈，特别是左右邻座，不要只同几个熟人或一两个人说话。邻座如不相识，可先自我介绍。

谈话时，应避免高声失态。在别人讲话时，插话是很不礼貌的行为。

一般来说，宴会上愉快交谈，可说是最佳的社交方式。讨论的话题，可深奥严肃，也可轻松愉快，切忌落入俗套。

(五) 祝　酒

在正式宴会上，一般都有祝酒的习惯。作为主宾应事先了解为何人何事祝酒，以便做好必要准备。在主人和主宾致辞、祝酒时，其他人应暂停进餐和交谈并注意倾听，碰杯时，先在主人和主宾之间进行，人多可同时举杯示意，不必逐一碰杯。主宾、主人有时还会到各桌敬酒，遇此情况其他人应起立举杯。碰杯时，要目视对方致意。

宴会上相互敬酒表示友好，也可活跃气氛，但切记饮酒过量，饮酒过量容易失态，因此在宴会上必须控制自己的酒量。当有人为你斟酒或提议碰杯时，不可随意拒绝，即使不能喝，也应有所表示，以示敬意。

（六）宽　衣

在社交场合，无论气温多高，也不能当众解开纽扣，敞开外衣。小型便宴，如主人请客人宽衣，男宾可脱下外衣，搭在椅背上。

（七）饮茶、喝咖啡

饮茶或喝咖啡时，通常均有专用器皿放有牛奶、白糖。如愿加牛奶、白糖，可自取放在杯中。用小茶匙搅拌以后，仍将茶匙放回小碟内。喝时右手拿杯把，左手端小碟。

（八）吃水果

吃梨和苹果时，应用水果刀切成 4 瓣或 6 瓣，再用刀去皮、核，然后用手拿着吃。削皮时刀口朝内，从外向里削；吃香蕉应先剥皮，用刀切成小块吃；橙子用刀切成块吃；其余诸如西瓜、哈密瓜等通常去皮，切成小块，用叉或牙签取食。

（九）水　盂

在宴席上，遇有上鸡、龙虾或水果时，有时送上一小水盂（铜盆、瓷碗或水晶玻璃缸），水上漂有玫瑰花瓣或柠檬片，供洗手用（不要误认为是饮料）。洗时，两手轮流沾湿指头，轻轻地涮洗，然后用餐巾或毛巾擦干。

（十）纪念品

有的主人会为每位出席宴会者备有纪念品。当宴会结束主人分发给客人时，客人可略表感谢之意，但不必郑重表示感谢。除主人特别作为纪念品的物件外，客人不能随意带走各种招待用品（糖果、水果和香烟等）。

（十一）告　辞

宴会结束后，男主人务必将客人送至大门口，当然客人离别时，应对主人的盛情款待表示感谢。

（十二）致　谢

在出席私人宴请活动之后，往往致以便函或名片表示感谢。致谢信最好在第 2 天就发出。根据传统，致谢信要写给女主人。但若男女主人都是你的挚友，则致谢信应写给他们俩人。如果女主人是你亲密的朋友，也可以在第 2 天用电话代替致谢信向她致谢。通常致谢信由妻子代表夫妇俩写出。如果女主人收到一封以夫妇俩人名义合写的致谢信，则很可能会把它看作是一种特别的礼貌表示而铭记在心。

（十三）冷餐会、酒会取菜

出席冷餐会或酒会，宾客取菜时，要依次轮流去取菜，或等送到本人面前时再拿。在周围的人未拿到第一份菜时，自己不要急于去取同样的第二份。不要围堵在菜桌旁，取完即退去，以便让别人来取。

（十四）刀、叉的使用

中餐餐具主要是碗、盘、筷，西餐餐具则是刀、叉、盘。宴请外国人吃中餐时，通常以中餐西吃为多(既摆设碗、筷,也摆设刀、叉)。刀叉的使用是,右手持刀,左手持叉,将食物切成小块,然后用叉送入口中。欧洲人使用刀叉时不需换手,即从切割到送食物入口,均以左手持叉。美国人则切割后,把刀放下,右手持叉把食物送入口。每道菜吃完后,将刀叉并拢平排放在盘内。如未吃完,则摆成八字或交叉置于盘内,刀口应向内。

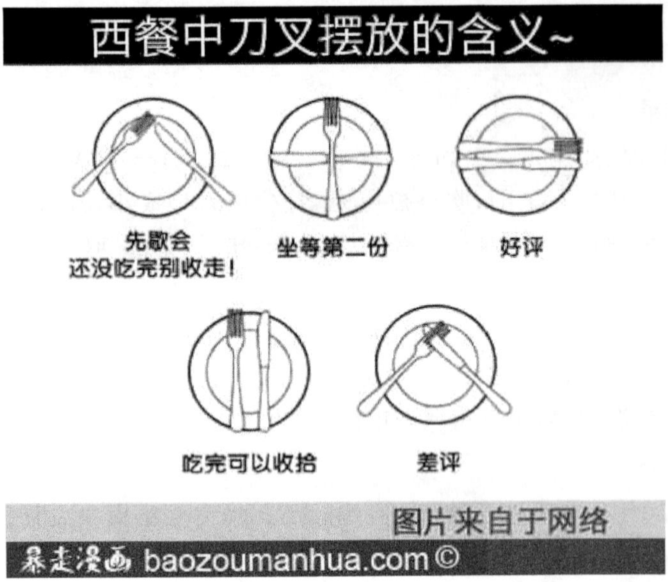

(十五) 其他注意事项

进餐中,应根据不同国家习惯,谨慎行事,不可马虎大意,招待外宾吃中餐时,应注意:

① 不必说"招待不周"、"酒菜不好"、"今天没什么吃的,请随便用点"之类的谦虚话,否则会引起外宾误会,认为你瞧不起他。

② 介绍酒菜时,对曾来过中国的外宾,不要说"这是中国的名酒、名菜"之类的话。

③ 在使用席上的餐具时,不要用纸巾或餐巾去擦,以免引起误会。

④ 给外宾布菜,应使用公用餐具去取。

⑤ 有事不要过多地交头接耳。

⑥ 外宾向招待人员或厨师敬酒时,应热情感谢,并酌情饮酒答谢。

第四节 文艺晚会

对于应邀来我国访问的代表团,我国接待单位一般都安排文艺晚会招待,这也是一种对外活动的形式。这种活动形式,对客人来说是一种艺术享受和娱乐活动,而对本国来说，则是一种对外宣传我国文化、艺术等成就的有效方法。对正式来访的外国高级代表团，通常都要在人民大会堂举行专场文艺晚会。

出席专场文艺晚会的人员，除来访国代表团团长和全体成员外，主人一般都是安排与团长身份相当的领导人作陪。如果代表团是国家元首或政府首脑级，我国一般由陪同团团长或外交部长作陪，有时也由我国国家元首或政府首脑作陪，以示两国关系密切和尊重。专场文艺晚会一般安排在正式会见、会谈后的来访空隙中举行。

在西方国家，往往把观看文艺演出作为一种隆重和高雅的娱乐活动。特别是在大剧院，剧场规矩很严格，演出时观众都自觉保持肃静，精神饱满地观赏演出，迟到者只能在幕间进场。此外，这种活动对观看演出的观众服饰要求也很高，要求像出席正式宴会一样按最隆重的方式穿戴。

在为外宾组织专场的文艺晚会演出活动时，对于精选节目、座位安排、演出入席及退席、音乐节目单、观看礼仪、演出秩序与摄影、献花和献花篮等方面，都有一定的要求。

一、精选节目

要从文艺晚会演出的目的着眼，针对客人的兴趣与实际情况，精选节目。一般可安排客人观看具有本国民族风格的节目，例如民族歌舞或京剧、地方戏等。同时，对节目的内容应进行预审，以免因政治、宗教信仰或风俗习惯等原因引起不愉快。另外，应尽可能安排一些来宾所属国家的节目，以表示对外宾的尊重和友好。

二、安排座位

凡是让重要的外宾观看文艺晚会演出，一般应把最佳的席位安排给外宾。通常，在剧场中以七八排的座位观看效果最好，可作为贵宾席，由陪同人员和主宾按礼宾次序入席就座。其中，要穿插安排好翻译的席位，以便主人和主宾能随时交谈和适当解释演出节目的内容。其他客人则可按预先排定的座位或在贵宾区自由入座。

三、入席与退席

文艺晚会专场演出的入席，一般是由普通观众先入座，作为主宾的外国客人则在开幕前由主人陪同入场。入场时，观众应有礼貌地起立鼓掌，表示欢迎。演出结束时，主人可与客人一道起立鼓掌，或献花和花篮，向演员表示感谢。演出中观众不得中途退场。演出结束后，应待贵宾先退场，观众方可离去。

四、服务礼仪规范

接待单位要求，服务员要配合、协同接待和服务于客人。客人未到，应服饰整洁、仪容清丽、直立舒展地恭候客人光临。客人到来，要面带微笑主动问候，并配合接待人员，规范地引领客人到贵宾室休息和进场入席。剧中休息，要根据客人需求，主动周到地关照。演出结束，在原岗位站立热情送客。

五、出席文艺演出的礼节

(一) 应 邀

接到晚会请柬，能否出席，应及早回复主人，以免剧场空缺，影响气氛。如不能出席，已送来戏票，按主人意见处理。

(二) 入 坐

请柬如附有座位号码，应对号入座。如无座次，则到现场，按本人身份地位，了解座次分配情况，然后入坐，勿贸然坐到贵宾席。

入座后应脱帽。女士可带披肩或大衣入场。

(三) 遵守秩序

演出进行中应保持肃静，不要谈话，不要大声咳嗽或打哈欠，更不要打瞌睡。另外，要把手机、寻呼机调至振动，有的禁止摄影与录像。观看节目，主人可略作介绍，以让客人自己欣赏。即席翻译声音要轻。最好事先了解节目内容，情节梗概，现场大略译几句，要注意适度，否则会引起周围观众不满。

演出场所禁止吸烟，更不能嗑瓜子、吃零食。

(四) 鼓 掌

节目在演出进行中不要鼓掌，不要叫好，更不要吹口哨。节目终了，报以掌声，切忌对节目表示不满或失望。除有政治问题外，一般都鼓掌。

另外，如观看体育比赛，要发扬优良的道德风尚，尊重客队。不起哄，不吹口哨，不鼓倒掌、喝倒彩。对客队的成绩应热烈鼓掌。

第五节　礼宾次序和国旗悬挂法

一、礼宾次序

礼宾次序是指国际交往中对出席活动的国家、团体和各国人士的位次按某些规定和惯例进行排列的先后次序。一般说来，礼宾次序体现了东道主对各国宾客所给予的礼遇，在一些国际性的集会上则表示各国主权平等的地位。

礼宾次序的排列，虽然国际上已有一定的惯例，但各国的做法不尽相同。常用的排列方法有以下 3 种：

（一）按身份与职务高低排列

这是礼宾次序排列的主要根据。官方的活动，通常按身份与职务的高低安排礼宾次序。如按国家元首（总统、主席、国王）、副元首（副总统、副主席）、政府总理（首相）、副总理（副首相）、部长（大臣）、副部长等顺序排列。各国提供的正式名单或正式通知是确定职务的依据。由于各国的国家体制不同，各部门的职位高低也不尽相同，要根据各国的规定，按相当的级别和官衔进行安排。在多边活动中，有时按其他方法排列。但无论按何种方法排列，都应考虑身份与职务的高低问题。

（二）按字母顺序排列

在多边活动中的礼宾次序也常采用按参加国国名的字母顺序排列，一般以英文字母排列居多，如国际会议、体育比赛等。联合国大会的席次也按英文字母排列，但为了避免一些国家总是占据前排席位，因此每年抽签一次，决定本年度大会席位以哪个字母打头，以便让各国都有机会排在前列。

在国际体育比赛中，体育代表团名称的排列和开幕式出场的顺序一般也按国名第一个字母顺序排列（东道国一般排在最后）。但体育代表团观礼或召开理事会、委员会等，则按出席代表团的团长的身份高低排列。

（三）按通知代表团组成的日期先后排列

在一些国家举行的多边活动中，按通知代表团组成的日期先后排列礼宾次序也是国际上经常采用的一种方法。东道国对同等身份的外国代表团，一般按派遣国通知代表团组成的日期排列，也有按代表团抵达活动地点的时间先后排列，或按派遣国决定应邀派遣代表团参加该活动的答复时间先后排列。究竟采取何种方法，东道国在致各国的邀请书中，都应明确说明。

在实际工作中，礼宾次序的排列常常不能按一种方法排列，而是几种方法的交叉，并考虑其他因素。诸如通常把同一国家集团的、同一地区的、同一宗教信仰的或关系特殊的国家的代表团排在前面或排在一起；对同一级别的人员，常把威望高、资历深、年龄大者排在前面；有时还考虑业务性质、相互关系、语言交流等因素。如在观礼、观看演出或比赛，特别是在大型宴请时，在考虑身份、职务的前提下，将业务性质对口的、语言相通的、宗教信仰一致的、风俗习惯相近的安排在一起。

总之，在礼宾次序安排工作中，要全面、周到、细致、耐心、慎重地考虑，设想多种方案，以避免因礼宾次序方面的问题引起不必要的误解或麻烦。

二、国旗悬挂法

国旗是一个国家的象征和标志。人们往往通过悬挂国旗，表示对祖国的热爱或对他国的尊重。在国际交往中，悬挂国旗，已形成了为各国所公认的惯例。

按国际关系准则，一个国家的元首、政府首脑在别国领土上访问期间，在其下榻处及乘坐的交通工具上悬挂国旗（或元首旗）是一种外交特权。东道国接待来访的外国元首、政府首脑时，在隆重的场合，在贵宾下榻的宾馆和乘坐的汽车上悬挂对方（或双方）的国旗（或元首旗）是一种礼遇。此外，国际上还公认，一个国家的外交代表在接受国境内有权在其办公处或官邸，以及交通工具上悬挂本国国旗。

在国际会议上，除会场悬挂与会国国旗外，各国政府代表团团长亦按会议组织者有关规定，在一些场所或车辆上悬挂本国国旗（也有不挂国旗的）。有些体育比赛、展览会等国际性活动，也往往悬挂有关参加国家的国旗。

在建筑物上或在室外悬挂国旗，一般都应日出升旗，日落降旗。平时升国旗一定要升至杆顶。如需降旗致哀，则先将旗升至旗杆顶，然后再降下。国际上有的国家致哀时不降半旗，而是在国旗上挂黑纱表示。升降国旗时，要认真严肃，服装要整齐，立正脱帽行注目礼。不能使用破损或污损的国旗。

按国际惯例，悬挂双方国旗，以右为上，以左为下，两国国旗并挂，以国旗正面方向为准，客方国旗在右，本国国旗在左；汽车上挂旗，则以汽车进行方向为准，驾驶员右手方向为访客，左手方向为主方。所谓主客，不以活动举行所在国为依据，而以举办活动的东道国为主人；答谢宴会，来访者是主人。

国旗不能倒挂。一些国家的国旗由于文字和图案的原因，也不能竖挂和反挂。有的国家明确规定，竖挂须另制旗，将图案转正。正式场合悬挂国旗要把正面面向观众，即以旗套的右边为准。如把国旗挂在墙壁上，应避免交叉挂法和竖挂法，而应用并列挂法。

各种国家国旗的图案、样式、颜色、比例均由本国宪法规定。不同国家的国旗，由于比例不同，两面旗帜悬挂在一起，就会显得大小不一。因此，并排悬挂不同比例的国旗，应将其中一面适当放大或缩小，以使旗的面积大致相同。

第六节　见面时的礼节

在国际交往中，除应发扬我国礼仪之邦的优良传统，还应尊重各国、各民族的礼仪习俗。本节主要介绍国外见面时的礼节，遵循"以客为主，尊重他人"原则，更好地完成服务与接待工作。

一、招　呼

打招呼是人们见面时最简便的礼节。最简单的话语是"早上好"、"下午好"、"晚上好"，或者说一声"您好！"对熟人不打招呼，或者不回答向你打的招呼，都是对他人失礼的行为。

与西方人打招呼，要避免用中国式，如说："你上哪儿去啊？"或"你到哪儿去啊？"他会认为你想探听他的私事，这是一种不礼貌的语言；也不要说："你吃过饭了吗？"否则，他会误解为你想请他和你一道吃饭。

与日本人打招呼，最普通的语言是"您早"、"您好"、"拜托您了"、"请多关照"、"对不起"、"失陪了"等。

在巴基斯坦及中东地区国家，由于大多数人信奉伊斯兰教，所以打招呼的第一句话就是"真主保佑"，以示祝福。而在泰国、缅甸、斯里兰卡等信奉佛教的国家，则说："愿菩萨保佑。"

二、介　绍

正式会见，在见面时大都由第三者介绍。在交际场合初次相识，一般也由第三者介绍，还可自我介绍。为他人介绍时，要先了解双方是否有结识的愿望，做法要慎重自然，不要贸然行事。自我介绍时，要讲清自己的姓名、身份、国籍、单位，也可交换名片。为他人做介绍时，还可以说明与自己的关系，便于新结识的人互相了解与信任。介绍具体时，要有礼貌地以手示意，不要用手指指点。

在介绍两人相互认识的时候，要把被介绍的人介绍给你所尊敬的人。在西方各国，老人和妇女都是受尊敬的，在人们习惯上认为已婚妇女的社会地位高于未婚妇女。因此，在介绍时，应该把男士介绍给女士；把年轻的介绍给年长的；把地位低的介绍给地位高的；把未婚女士介绍给已婚女士；把儿童介绍给成人。

在社交介绍中，除了名望地位高的男士以外，总是先介绍女士。

当被介绍人都是同性别的而又无法辨别其身份、地位时，可随意介绍。

集体介绍时特别是在正式宴会上，如果你是主人，可以按照当时他们的座位顺序进行介绍，也可以从贵宾开始。

对家庭成员的介绍，要注意不要称自己的妻子为“夫人”或称丈夫为“先生”，应直截了当地说“这是我的妻子”或“这是我的丈夫”。当介绍家庭的其他亲属时，应说清楚和自己的关系。

按照西方习惯，短暂的相遇，可不必介绍。但逗留时间较长，则应介绍。另外，告辞中的客人不必介绍给刚到的客人。

介绍时，除年长者外，男士一般应起立。但在宴会桌、会谈桌上则不必，只要微笑点头示意即可，当女士被介绍给男士时，她可以坐着不动，只需点头或微笑示意。

介绍后，通常是相互握手，互致问候。在需要表示庄严、郑重和特别客气的时候，还可以在问候的同时微微欠身鞠一个躬，握手与否均可以。

三、鞠躬礼

鞠躬礼又称打躬，是我国、日本和朝鲜等国的传统礼节。《论语·乡党》中说：“入公门，鞠躬如也，如不容。”后引申为弯身行礼，以示恭敬。在日本，人们以60°到90°的鞠躬礼，双手摊平扶膝，同时表示问候，这是真情的流露，而非矫揉造作。在朝鲜，人们在见面和离别时也行鞠躬礼，以表示尊敬和谢意。特别是朝鲜妇女在行鞠躬礼时，系下级对上级或同级间的礼节。行鞠躬礼时须脱帽，用立正姿势，双目注视对方，脸带微笑，以身体上部前倾15°左右。

四、合十礼

合十礼又称合掌礼，即把两个手掌在胸前对合，掌尖和鼻尖基本平视，手掌向外倾斜，头略低。这是兼含敬意和谢意两重意义的礼节，通行于南亚与东南亚信奉佛教国家。在国际交往中当对方用这种礼节致礼时，我们也应以合十礼还礼。

五、拥抱礼

拥抱礼是欧美各国熟人、朋友间表示亲密感情的一种礼节，通常与接吻礼同时举行。在迎宾、祝贺、感谢等隆重场合，无论是官方或民间的仪式中，也有拥抱礼节。有时是热情的拥抱,有时则纯属礼节性的。其方法是:两人相对而立,右臂偏上,左臂偏下,右手伏在对方左后肩,左手扶对方右后腰,按各自的方位,两人头部及上身都向左互相拥抱,人再向右拥抱,再次向左拥抱,礼毕。

六、接吻礼

接吻礼多见于西方和阿拉伯国家,是各国上级对下级、长辈对晚辈,以及朋友、夫妻之间表示亲昵、爱抚的一种礼节。通常是在受礼者的脸或额头亲吻。在遇到喜事或悲伤时,一般也行接吻礼,表示亲热和慰问。亲吻的方式为:父母子女之间是亲脸、亲额头;兄弟姐妹平辈的亲友是贴面颊;亲人、熟人之间是拥抱、亲脸、贴面颊。在公共场合,关系亲近的女士之间是亲脸;男、女之间是贴面颊;晚辈对长辈一般亲额头。

七、吻手礼

吻手礼系流行于欧美上层社会的一种礼节,起源于中世纪的欧洲。在社交场合中,同上层社会的贵族妇女见面时,如果女方先伸出手作下垂式,男方则可将其指尖轻轻提起吻之;若女方不伸手表示,则不实施吻礼。行吻手礼时,如女方身份地位较高,男方以一膝作半跪姿势后,再提手吻之。此项礼节在英、法两国最为重视。

八、举手礼

举手礼是世界各国军人见面时的专用礼节,起源于中世纪的欧洲。当时的骑士们常常在公主和贵族面前比武,在经过公主的坐席时,要口唱赞歌,歌词往往把公主比成光芒四射的美丽的太阳,因而武士们看公主时总要把手举到额前做遮挡太阳的姿势。这就是举手礼的由来。行举手礼时,要举右手,手指伸直并起,指尖接触帽檐右侧,手掌微向外,右上臂与肩齐高,双目注视对方,待受礼者答礼后方可将手放下。

九、点头礼

点头礼系同级或平辈间的礼节。如在路上行走时相遇，可在行进中点头示意，不必停留。若在路上遇见上级或长者，必须立正行鞠躬礼。但上级对部下或长者对幼辈的答礼，可以在行进中答之，或伸右手示意即可。

【案例】

锦江风范再现 APEC

2001 年 10 月 21 日在上海科技馆举办的 APEC 领导人非正式会议的工作午宴，从一开始就按照突破以往国宾接待常规的要求，推陈出新，做到菜式要新，铺台要新，装盘要新，服务要新，要创出中国最高级的宴会规格。

在菜肴设计上，由于这次餐饮必须是绿色食品，不用高档海鲜、野味类原料，经过精心研究，硬是用普通的原料做出了顶级的菜肴，外交部领导在试菜时盛赞菜肴“无可挑剔，很成功”。

在装盘设计上，“迎宾龙虾冷盘”一改银器罩盖的做法，首创南瓜雕罩盖，造型构思灵感来自安徽黄山的万粹楼“双龙拱寿”图案，20 只十三寸的底盘，十二寸的南瓜雕玲珑剔透，由镂空的钱币压底，寓意亚太经合组织会议带来财源滚滚，顶部是两条腾云驾雾的巨龙，祈盼世界康泰和平，祝愿嘉宾幸福美满。这一创新赢得了各国来宾的喝彩，布什总统忍不住好奇，用手轻敲这一“玉器”，然后用英文喊道“PUMPKIN”(南瓜)，大家一致称奇。

在服务方式上，注重中西合璧。沏茶用中式服务，斟葡萄酒用西式服务，上菜有中有西，中西结合，每个动作细节都做了精心设计，反复操练。还请形体专家、美容老师为服务员做形体和仪表仪容训练，使每位服务人员在服务场合容光焕发、楚楚动人。

锦江品牌烤鸭的出菜方式在魔术师的训导下，更是演变成一场精彩的表演。厨师身穿白大褂，手推餐车，面露微笑，缓缓上场。站定后面向客人，首先向嘉宾行礼，戴好手套后再向客人微笑致意。在完成这一连贯动作后开始片鸭。这一精彩表演让客人食欲大增，连从不食鸭的菲律宾总统阿罗约，在用完为她特制的烤鸡后，忍不住也要了一份锦江烤鸭。

在铺台出新上，整个工作午宴的铺台设计注重文化创意，以“绿色”为主题，浅绿色台布，深绿色丝绒台幔，挂上长长的绿色传统文化的中国结；餐桌上粉红色玫瑰和新西兰蕙兰鲜花，与大厅中的浅绿色印花地毯交相辉映，加上服务员身穿墨绿色中国传统丝绸旗袍，使整个大厅充满了和谐、高雅、富贵的气氛，令人赏心悦目。

在菜单设计创新上，以红木架子做底座，玻璃上刻着英文菜单，古色古香的卷轴，展开来是书法书写的中文菜单，每一道菜都配以一诗句。诗句出自于《史记》、《汉书》

等著作，将菜单的词句首字相连，就形成了“相互依存，共同繁荣”的2001年APEC会议的宗旨。这份菜单深得江总书记的喜爱，他在餐桌上亲自用英文向客人做了介绍，并将这份精美的菜单作为礼品赠送每位领导人。

分析：2001年10月21日，在上海科技馆举办的APEC领导人正式会议的“工作午宴”，绝非以往常规的国宴级的宴请。只要看看出席这次“工作午宴”的领导人：东道主有中国国家主席江泽民，贵宾有美国总统布什、俄罗斯总统普京、日本首相小泉等20位各国及经济体的最高领导人，就可以领略其分量有多重。对此，中国上海“锦江”，必须创出中国最高级的宴会规格。本章第二节所指出的“宴会成功与否”，关键在于服务接待的综合水平，包括服务技能和服务礼仪。本案例确确实实是宴会举办最成功的典型范例。因为，在菜点原料选用上，在餐具选配和装盘设计上，在环境与铺台出新上，在菜单设计创新上，在服务方式上，沏茶、斟酒、上菜和出菜注重中西合璧；在服务形象上，注重文明礼仪。所有这一切，都突出“新”、“奇”、“特”，而且十分贴切亚太经合组织会议的主题，因此获得了中外最尊贵、最重要宾客的一致好评与喝彩。以布什总统为主的一大批贵宾一致称奇；江泽民主席称赞“顶呱呱”；外交部领导在试菜时盛赞“无可挑剔，很成功”。可见，“客人的满意，就是我们宴会服务最大的成功”，“锦江餐饮风范，再现APEC”。

思考题

1. 在国际交往中，官方迎送及其服务有哪些礼仪？
2. 分别写出迎送、会见、会谈、签字仪式、开幕式安排的整理要求及其服务礼仪的规范。
3. 宴请有哪几种形式？宴请组织的具体做法与要求是什么？
4. 写出宴请服务礼仪的基本环节和具体做法。
5. 参加宴请活动，必须注意哪些礼节？
6. 组织客人观看文艺演出要注意哪些礼节？观看文艺演出又有哪些礼节？
7. 国际交往中，有哪些见面时的礼节？

第十二章　航空安全与应急撤离

第一节　乘务员的客舱安全保障

客舱乘务员不仅要负责为机上旅客提供正常服务，还担任维护客舱秩序和保障旅客安全的责任。

一、在地面实施的客舱安全职责

乘务员在地面实施的客舱安全职责包括对应急设备检查、航前清舱检查、乘客登机前和登机时、关闭机舱门和机舱门关闭后、机舱门再次开启、安全演示的内容、飞机推出停机位及滑行中的各项安全检查等工作。

1. 应急设备检查

乘务组在登机前要召开协作会，复习和研究应急处置预案。乘务员登记后根据各自的管辖区域，对照《各机型应急设备检查单》，检查核实应急设备的种类、数量，确认处于待用状态。具体检查内容如下：

- 急救箱/应急医疗箱铅封完好；
- 灭火瓶处于待用状态，铅封完好；
- 氧气瓶压力指针在1800磅/平方英寸，面罩齐全；
- 洗手间烟雾探测器电源指示灯显示绿色；
- 手电筒等3～4秒闪亮一次；
- 安全演示用具包内物品齐全；
- “安全须知”卡、“出口座位须知”卡与机型相符；
- 救生衣的包装完好；
- 出口门状况良好、正常；
- 麦克风/喊话喇叭工作正常；
- 防烟面罩铅封完好；
- 广播、内话系统工作正常；
- 客舱灯光工作正常；
- 应急灯处于待用状况(连续2～3个应急灯不亮，不能运行)。

2. 航前清舱检查

- 所有地面工作人员离开飞机以后、乘客登机以前，配有空中安全员的航班由安全员对客舱进行彻底清舱检查，乘务员协助；

- 没有航空安全员的航班则由乘务长指挥乘务员对客舱进行清舱检查工作；
- 检查中发现任何可疑物品时，不要随意触动，及时报告带班乘务长、机长；
- 外站停留期间，留在飞机上的乘客或行李通常不需要进行检查，但航空安全员和乘务员应在下一航段起飞前对厨房、卫生间等进行必要的安全检查；
- 厨房乘务员检查餐食情况，发现有不能开启的容器或餐具，及时报告带班乘务长。

3. 乘客登机前

- 客舱安全检查和服务准备工作已完成；
- 经济舱供乘客存放物品的行李箱全部打开；
- 机组成员的行李、飞行包等已放入储藏间内，不可占用旅客的行李架。

4. 乘客登机时

- 紧急出口座位乘客的确认，讲解"出口座位说明书"，确认紧急出口旁边座位的旅客明白自己的义务；
- 发现有异常情况的乘客及时报告带班乘务长；
- 注意观察登机乘客的情况；
- 行李摆放稳妥，如果手提行李超出规定，通告地面值班人员迅速办理托运；
- 关上行李箱并锁好。

5. 关闭机舱门

- 机组全体成员到位；
- 确认所有文件已到齐，与地面值班人员核对旅客人数；
- 确认坐在出口旁边座位的旅客具备相应能力，并已阅读安全须知卡，愿意承担其中规定的义务；
- 关闭机舱门前检查门区周围无任何外来物品；
- 检查门把手在水平位置成卡锁状态，机舱门无夹带物；
- 关闭机舱门后，用手检查门的四周，确认机舱门无缝隙已关好。

6. 机舱门关闭后

- 机舱门关闭后，广播员对客舱广播关闭电子设备，乘务员确认所有便携式电子设备已关闭；
- 带班乘务长通过客舱广播系统下达滑梯预位指令；
- 各区域乘务员依照带班乘务长指令操作滑梯预位，对应的两个门进行相互交叉检查；
- 各门滑梯预位后，各区域乘务员依照带班乘务长指令，通过内话系统分区域报告滑梯预位情况；
- 确认所有物品及行李放好锁住，客舱和所有出口无障碍。

7. 机舱门再次开启

如有特殊情况需要重新开启机舱门，乘务员须做到：

- 带班乘务长使用客舱广播系统通知所有区域乘务员须解除滑梯预位；
- 相对应交叉检查；
- 开启机舱门前必须两人监控操作；
- 再次关闭机舱门时，执行机舱门关闭程序。

8. 安全演示的内容

- 限制旅客在机上使用的便携式电子设备；
- 系好和打开安全带的方法；
- 应急出口的位置及开启方法；
- 座舱失压时氧气面罩的使用方法和位置；
- 救生衣的使用和位置；
- 禁止吸烟；
- 禁止损坏洗手间内的烟雾探测器；
- 旅客“安全须知卡”；
- 出口座位旅客须知及义务；
- 滑梯的使用方法；
- 陆地/水上应急撤离的路线和指示灯。

9. 飞机推出停机位和滑行中的各项安全检查

- 旅客安全带是否扣好；
- 小桌饭是否扣牢；
- 座椅靠背是否在正常位置；
- 遮光板是否打开；
- 行李架是否完全扣好；
- 过道中无异物；
- 紧急出口处畅通无障碍物；
- 服务舱内的所有物品用具放好锁住；
- 电器电源关闭；
- 厨房窗帘拉开扣好；
- 洗手间内无人并锁上，确保马桶盖盖好；
- 所有电子设备必须关闭；
- 调暗客舱灯光；
- 关闭机上娱乐设施；
- 前后舱门处无障碍物；
- 收好并固定婴儿车；
- 严禁吸烟。

二、空中实施的客舱安全职责

1. 飞行关键阶段

① 所有包括飞机在地面滑行、起飞、着陆及低于10000英尺(3000米)时的飞行都被称为飞行的关键阶段；

② 禁止乘务员在飞行的关键阶段做与飞机安全运行无关的任何其他工作；

③ 在飞行关键阶段，乘务员不得进入驾驶舱或与驾驶舱进行联络；

④ 在系好安全带灯熄灭时，广播通知乘客全程系好安全带；

⑤ 乘务员全程监控驾驶舱门(有航空安全员的航班由航空安全员负责)、客舱、洗手间、应急出口的安全；

⑥ 餐车及服务用具车在服务时或放置时，应及时使用刹车固定；

⑦ 发生意外或紧急情况，听从机长指令并依照应急程序进行处置；

⑧ 关闭、锁住行李箱、柜门等。

2. 飞机着陆前的检查工作

与起飞滑行期间相同。

3. 飞机到达后

① 飞机到达停机位，"系好安全带"指示灯熄灭后，带班乘务长通过客舱广播系统下达解除滑梯预位指令；

② 区域乘务员依照带班乘务长指令解除滑梯预位，相对应的门互相检查；

③ 各门解除滑梯预位后，各区域乘务员依照带班乘务长指令，通过内话系统报告解除滑梯预位的情况；

④ 得到地面人员的开门许可后，两人监控开启舱门确认客梯/桥停稳后，方可让乘客下机。

4. 乘客下机后

① 检查客舱、洗手间有无滞留乘客；

② 检查客舱、行李架、座椅上下及座椅背后口袋内有无乘客遗落物品；

③ 关闭除照明以外的一切电源；

④ 完成一切交接工作。

第二节 中途过站的规定

一、过站旅客不下飞机

当飞机在中途过站时，有时会出现需要旅客留在飞机上等候情况，这时要特别注意在飞机上必须留有可完成应急撤离程序的最低限额的机组成员。如果按规定需要留在飞机上的乘务员数量少于最低限额的配置，则必须符合以下要求：

① 必须保证飞机发动机已关闭，并且至少打开一个地板高度的出口供紧急情况下组织旅客逃离。

② 飞机上乘务员的数量必须在正常配置数量的一半以上，前、中、后各服务区域，舱门必须有留守的乘务员。

③ 可以让其他的机组成员代替乘务员坚守岗位，但替代的人员必须是符合应急撤离训练要求的合格人员，并且带有明显的标志，可以使旅客清楚地区分识别。

④ 留守人员要分布在飞机的出口处，以便在紧急情况下迅速帮助旅客撤离。

⑤ 确认应急设备的状态完好。

⑥ 提醒旅客解开安全带，但不可下飞机走动。

⑦ 严禁机舱内的人员抽烟。

二、飞机过站加油

当旅客留在飞机上过站时，飞机加油注意：

① 驾驶舱内必须留有飞行员。

② 驾驶舱应立刻通知乘务组。

③ 确认“禁止吸烟”指示灯打开，并提醒旅客禁止吸烟。

④ 乘务长广播通知旅客：飞机正在加油，请大家回原位坐好，保证安全带解开，不要使用电子设备、打火机、火柴和闪光灯。

⑤ 灵活处理关于氧气瓶的使用。

⑥ 确保内话系统通畅。

⑦ 所有舱门处无障碍物。

⑧ 留守乘务员的数量至少是该机型乘务员最低配置数量的一半，留守的乘务员需停留在舱门与应急出口附近。

⑨ 出口打开的一侧不要停放加油车。

⑩ 如果机上载有病残或无法活动的旅客则必须通知消防员，确定可容担架通过的出口。

⑪ 保证厨房内的所有物品固定锁好，检查灭火瓶、应急设备的完好。

⑫ 如发现任何异常的情况或燃油味立即报告驾驶舱，通知停止加油，并做好撤离的准备。

第三节　确认旅客安全与出口座位规定

一、确认旅客安全

（一）安全告示

① 飞机在地面做任何移动，以及每次起飞、着陆和机长认为必要的其他任何时

间，“系好安全带”信号应当接通。

② 当“系好安全带”信号灯亮时，每位旅客应当回其座位坐好，系好安全带。

③ 飞机在禁止吸烟的飞行航段上运行时，应当将“禁止吸烟”的告示信号灯一直亮着。

④ 在飞机上的任何人应当遵守下列规定：

- 不得在“禁止吸烟”信号灯亮时吸烟；
- 不得在洗手间内吸烟；
- 不得摆弄、损害或毁坏飞机洗手间内的烟雾探测器；
- 不得无故动用机上急救设备。

⑤ 航空公司在各机型上应装备与机型相符的旅客告示和标牌，并配备与机型相符的带有图标的“安全须知”卡和“出口座位须知”卡。

⑥ 图卡、图表和词语使用国际认同的符号、描述和操作的方法。

（二）禁止吸烟

对违反禁止吸烟规定的旅客的处置：

① 发现违反禁止吸烟规定的旅客，应当立即要求其停止吸烟，如旅客当即停止，则不再追究责任。如该旅客还继续吸烟，乘务员应做说服工作，并向带班乘务长报告。

② 如旅客不听劝告，态度恶劣，还继续吸烟，要向其说明此事将报告机长，并明确指出此行为是严重的行为不当，由安全员按照民法规则进行处理。

③ 一旦该事件报告机长，就要将旅客的姓名和座位号记录在机上事件报告中。

④ 如发现有人在洗手间内吸烟，应严格检查该区域有无火灾隐患。

（三）系安全带规定

① 在下列情况下检查或广播通知旅客系好安全带：

- 滑行、起飞和着陆前；
- “系好安全带”信号灯亮时；
- 遇有颠簸；
- 夜间飞行；
- 遇有劫机；
- 紧急下降。

② 在起飞前和着陆过程中，或空中“系好安全带”信号灯亮时，除了在完成保障有关飞机和机上人员安全的任务外，乘务员应当坐在执勤位置上，并系好安全带和肩带，以便在应急撤离时，最有效地疏散旅客。

③ 乘务员在进行客舱安全检查时，应确认空座位上的安全带是在锁定位置。

④ 当飞机进入巡航高度，“系好安全带”指示灯熄灭后，坐在座位上的旅客也必须系好安全带。

⑤ 机上遇有腰围较大的旅客，应提供加长安全带。

⑥ 机上遇有带婴儿的旅客，应提供婴儿安全带。

（四）颠　簸

① 轻微颠簸时，乘务员广播通知旅客，可继续进行服务，但不要提供热饮料，防止烫伤旅客。

② 中度颠簸时，乘务员立即停止服务，退回服务舱并收好餐车、水车。

③ 严重颠簸时，乘务员立即停止服务，原地踩刹车，将热饮迅速放回车内，防止热饮打翻烫伤旅客，就近入座系上安全带。

④ 颠簸时，在“系好安全带”指示灯亮后，应系好安全带。

⑤ 确定颠簸程度由机长通知带班乘务长。

二、出口座位规定

（一）出口座位定义

出口座位定义是指旅客从该座位可以不绕过障碍物直接到达出口的座位，及旅客从离出口最近的过道到出口必经的成排座位中的每个座位（出口前的座位不能倾斜）。

（二）出口座位确认

① 乘务员确认出口座位处的旅客。

② 乘务员在机舱门关闭之前，必须对坐在应急出口座位的旅客所承担的协助者义务进行确认。

③ 飞机移动前乘务员对坐在出口座位上不愿承担协助者义务的旅客，向带班乘务长报告并做相应座位的调整。

（三）确定坐在出口座位的乘客，需能够完成的工作

① 确定应急出口的位置和应急出口的开启机构。

② 理解应急出口操作指令。

③ 操作应急出口。

④ 评估打开应急出口是否会增加对这些旅客的伤害。

⑤ 遵循机组成员给予的口头指令或手势。

⑥ 移动或固定应急出口门（以防阻碍使用该出口）。

⑦ 操作滑梯，评估滑梯状况，撤离滑梯展开应保持其稳定，协助他人从滑梯撤离。

⑧ 迅速地通过应急出口。

⑨ 评估、选择并沿着安全路线撤离飞机。

（四）下列乘客不能安排在出口座位

① 两臂、双手和两腿缺乏足够的运动功能、体力或灵活性导致下列能力缺陷的旅客：

a. 向上、向下或向两侧达不到应急出口位置和应急撤离滑梯操纵杆；

b. 不能握住并推、拉、转动或不能操作应急出口操纵杆；

c. 不能推、撞、拉应急出口舱门操纵杆或不能打开应急出口；

d. 不能将相似于翼上应急出口门尺寸和重量的东西提起；

e. 不能搬动其尺寸、重量与机翼上方出口相似的障碍物；

f. 当移动障碍物时不能保持平衡；

g. 不能迅速地到达应急出口；

h. 不能迅速走出应急出口；

i. 应急撤离滑梯展开后不能使其稳定；

j. 不能帮助其他人使用应急撤离滑梯。

② 缺乏阅读和理解航空公司用文字或图表形式提供的有关应急撤离标示的能力。

③ 缺乏理解机组口头指令的能力。

④ 缺乏足够的听觉和视觉能力。

⑤ 缺乏良好的语言表达能力或口头传达信息的能力。

⑥ 需要照料婴幼儿的旅客。

⑦ 该旅客操作应急设备时可能会使其本人受到伤害。

⑧ 不能确定自己是否具备相当能力者。

（五）障碍性旅客

障碍性旅客应尽可能地靠近出口座位附近就座。

（六）旅客座位更换

① 旅客应遵守关于出口处座位的限制，如果旅客不能或自己不愿承担出口座位的相关义务，应当立即将该旅客重新安排在非出口座位就座。

② 如果非出口座位已满员，应当将一位愿意并符合出口座位条件的旅客调至出口座位。

③ 出口座位旅客要求更换座位时，乘务员不得要求该旅客讲明理由。

④ 如果没有符合标准的旅客愿意被换至出口座位，本次航班即被认为过满，要求非出口座位的旅客将被拒绝登机，并给予适当的拒绝登机补偿。

⑤ 如果飞机已处于滑行中，应将此情况报告机长，机长决定是否返回登机口，飞机必须完全停稳后才能更换乘客座位。

第四节 进入驾驶舱的安全规定与劫机事件

一、进入驾驶舱的安全规定

(一) 进入驾驶舱的注意事项

总的来说,不是在飞机起飞、爬升、下降和着陆等关键阶段,如需进入或打电话给驾驶舱,须遵循:

① 在飞行期间驾驶舱的门应始终保持锁住,乘务员需进入驾驶舱时,可敲门或打电话联系驾驶舱。

② 当进入驾驶舱后,要随手关闭驾驶舱门,但不要立刻讲话,确认飞行员没有在无线通话后方可说话。

③ 当飞机高度低于 10000 英尺时,除特殊情况外,不得进入驾驶舱或与驾驶舱通话。

④ 观察员的位置不可随意让给其他人员使用。

⑤ 进入驾驶舱前,应调暗服务舱的灯光,避免强光射入驾驶舱,尤其在夜间飞行时。

⑥ 为驾驶舱提供餐食、饮料时要注意,首先提醒飞行员,然后将食物、饮料在高于飞行员肩膀的高度送出,避免将食物、饮料撒落在仪表盘上或驾驶员身上。

⑦ 在为驾驶员提供零食时,特别注意不可为机长和第一副驾驶提供相同的食物,以防发生食物中毒事件,造成飞机驾驶安全的威胁。

(二) 可进入驾驶舱的人员

① 当班的机组成员。

② 正在执行任务的政府监察员或局方委任的代表。

③ 得到机长允许,并且进入驾驶舱后,其职责对于安全运行有益的人员。

④ 经机长同意,持管理部门特别批准证明的其他人员。

⑤ 正在对飞机操作进行检查或观察的局方监察员或授权的局方委任代表。

⑥ 持有本公司执照的航空人员,或经批准持有其他航空公司执照的航空人员。

⑦ 其他经机长和运行部门负责人同意,职责与飞行运作的实施或计划,或空中监视飞机设备,或操作程序直接有关,且进入驾驶舱对于完成其职责是必需的公司雇员(如:交通管制员、签派人员、机务工程人员等)。

⑧ 经批准进行空中监视飞机设备或操作程序的该航空器或其部件的制造厂技术代表。

⑨ 局方指定的监察员在执行监察任务时,向机长出示其证件后,该监察员可不受任何阻碍,允许进入驾驶舱。

二、劫机事件

（一）劫机的定义和劫机者的类型

在飞行中，飞机内的任何人用武力劫持机组人员或机上旅客，或以武力相威胁，或用恐吓等其他任何方式，企图非法劫持或控制飞机，或要求机组操作飞机改变预定飞行航线，到达其自身目的的行为，均视为劫机者。劫机者通常根据其身份和目的可分为三类：

① 勒索者：为了钱财而冒险劫机的人。单纯出于经济目的，企图敲诈钱财而劫机者为数极少。

② 政治极端分子/恐怖主义者：由于政治原因，希望引起政府关注或威胁政府，满足政治目的的组织、团体或个人。绝大多数的劫机事件出于政治动机。据统计调查，有 64.4 %的劫机是出于政治动机；还有 16 %是出自想摆脱本国法律控制，这可能是政治性叛逃，也可能有刑事案逃窜。若把这部分政治叛逃也算作政治动机，那么因政治动机而劫机的就占劫机总数的三分之二了。实践上“空中劫持”几乎成了世界某一地区或某一国家政治的“晴雨表”。

出于政治动机的劫机者总是要通过劫机事件引起人们的注意，发表自己的政治主张，或以人质相要挟，提出自己的要求。也有顺便提出经济要求的，一般是索取赎金作为组织的活动经费。

③ 精神有问题的人：为了证明或影响，或无理由，想要控制飞机的精神病患者。极个别精神不正常的人或心理变态者劫机的目的是十分荒唐的，这类劫机者也很少出现。

（二）劫机者的心态

劫机犯罪是杀人、自杀行为的结合体，因为在劫机时一定会涉及暴力行为，这种暴力行为最常见的便是以杀人来威胁。劫机过程是一种极端冒险的行为，如不成功，便可能招来杀身之祸。这是一种介乎鲁莽与悲壮的矛盾心理。如若成功，可以引起注意，借以扫除自卑感，但是失败时，有时也能带给劫机者因实施报复行为而产生的满足感，尽管带有自杀性质。

犯罪心理学家指出，劫机犯罪与一般其他犯罪最大的差异在于它能将其被害人、掠夺物随心所欲地转移到任何地方，从而满足了个人潜在任意的意念，劫机犯罪一般都是两个人以上共同实施的犯罪行为。

（三）遭遇劫机的处理

① 在飞行中，机组成员最先发现飞机被劫，或最先获得信息者，要立刻通知驾驶舱；不能正常报告时，要用事先约定的暗号或联络方式将情况告知机长、安全员、乘务长。

② 发生劫机事件后，全体机组成员要服从机长指挥，按照机长的指令、决定或预案中的分工做好准备工作及对旅客的服务。

③ 按照机长指派或分工，想办法接近劫机者，并与其周旋，尽快弄清劫机者的身份要求。

④ 迅速判明或弄清劫机者的类型、所携带的武器、危险品的状况，及时报告机长。

⑤ 尽量避免激怒劫机者，激化事件引起更激烈的冲突。

⑥ 想方设法阻止劫机者进入驾驶舱。

⑦ 做好各种反劫机、制服劫机者的准备。

⑧ 打开禁止吸烟标志，关闭不必要的电器设备和电源。

⑨ 降低客舱温度，减少液体挥发。

⑩ 稳定旅客的情绪，保证他们的安全。尽量不要告知其他旅客劫机事件的发生。

⑪将灭火系统和客舱内灭火器材放置到准备状态。

⑫ 中断各种酒类供应，尤其是不要向劫机者提供酒类饮品。

⑬ 加强对客舱的巡视次数，观察旅客动态，注意发现其他隐患和同伙。

⑭ 按规定在有条件的情况下，在最近的国内机场降落，或迅速制服劫机者。

⑮ 如需在飞机上采取和实施反劫机处置行动，必须得到机长的同意或认可。如果情况十分紧急来不及报告，且确有把握制服劫机者时，在保证人、机安全的前提下，可以断然采取措施，制服劫机者。

⑯ 当劫机者在空中或落地时被制服后，还要做好飞机落地的应急处置准备，或旅客撤离飞机的工作。

⑰ 飞机落地后，根据当时实际情况，确定是否对旅客采取应急撤离，一旦采取撤离措施，机组要留有人员看押劫机犯，直至地面警方上机交接，并配合警方工作，向警方提供真实情况或证词。

⑱ 机上旅客撤离后，要保护好旅客的安全，并请地面给予协助做好旅客的服务和安置工作，对受伤的旅客要立刻送往医疗部门进行救治。

⑲ 飞机在空中遭遇劫持，劫机者足以严重威胁到旅客和飞机的安全时，为保证机上旅客和飞机的安全，可以满足劫机者的要求。

⑳ 在劫机者的类型中，遇到第二类劫机者要格外小心，这类劫机者通常都是亡命之徒，或极端信仰者，持有坚定的信念和同归于尽的决心，而且大多有同伙协助和持有杀伤性武器，并受过良好的专业军事训练，机组成员如能确定这类劫机者，则不能贸然行动。

㉑ 发生上述情况，机长有权决定飞机飞往境外任何机场降落。

㉒ 做好境内外机场着陆的各项应急处置准备工作，飞机着陆后，立即按照处置程序，或国际惯例，或机场当局指令，实施对旅客、飞机的安全处置工作。

㉓ 机组人员应协助机长与民航机场联络，要求当局为飞机、旅客、机组的安全服务及飞机返回提供一切必要的保障，飞机在境外机场停留期间，必须派人对飞机进行监护，停留时间久的要办理飞机的签封交接手续。

㉔ 机组要时刻维护国家声誉，声明谴责劫机者的恐怖活动和暴力行为，按照国际民航公约的法律规定，要求遣返劫机者。

㉕ 飞机返回时做好旅客的服务和安慰工作，稳定他们的情绪，维护旅客的利益。

㉖ 不要与新闻媒体谈及劫机事件及情况。

㉗ 乘务长需填写“重大事故报告单”，回到公司后要立刻向有关部门反馈事件的发生、发展、处置及结果等详细的信息。

(四) 斯德哥尔摩症候群

所谓斯德哥尔摩症候群的说法来自于 1973 年 8 月 23 日，两名有前科的罪犯意图抢劫斯德哥尔摩最大的一家银行失败后，挟持了四名银行职员。这两名抢匪劫持人质达六天时间，在这期间他们曾经威胁人质的性命，但也曾表现出仁慈的一面。

在出人意料的心理错综转变下，这四名人质竟然抗拒政府最终营救他们的努力。在这起事件发生后几个月，四名获救的银行职员，仍然对绑架他们的人显露出怜悯的情感。他们拒绝在法院指控这些绑匪，甚至还为他们筹措法律辩护的资金。

这件事激发了社会科学家想要了解掳人者与被挟持者之间的这份情感结合，到底这起斯德哥尔摩银行抢劫案是一宗特例，还是这种情感结合代表了一种普遍的心理反应。后来通过调查研究，这起研究学者称为“斯德哥尔摩症候群”的事件，令人惊讶地发现这种症候群的例子见诸于各种不同的经验中，范围从集中营的囚犯、战争囚犯乃至于受虐妇女等受害者。这项调查研究的结论是，如果符合某些条件，任何人都有可能遭受到斯德哥尔摩症候群。

在空中劫机事件中，同样免不了会出现劫机者劫持人质的情况，这些劫机者中除了突发的精神病患者外，其他的劫机者都是经过策划，而且是有目的的，或许他们有不得已的原因，或许是被迫所为，或是为了他们的宗教信仰，但无论如何，这种行为都是不能够被认同、接受的，而且应该受到大家的一致谴责，作为受过专业训练的飞行机组成员，切不可在劫机者说出他们不得已的缘由后，从而产生怜悯与同情，甚至由此变成劫机者的协助人。要时刻记住这些劫机者不仅仅违反了国际民航法规，而且威胁到了机上众多无辜的旅客和飞机的安全。如果被劫持的人质是航班上的旅客，乘务员要提醒旅客，他们所在的处境和危险，帮助旅客，认清事态的严重性和劫机者的犯罪行为，避免旅客因同情而成为劫机者的帮凶。

第五节 非法行为的旅客/旅客的不当行为与特殊情况处置

一、非法行为的旅客/旅客的不当行为

(一) 概　述

非法行为的旅客是指其行为对飞行、其他旅客、机组或货物的安全造成威胁的

旅客。

旅客的不当行为是指对飞行、其他旅客、机组或其他货物的安全造成威胁的行为。旅客的不当行为的范围从无理的、粗鲁的行为直到身体攻击。运营人不应容忍其对机组成员或代理人的身体攻击。

在飞行中，只要机上出现可能的不守秩序的旅客，就要通知机长，驾驶舱机组应当避免与这类旅客直接打交道，因为飞机需要他们操纵飞行。如果乘务员对于不守秩序的旅客所作的努力都不奏效，并且认为安全受到威胁，则立即通知机长，机长必须估计情况并确定行动步骤。

如果机长有合理的理由认定一个人实施了或将要实施危及飞机安全的行为，则机长可以对该人采取合理的措施，以保护飞机、旅客、机组和货物的安全。

(二) 非法行为的表现形式

① 在飞行中对执行任务的机组成员或旅客进行暴力侵害或威胁的行为，或对航空器安全造成危害的行为。

② 以任何方式在航空器上安装、放置或携带爆炸物，或其他危险物，致使航空器受到破坏，或减低飞行能力，影响正常使用，或出现危情的行为。

③ 以任何借口或理由故意破坏航空器设备的活动及行为。

④ 在飞行中故意扰乱机组工作或航空器内的正常秩序的活动及行为。

⑤ 在飞行中故意伤害他人，或盗窃、损坏、擅自移动机上救生物品或旅客行李物品的行为。

⑥ 在禁烟区内吸烟不听劝阻的行为。

⑦ 抢占座位、行李舱(架)的行为。

⑧ 在航空器内打架、酗酒、寻衅滋事的行为。

⑨ 故意提供已知的错误信息，导致航空器飞行中断，或使飞行安全受到危害的行为。

⑩ 在飞行中非法使用或声明不准使用的任何通信载体、设备、仪器，对飞行安全或正常操纵驾驶构成危害或影响的行为。

⑪ 在飞行中的航空器上，犯有抢劫杀人、致伤他人、强奸等其他违法行为。

⑫ 携带刀具、危险品、武器、自制凶器、易燃和易爆物品登机的行为。

(三) 旅客的不当行为的等级及类别

① 第一级是最容易处理的，机组成员要求旅客遵守规定，而该旅客服从了这个要求，机组成员无需进行下一步行动，也不必报告驾驶舱、承运人或管理当局。

② 第二级是机组成员要求旅客遵守规定，但该旅客继续进行干扰，威胁到客舱安全，例如继续辱骂和拒绝遵守适用的条例。

③ 第三级是最严重的旅客不当行为，即该旅客连续的干扰中断了机组成员履行职责，并有旅客或机组成员受伤或受到使人确信能付诸实行的伤害的威胁，必须进行

非计划的着陆和/或对该旅客采取限制措施。

（四）处置非法干扰行为的原则

① 确保航空器及所载人员财产安全。

② 确定类别，区别对待。

③ 及时控制事态发展，防止矛盾激化。

④ 劝阻说服为主，惩罚处理为辅，注意收集有关证据。

⑤ 机上控制，机下处理。

⑥ 遇自杀性劫机，要坚决实施反劫机行为，制服歹徒。

⑦ 空地配合，互相协作。

⑧ 机长对航空器有最后处置权。

（五）违反规定在客舱、洗手间吸烟不听劝阻的处置

① 根据规定，乘坐中国民航班机，禁止在机上吸烟。凡违反此规定，机组人员应立即予以制止。

② 要立即检查洗手间，消除火灾隐患。

③ 对不听劝阻者，应收缴其烟具予以扣押，收集物证，并进行必要的证人、证言记录，待飞机降落后，交机场公安机关处理。

④ 机场公安机关接报后，应立即派人员至航空器，及时受理，并做好调查取证工作，依法处理。

二、对旅客的不当行为及特殊情况的处置

（一）乘客故意伤害他人的非法行为处置

① 起飞前机组人员应对以上行为及时制止，制止无效经机长同意，即通知机场公安机关将行为人带离航空器。

② 飞行中发现时，空警安全员应对当事人提出警告责成其同行者予以控制，如无同行者或同行者控制不了的，可报请机长同意，对其采取临时管束措施，落地后交机场公安机关处理。

（二）盗窃、故意损坏和违反规定开启应急救生设备及其他危及飞行安全行为的处置

飞机应急救生设备：紧急逃离时使用的舱、门、梯等设备；供救生脱险用的救生衣、救生艇、灭火器、急救包箱；供报警呼救用的灯、光、点、色等设备物品。

① 对于偷窃、故意损坏应急救生器材设备的，及时采取措施消除危害，并将行为人及相关证据移交公安机关处理。

② 对于无意触碰、开启机上应急救生器材设备的，机组人员应及时制止。未造成后果的，可对行为人进行教育；致使设备损坏、造成严重后果的，机组人员应采取补救措施，并及时收集有关证据，移交公安机关依法处理。

③ 机长应指令机组人员在旅客登机后进行必要的通告和宣传，对机上应急设备进行经常性检查，航空安全员要注意及时收集非法行为的证据。

（三）处理乘客寻衅滋事、破坏公共秩序等行为

① 在飞行中，当机组人员发现乘客有寻衅滋事、破坏公共秩序等行为时，必须及时报告或进行制止。

② 机组人员最早发现非法干扰或接到信息者，立即报告机长或航空安全员，并及时对干扰者进行教育，讲明法律规定，劝其立即改正或中止非法干扰行为。

③ 对劝阻无效者，及时报告机长，由机长决定是否对其采取必要措施。

④ 停止供应各种酒类，继续做好对其他旅客的服务。

⑤ 因情况紧急，来不及向机长报告时，如不对非法干扰及时采取强制措施，会危及航空器安全或对其他旅客造成危害时，机组人员有权对其采取强制措施制止其非法干扰行为，之后再向机长报告。

⑥ 对干扰者采取必要措施后，仍无法中止干扰者的违反行为时，报告机长同意后，可采取更严厉的强制措施，或限制其人身自由。

⑦ 为保证飞行安全和客舱秩序，根据当时的情况，向旅客做好解释，得到旅客的支持和理解。

⑧ 飞行中发生乘客寻衅滋事、破坏公共秩序等事件，应及时向地面降落机场当局报告，并请求航空器降落机场的警方和有关部门协助处理。

⑨ 飞机落地后，机组人员应将非法干扰者交由地面有关部门警方审查处理证据或证词，也可请目击旅客出面作证。

（四）酗酒滋事乘客行为的处理

根据《中华人民共和国民用航空安全保卫条例》规定，乘客酗酒滋事行为属于非法干扰行为。

1. 民航规则

① 任何显示醉态、在毒品或麻醉品作用影响下的旅客禁止登机；

② 在飞机上任何旅客显示醉态，不可供给任何含酒精饮料；

③ 如果显示醉态、在毒品或麻醉品作用影响下的旅客制造出的骚乱已构成对机组工作的干扰，必须尽快通知地面人员。

2. 处置程序

（1）登机时

如果登机时旅客显示醉态、在毒品或麻醉品作用影响下干扰了机组人员的工作或危及旅客与机组安全，通知机长和地面人员（注：不要当面指出某一旅客显示醉态、在毒品或麻醉品作用影响下）。

地面工作人员和机长必须协同配合，采取任何认为是必要的措施，包括劝其下飞机，地面工作人员须对劝下飞机旅客进行妥善处理。

（2）登机门关闭之后

登机门关闭后，如果旅客显示醉态、在毒品或麻醉品作用影响下，应报告机长，由机长决定是否责令其下机，并通知地面工作人员对其妥善处理。

（3）在空中

在起飞后，如果旅客显示醉态、在毒品或麻醉品作用影响下，应报告机长；用礼貌而坚定的态度与该客人打交道，并特别注意避免身体冲突；主任乘务长/乘务长应根据机长指示，采取进一步措施。

（4）着陆后

乘务员协助执法人员或地面工作人员上飞机来处理，并询问目击者。如旅客的不当行为涉及并危及机组成员工作，就报告机长并对其进行控制。

（5）事件报告

事件报告涉及的机长和主任乘务长/乘务长在该航班结束后应及时向主管部门报告，并在24小时内分别写出书面报告提交业务主管部门。

（五）乘客争抢座位、行李架等纠纷的处理

根据《中华人民共和国民用航空安全保卫条例》的规定，乘客争抢座位、行李架的行为属于非法干扰行为。

处理原则如下：

① 善意提醒，态度坚决，语气柔和。

② 解释相关法律规定和机上治安规定。

③ 引起周围旅客关注、支持。

④ 提醒、劝说无效者，进行治安警告。

⑤ 经治安警告后仍不服从者，可采取果断措施，起飞前，由警方负责处理；起飞后，在机长授权下可采取一定管制措施。

⑥ 控制维护客舱正常运行秩序。

⑦ 做好事件记录和证据收集工作。

⑧ 向相关部门提供事件处理报告。

（六）处置失能机组人员的事件

① 机组成员的姓名及其在飞行中所担当的职位，按规定写在每次航班的飞行任务书上。排在飞行任务书上机长栏内第一位的是该次航班的机长，在需三名（含）以上飞行员的飞行中，排在飞行任务书上机长栏内的第二位为第二机长。

② 在飞行期间，机长对飞机的运行拥有完全的控制权和管理权，这种权利没有限制。当机长由于生病、生理或其他原因丧失指挥能力时，接替指挥管理权的秩序是第二机长、副驾驶、飞行机械员、领航员、报务员和带班乘务长。

③ 乘务组接替指挥的秩序是带班乘务长、区域乘务长、头等舱乘务员、公务舱乘务员、普通舱乘务员（按年龄和资历）。

第六节 应急撤离的基本知识与撤离方法

一、应急撤离的基本知识

(一)应急处置基本原则

在任何情况下,都应把确保旅客和机组成员的人身安全放在第一位。当发生的情况危及旅客和机组成员人身安全时,应迅速组织人员撤离危险区,尽可能减少人员伤亡,并立即采取应急撤离措施。实施应急撤离行动的原则如下:

- 听从机长指挥;
- 迅速正确地做出判断;
- 准备处置的措施;
- 随机应变;
- 沉着冷静;
- 维持秩序;
- 团结协作。

(二)撤离出口的选择

根据机长指示和周围环境以及飞机着陆(水)的姿态,决定使用撤离出口。

① 正常陆地迫降,所有出口均可使用。

② 前轮和主轮全部折断,机翼出口不能使用,因发动机触地,可能引起火灾。

③ 前轮折断,所有出口均可使用,但要考虑后舱门离地面高度,滑梯长度能否接地。

④ 飞机尾部拖地,所有出口均可使用,但要考虑前舱门离地面高度,滑梯长度能否接地。

⑤ 飞机侧趴、主轮一侧折断,靠地面一侧的机翼出口不能使用,因发动机触地可能引起火灾。

⑥ 水上迫降,翼上出口一般不用,需要使用时,应挂好逃离绳,其他出口看飞机进水情况而定。

(三)选择援助者

1. 原　则

① 乘坐飞机的机组人员;

② 本公司或其他航空公司的雇员;

③ 军人、警察、消防人员;

④ 身强力壮的男旅客。

2. 翼上出口处援助者的任务

(1) 陆地撤离时

① 观察情况，打开窗户，站在机翼上靠近出口的地方，帮助旅客撤离；

② 站在机翼底下的地方，协助旅客从翼上滑下；

③ 站在离飞机较远的地方，呼喊旅客集中在一起，不许吸烟，不许返回飞机。

(2) 水上撤离时

① 观察情况，打开翼上出口，协助使用救生船，把救生船搬到机翼上，投入水中使之充气，指挥旅客下水，然后进入救生船；

② 站在机翼出口边，帮助旅客逃出，并告诉旅客给自己的救生衣充气；

③ 进入救生船，帮助安排好旅客。

3. 地板高度出口处援助者的任务

(1) 陆地撤离时

① 打开门后，第一个滑下飞机的援助者，站在滑梯的一侧，帮助其他滑下来的旅客；

② 第二个滑下飞机的援助者，站在滑梯的另一侧，帮助其他滑下来的旅客；

③ 第三个滑下飞机的援助者，带领并指挥脱出的旅客集中，远离飞机；

④ 其他援助者站在飞机出口的一侧与客舱乘务员一起指挥旅客撤离；

⑤ 乘务员失去指挥能力时，援助者需帮助乘务员打开舱门，代替指挥。

(2) 水上撤离时

① 援助者打开舱门，协助乘务员搬船，第一个援助者上船到船尾坐下，指挥上船的旅客平衡坐好；

② 第二个上船的援助者，站在船头，帮助旅客上船；

③ 其他援助者站在客舱门口左侧，招呼旅客过来，告诉旅客给自己的救生衣充气；

④ 其他援助者站在客舱门口右侧，在乘务员失去指挥能力时，代替其指挥。

(四) 乘客座位调整原则

① 援助者安排在出口处或在需要帮助的旅客旁边就座。

② 特殊旅客安排在应急出口附近的中间座椅，同一排座椅不能同时安排两个特殊旅客。

③ 担架旅客安排在客舱最后一排。

(五) 锐利和松散物品的处理原则

① 取下钢笔、发夹、小刀、珠宝首饰和假牙，将它们放在自己的行李中。

② 解下围巾和领带，脱下丝袜，放在行李箱内。

③ 脱下高跟鞋、皮鞋、带钉子的鞋，放在行李箱内。

④ 不要把任何东西放在座椅背后的口袋里。

⑤ 把所有物品和行李袋放在座椅底下或行李箱内。

（六）各种防冲撞姿势

1. 旅客的防冲撞姿势

① 多数旅客可采取双手臂交叉抓住前方椅背，收紧下颚，将头放在两臂之间，两脚分开用力蹬地的姿势。

② 如旅客前方没有座椅或无法抓住椅背时，可俯下身，双手穿过膝盖抱紧，或抓住脚踝或双手抱头，收紧下颚，将头放在两膝之间，双脚用力蹬地。

③ 孕妇、身材高大或肥胖的旅客，双手抓住座椅扶手或双手抱头，并收紧下颚，两脚用力蹬地。

④ 双脚不能着地的儿童，把双手压在大腿下部，手心向上，收紧下颚，低下头俯下身。

⑤ 怀抱婴儿的旅客，一手将婴儿头紧靠自己的肩膀，面朝自己斜抱，另一只手抓住前方椅背或脚踝，低头俯身，两脚用力蹬地。坐在过道旁的旅客不可将婴儿头部朝向过道。

2. 乘务员的防冲撞姿势

① 背向驾驶舱的乘务员：系好安全带，双手抓住座椅或双手手心向上放在大腿下部，或双手交叉放于肩膀两侧，收紧下颚，头紧靠头枕，两脚分开用力蹬地。

② 面向驾驶舱的乘务员：系好安全带，双手抓住座椅或双手手心向上放在大腿下部，收紧下颚，尽量低下头俯身，两脚分开用力蹬地。

3. 导盲犬

为了防止导盲犬被撞击，用枕头和毛毯在隔板区域旅客前面的座椅底下铺上垫子，并建议旅客卸下导盲犬的挽具并套上皮套。当把它带到滑梯时，应由主人负责牵住动物。

（七）检查和固定设备，清理出口和通道

① 检查所有出口，确保其处于待用状态；

② 检查所有卫生间，确保其无人并锁好门；

③ 固定厨房设备，关闭厨房电源；

④ 取下舱内所有门帘、隔帘，打开遮光板；

⑤ 从行李箱内取下过大、过重物品放在卫生间内锁好，并将行李箱扣好；

⑥ 检查乘客的安全带已经系好，小桌饭、脚垫、椅背收到正常位置；

⑦ 收好所有耳机，关闭娱乐系统。

（八）乘务员自身确认

① 脱下高跟鞋、带钉子的鞋；

② 取下锐利物品，洗去头发上的发胶；

③ 海上迫降穿好救生衣；

④ 时间允许,脱下尼龙制品。

(九) 跳滑梯的姿势

① 正常旅客:从舱门处跳入滑梯的姿势应双臂平举,双手空握拳或双手交叉抱臂,双腿及脚后跟紧贴滑梯面,收腹,身体略微前倾,滑到滑梯底部时,双脚用力蹬地,然后立即站起来跑开。

② 抱小孩的旅客:把孩子抱在怀中,坐着滑下飞机。

③ 儿童、老人和孕妇:坐着滑下飞机。

④ 伤残旅客:根据自身情况采用坐滑或由援助者协助坐滑。

(十) 撤离决定的下达

1. 驾驶舱发出的撤离指令

① 在接到预先安排的应急撤离信号或者听到驾驶舱撤离指令"紧急情况,迅速撤离"时,立即解开安全带,进行应急撤离;

② 若没有来自驾驶舱的指令,确认飞机停稳,立即解开安全带,乘务长/前舱乘务员迅速联络驾驶舱,询问是否马上撤离。

2. 乘务员发出撤离的指令

通常情况下是由机长发出撤离口令,机上人员才能撤离,但如果驾驶舱内发生了异常情况,驾驶员失去指挥能力时,由乘务长按联络信号报警,30 秒后得不到指令,乘务员在以下情况下可以自行发出撤离指令:

- 严重的结构性损伤,机体破损;
- 威胁性的起火或烟雾;
- 飞机进水;
- 燃油严重漏出。

除上述特征外,乘务员还必须确认飞机已经停稳,发动机关闭,乘务组有权在明显危及生命的情况下实施撤离而不等待驾驶舱的指令。但在任何可能的情况下,乘务组都应尽全力与驾驶舱联系。若不可能与驾驶舱取得联系或时间紧迫,乘务组应独立做出正确判断,使用所有可利用的出口帮助旅客逃生。

二、陆地、水上撤离方法

(一) 陆地撤离时的程序

① 确认飞机完全停稳;

② 判断地面状况;

③ 确认滑梯在预位状态;

④ 判断舱外无烟、无火、无障碍,打开舱门滑梯自动充气;

⑤ 拉人工充气手柄;

⑥ 封门确认滑梯充气状况;

⑦ 指挥旅客撤离；

⑧ 检查客舱；

⑨ 到达安全地带后，清点旅客人数，帮助受伤旅客；

⑩ 发出求救信号。

（二）水上撤离时的程序

地板高度出口处救生船的使用：

① 确认飞机在水上完全停稳并解开安全带；

② 判断水面情况并确认舱门在水面以上；

③ 确认滑梯在预位状态；

④ 判断舱外无烟、无火、无障碍，打开舱门，救生船或救生浮艇自动充气；

⑤ 拉人工充气手柄；

⑥ 封门，确认滑梯/救生船充气状况；

⑦ 指挥旅客下水或上船；

⑧ 检查客舱；

⑨ 释放救生船或救生浮艇；

⑩ 切断机体和船的连接线；

⑪ 组织营救落水者；

⑫ 到达安全区域后，指挥连接各船，清点旅客人数；

⑬ 使用救生设备和求救设备。

（三）逃离方向的选择和撤离时间

① 陆地撤离应选择在风上侧躲避，远离飞机至少 200 米以外，陆地撤离时间为 90 秒；

② 水上撤离应选择在风下侧，远离燃油区，距离飞机 150 米外；

③ 水上迫降的准备时间为 6 分钟，这一时间的计算是从机长广播迫降决定开始，至机长广播飞机着水。

（四）有准备的应急撤离

① 带班乘务长从驾驶舱获取应急迫降信息，包括明确迫降的形式、原因、地点、环境、与有关机构联系的情况；共同确定撤离的方案；明确防冲击信号和撤离信号；校对时间；其他信息。

② 用内话或召集乘务员把信息传达给每个乘务员；并进行分工，确认每人的位置和任务；落实检查单的各项工作；将客舱、厨房所有物品收好固定；确保所有舱门、紧急出口处畅通无障碍。

③ 机长/乘务长广播通知旅客迫降决定。

④ 广播寻找援助者，并确定援助者明白各自的分工和任务。

⑤ 调整旅客座位。

⑥ 不准吸烟，系好安全带。

⑦ 收直椅背，扣好小桌板，收起脚踏板。

⑧ 关闭娱乐系统。

⑨ 广播介绍出口位置及撤离路线。

⑩ 广播取下尖锐物品，松开紧身的衣服，脱下尼龙制品，寒冷地带或水上撤离时要提醒旅客穿好防寒服，旅客必需品(如助听器、眼镜等)，由旅客取下自己保管，并告知他们存放在撤离时方便拿取的位置。

⑪ 广播表演防冲击姿势，对特殊旅客进行个别介绍。

⑫ 水上迫降，广播演示救生衣的使用，并确认旅客穿上救生衣。

⑬ 检查固定设备，清理出口和通道。

⑭ 乘务员自身的确认。

⑮ 最后确认乘务组准备工作完成后，报告乘务长/带班乘务长。

⑯ 当乘务组准备工作完成后报告机长："客舱准备工作完毕。"

(五) 无准备的应急撤离

① 无准备的应急撤离是指在没有时间做准备的情况下发生的撤离行动，它通常发生在飞机起飞或着陆时，可能发生在陆地或水上的应急撤离。

② 由于没有时间对应急事件做准备，因此乘务员必须对出现第一个撞击迹象时做出反应：

a. 迅速做出判断；

b. 发出"不要动！系好安全带！""弯腰！低头！保持低姿势！"口令，直至飞机完全停稳；

c. 做好自身防冲击姿势；

d. 呼叫驾驶舱机长，听从机长的指挥口令；

e. 确认或打开应急灯；

f. 带班乘务长/区域乘务长/乘务员在收不到驾驶舱的指令并能够准确做出判断时可以下达撤离指令；

g. 水上迫降穿好救生衣；

h. 执行撤离程序。

(六) 乘客撤离后的清舱

① 当乘客撤离完毕后，各区域乘务员进行区域清舱检查，确认无人后报告区域乘务长，其他区域无须帮助后立即撤离；

② 带班乘务长负责客舱清舱检查，陆地撤离在飞机最后的门撤离，水上在 R1 门撤离；

③ 机长负责客舱的最后清舱检查，最后一个撤离飞机，陆地撤离在飞机最后的门撤离，水上在 R1 门撤离。

（七）救生船的撤离顺序

① 一般情况下 L1 门的船和尾部的船最先撤离；

② R1 门的船最后撤离；

③ 其他各船上满人后即可撤离。

（八）陆地撤离时的指挥口令

状　态	口　令
当飞机下降到 500 英尺时	系好安全带！ Fasten your seat belt!
当飞机下降到 50～100 英尺时	低头弯腰！紧迫用力！ Bend over! Brace!
飞机停稳后，乘务员迅速解开安全带，观察机外状况，开门、拉人工充气手柄，封门	解开安全带！撤离！ Release seat belt! Evacuate!
出口已经打开，确认滑梯可以使用	到这边来！快！ Come here! Come this way! Faster!
在指挥乘客撤离期间	快！快！ Faster! Faster!
当客舱充满烟雾，指挥乘客撤离时	低头！捂住口鼻！随着声音来！随着灯光走！ Stay down! Cover your nose! Follow me!
当乘客通过出口时	一个接一个！跳！坐！ One by one! Cover! Jump! Seat!
当出口不能使用时	此门不通！到对面去！到前面去！到后面前去！ No exit here! Go across! Go forward! Go back!
遇到无计划的紧急冲撞时	系好安全带！低头弯腰，全身紧迫用力！ Fasten your seat belt! Band over! Brace!
遇到有计划的紧急撞击时	紧迫用力！ Beace!
当飞机紧急着陆后，机长指示不用撤离时	不要惊慌！坐在座位上！ Don't panic! Stay in your seat!

(九)水上撤离时的指挥口令

状　态	口　令
当飞机下降到500英尺时	系好安全带! Fssten your seat belt!
当飞机下降到50～100英尺时	低头弯腰!紧迫用力! Bend over! Brace!
飞机停稳后,乘务员迅速解开安全带,观察机外状况,开门、拉人工充气手柄,封门	解开安全带!撤离! Release seat belt! Evacuate!
出口已经打开,确认滑梯可以使用	到这边来!快! Come here! Come this way! Faster!
在指挥乘客撤离期间	快!快! Faster! Faster!
遇到无计划紧急撤离时	低头!捂住口鼻!随着声音来!随着灯光走! Stay down! Cover your nose! Follow me!
当乘客通过出口时	一个接一个!跳!坐! One by one! Cover! Jump! Seat!
当出口不能使用时	此门不通!到对面去!到前面去!到后面去! No exit here! Go across! Go forward! Go back!
遇到无计划的紧急冲撞时	系好安全带!低头弯腰,全身紧迫用力! Fasten your seat belt! Band over! Brace!
遇到有计划的紧急撞击时	紧迫用力! Beace!
当飞机紧急着陆后,机长指示不用撤离时	不要惊慌!坐在座位上! Don't panic! Stay in your seat!
乘客在救生船上移动时	坐下,保持低姿势! Sit down! Keep low!

(十)撤离后的工作

1. 陆地撤离后的工作

① 将所有旅客集中在一起,清点确定旅客人数;

② 将旅客分成若干个小组,指定乘务员照看,乘务员如果需要离开,必须选定一名旅客代替负责,负责人必须清楚旅客的人数;

③ 留在飞机附近,等待救援;

④ 发出求救信号,启动应急发报机;

⑤ 尽量不要让身体暴露在日光下;

⑥ 安抚旅客,不要让他们独自行动,保存体力;

⑦ 对受伤的旅客进行急救,处理伤口;

⑧ 合理分配食物和水;

⑨ 不要再次返回飞机,除非经过 12 小时以后,由飞行员同意,方可尽快取回必需的食物、水、药品或衣服等物件;

⑩ 轮流值班,看护旅客和物品。

2. 水上撤离后的工作

① 分离救生船与机体,避开油污地带;

② 清点幸存者人数,指派专人照看各自的救生船,将机组成员分派到每个救生船上;

③ 确保旅客穿上救生衣并充气,夜间启动救生衣上的灯照明;

④ 将旅客均匀分配在各个救生船上,但不要坐在船舷上;

⑤ 尽可能保持低的身体,坐下并抓住救生船上的绳子;

⑥ 发出求救信号,启动应急发报机,扔出海水染色剂;

⑦ 支好顶棚,修补漏洞,排除船内的积水;

⑧ 将所有救生船以 7～8 米的间隔连接在一起;

⑨ 固定所有的设备、食物,并合理地进行计划和分配;

⑩ 对受伤的旅客进行急救,处理伤口;

⑪ 避免身体直接暴露在日光下,并尽力保持身体的干燥,因为人的体温在凉水里会比陆地上快 200 倍的速度流失,而通过湿的衣服流失的温度比干衣服要快 60 倍,所以乘务员要提醒旅客尽可能穿上干的衣物;

⑫ 抛出海锚,稳定船体;

⑬ 确认救生包里的物品固定在船上;

⑭ 保证船体浮力管内的空气充足,根据温度作出调整,白天可适当放些气,夜间则要补气充足;

⑮ 告诉旅客保存体力,不要站立或在船上行走,需要移动时,应采取爬行的方式;

⑯ 取下所有的尖锐物品,以免刺破船体;

⑰ 安排人员轮流值班,照顾旅客;

⑱ 即使飞机没有下沉,也不允许再次进入飞机。

第七节　机上火灾与客舱释压

一、机上火灾

火产生的三个条件:燃料、高温燃点、氧化剂。缺少了任何一个要素,都不能产生火，或者火都会熄灭。飞机在高空飞行是处于一个完全封闭的状态，与外界隔离，那么当客舱内出现火灾时，是无法得到外界的帮助的。因此，要求机组人员在客舱发生火灾时，要迅速小心地判断火灾的具体情况，及时准确地处理，在最短的时间内成功完成灭火的工作，确保旅客和飞机的安全。

（一）一般性火灾的处置

1. 火灾的隐患

① “请勿吸烟”信号灯亮后，仍有人吸烟；

② 乘客睡觉时，有点燃的香烟在手；

③ 烤炉内存在异物或加热时间过长；

④ 乘客吸氧时；

⑤ 乘客携带有易燃物品；

⑥ 卫生间内抽水马达故障；

⑦ 卫生间内有人吸烟；

⑧ 货舱内装有易燃的货物；

⑨ 电器设备操作或使用不当。

2. 火灾的种类

① A类，可燃烧的物质，如织物、纸、塑料、橡胶等。火的颜色通常为灰色、褐色，烟雾较浓。可选择水灭火瓶或海伦灭火瓶，注意海伦灭火瓶不能直接喷射人体，容易导致窒息。

② B类，易燃的液体、油脂等。火的颜色通常为黑色，烟非常浓，且具有汽油、润滑油的气味。可使用海伦灭火瓶灭火。

③ C类，电器设备。火的颜色为淡灰色、微蓝色，烟雾非常细腻，可迅速散开，具有明显的酸性气味。只能选择海伦灭火瓶。

④ D类，易燃的固体，如镁、钛、钠。使用海伦灭火瓶进行灭火处置。

3. 灭火程序

① 在进行灭火行动时由3人组成灭火小组。一名乘务员负责灭火的直接处置；一名乘务员作为通讯员，负责客舱与驾驶舱的联络；还有一名乘务员作为援助者，负责提供更多的帮助和救援。

a. 灭火者的责任：

- 负责灭火行动；
- 取用相应的灭火瓶和防烟面罩；
- 立即灭火；
- 呼叫或发出信号给其他乘务员。

b. 通讯/联络员的职责：

- 通过内话机向机长通报火情：颜色、烟的浓度、气味、火源、火势、对旅客的影响、乘务员采取的行动；

- 保持不间断的与驾驶舱的联系；
- 准备好辅助灭火设备，做好第二灭火者准备。

c. 援助者的职责：

- 收集其余的灭火瓶和防烟面罩；
- 做好接替灭火者工作的准备；
- 负责监视防烟面罩的使用时间；
- 负责监视余火，保证其无复燃的可能。

② 一般灭火程序：

a. 寻找火源，确定火的性质；

b. 切断电源；

c. 取用相应的灭火器灭火，并穿戴好防烟面罩；

d. 向机长报告；

e. 收集所有的灭火设备到火场；

f. 监视现场情况，保证余火灭尽，随时向机长报告现场情况。

③ 旅客的保护：

- 迅速调整火源区旅客座位；
- 指挥旅客放低身体，用手或其他布类罩住口鼻（湿衣服、湿毛巾、湿头巾更好）避免吸入有毒的气体；
- 穿上长袖衣服，防止皮肤暴露；
- 乘务组人员应迅速戴好防烟面罩，并保持低姿势或用毛巾类物品捂住口鼻。

④ 灭火要点：

- 保持驾驶舱门的关闭；
- 搬走火源区的易燃物（氧气瓶等）；
- 始终保持与驾驶舱的联系；
- 不要使用氧气面罩；
- 灭火时应将灭火瓶的喷嘴对准火源的根部，由远至近、从外向里、平行移动灭火；
- 灭火者戴上防烟面罩，必要时穿上防火衣；
- 随时准备撤离旅客；
- 保持旅客的情绪稳定；
- 关闭通风器，控制火源。

（二）特殊火灾的处置

特殊火灾的处置是在完成一般的灭火程序的基础上，针对特殊火灾的处置方法。

1. 卫生间失火

卫生间失火在飞机火灾中所占比例还是较大的，约 45 %的火灾都发生在卫生间。如果烟雾探测器发出报警声，表明卫生间存在烟雾或起火的现象，除应立即执行

“一般性火灾的处置”外，还应做好以下处置：

① 敲门确认是否有人使用卫生间。如果有人使用，则试着与旅客联系。如果是香烟的烟雾造成烟雾探测器发出声音，则让该旅客熄灭香烟，打开门将烟雾从卫生间内清除掉，则警报解除。与该旅客进行沟通，并且通知机组。

② 如果卫生间无人使用，用手背感觉一下门的上下部及门缝是否有热度。

- 就近取出灭火瓶。
- 如果卫生间门和四周舱壁是凉的，小心地将门开一条缝（灭火者不要正对门缝或一次全部打开），然后用灭火瓶进行灭火。为了压住火焰，也可使用潮湿的毛毯扑灭火苗。
- 如果卫生间门和四周舱壁是热的，用安全斧在门/舱壁高温处劈一个洞，将灭火瓶喷嘴伸入洞口，释放灭火剂。
- 如果有烟雾从门四周溢出，用湿的毛毯或毛巾堵住缝隙。

③ 灭火成功后，关闭卫生间并通知机长。

④ 洗手间灭火的要点：

- 洗手间灭火最好使用海伦灭火器；
- 门上的洞口与喷嘴大小相同，喷完后应封住洞口；
- 打开洗手间门时要小心，防止氧气突然进入，加重火情。

2. 衣帽间失火

如衣帽间失火，除应立即执行“一般性火灾的处置”外，还应做出以下处置：

① 用手背触摸门及四周舱壁的温度。

- 立即使用灭火瓶（最好是海伦灭火瓶）。
- 如果门和四周舱壁是凉的，小心地开门，注意观察起火的位置，灭火瓶的喷嘴对准火源底部喷射灭火剂。如有可能，移走未燃烧的衣服和其他物品。
- 如果门和四周舱壁是热的，用安全斧在门/舱壁高温处劈个洞，将灭火瓶喷嘴伸入洞口，释放灭火剂。

② 灭火成功后，关闭衣帽间并通知机长。

3. 厨房设备失火

① 烤炉失火：

- 一般是由于加热时间过长，餐食油脂溢出或错误操作引起；
- 切断厨房电源和烤炉电源；
- 关闭烤炉门，以消耗氧气和窒息火焰；
- 如火势较大，火焰扩展到烤炉外面，应带上呼吸保护装置（防烟面罩）进行灭火；
- 观察烤炉内火是否完全熄灭时，应将烤炉门开一小缝，避免遇有空气余火复燃灼伤脸部。

② 烧水杯失火：

- 切断电源；
- 拿下水杯；
- 如果火不灭，则使用海伦灭火器扑灭火源。

③ 灭火要点：

- 电器设备失火要首先断电；
- 使用海伦灭火器灭火；
- 不要将水倒入过热的烧水杯内。

4. 隔板失火

① 立即通知机长并执行其指示。

② 通知其他机组成员选取相应的灭火设备。

③ 如果机长指示将壁板撬开，则

- 将乘客撤出失火区域；
- 迅速取用斧头和海伦灭火瓶；
- 用斧头撬开隔间；
- 使灭火瓶的喷嘴能插入被撬开的洞中进行灭火。

④ 注意，不要用刀刃砍断壁板，因为有可能将主要的电线和液压线割断。

二、客舱释压

释压是由于客舱压力与外界大气压力不等而产生的。当飞机在高空飞行时，机外的大气压较低，没有充足的氧气可供人类呼吸，所以飞机客舱内有自备的增压系统来保障氧气的供应。如果机体破损或是增压系统故障，就会失去压力，造成释压。

（一）释压类型

1. 缓慢释压

缓慢释压指的是逐渐失去客舱压力。它可能是因舱门或应急窗的密封泄露，或增压系统发生故障而引起的。

2. 快速释压

快速释压指的是迅速失去客舱压力，通常指的释压是在1分钟内发生的。它可能是因金属疲劳、炸弹爆炸或武器射击而引起的密封破裂。在极端情况下，如果飞机上释压的过程是在5秒钟内发生，那么快速释压又称为爆炸性释压。

（二）释压的迹象

① 缓慢释压的迹象：

- 失密处有漏气的尖响声；
- 氧气面罩可能脱落；
- 紧急用氧广播开始；
- 失密警告灯可能亮起；

- 在门和窗口周围可能有光线进入；
- 耳朵不舒服；
- 有打嗝和排气的现象；
- 机上人员发困和感到疲劳。

② 快速释压的迹象：

- 巨大声响，飞机结构突然损坏，并出现强烈震动；
- 冷空气涌入客舱，客舱内温度下降；
- 有很响的气流声及薄雾出现；
- 有物体在舱内飘飞，地毯中的灰尘浮起，物体或人飞向破损处；
- 中耳受压、耳膜凸出，氧气面罩脱落，飞机快速下降；
- 紧急用氧广播开始；
- 失密警告灯亮；
- “禁止吸烟”灯和“系好安全带”灯亮。

（三）释压的影响

不同高度时缺氧反应如表所列：

高度/英尺	症　状
海平面	正常
10000	头痛、疲劳
14000	发困、头痛、视力减退、肌肉组织相互不协调，指甲发紫、晕厥
18000	除上述症状外，记忆力减退，重复同一个动作
22000	惊厥、虚脱、昏迷、休克
28000	5 分钟内立即出现虚脱、昏迷

不同的飞行高度与不同的有效知觉时间如下：

飞行高度/英尺	有效知觉时间/分钟	飞行高度/英尺	有效知觉时间/秒
15000	30 以上	35000	30～50
22000	5～10	40000	18
25000	3～5	45000	15
30000	1～2		

（四）乘务员对释压的直接处置

① 迅速戴上就近的氧气面罩。

② 迅速坐在就近的座位上，系好安全带。如果没有空座位，则蹲在地上，抓住就近的结实物体固定住自己。

③ 在戴上氧气面罩后，呼喊指示旅客，并让旅客遵照执行。

④ 如果有些旅客可能难以戴上面罩，则：

- 指示旅客摘下他们的眼镜；
- 指示已经戴上面罩的成年人要协助坐在他们旁边的儿童；
- 指示带儿童旅行的父母要先戴上他们自己的面罩然后再协助儿童。

⑤ 在飞机到达安全高度前或释压警告解除前，所有人员停止客舱内的一切活动，戴好自己的氧气面罩后帮助未成年人或残疾旅客戴上氧气面罩。

⑥ 在使用氧气系统期间，告知所有旅客禁止吸烟。

（五）释压后的客舱检查

飞机到达安全高度后，当驾驶舱发出解除释压警告，宣布可以在客舱走动后，乘务长应立即指挥乘务员，携带手提式氧气瓶到客舱进行帮助：

① 检查旅客用氧情况，首先护理急救失去知觉的旅客及儿童，然后照顾其他旅客。

② 对缺氧的旅客提供手提式氧气进行供氧。

③ 如果机身上有裂口，则应重新安排旅客的座位，让他们离开受到风吹或危险的区域。

④ 让旅客保持系好安全带。

⑤ 检查卫生间内有无旅客。

⑥ 检查客舱内有无火源。

⑦ 在客舱中安抚旅客，消除旅客疑虑。

⑧ 对受伤的旅客或机组成员给予急救。

⑨ 对因释压而发作的病人进行急救。

⑩ 如果可能的话，指挥旅客把用过的氧气面罩放入他们的座椅口袋内，不要把用过的面罩重新放回原来的储存槽内或者试图把面罩从氧气发生器拉下。

（六）处置客舱释压时应遵循的原则

① 氧气面罩的佩戴顺序：乘务员、成年人、未成年人，也可同时进行。

② 释压状态未被解除之前，任何人都应停止活动。

③ 对有知觉的旅客吸氧应采取直立姿态，对没有知觉的旅客吸氧采取仰靠姿态。

④ 由于氧气的供应，应准备好灭火设备，防止意外明火引燃，发生火灾。

⑤ 是否需要紧急着陆或撤离，取决于飞机的状况和机长的决定。

⑥ 整个释压过程及旅客和客舱情况要及时向机长通报。

第十三章　联检服务

【课前导读】

联检服务是机场地勤服务的重要一环，它由海关检查、边防检查、检验检疫三个部分组成。联检服务是窗口行业，是连接我国和其他国家的桥梁。

【教学目标】

① 了解海关的职责范围；
② 了解边防检查的内容和程序；
③ 了解动植物检疫的相关规定。

【技能目标】

① 掌握海关对出入境物品的相关规定；
② 掌握卫生检疫的检疫程序及处理规定。

联检是指由口岸相关机构，包括海关、边防、检验检疫部门对出入境行为实施的联合检查，检查对象包括进出境人员、运输工具、货物和物品以及动植物等。

第一节　海　关

海关是根据国家法律对进出关（境）的运输工具、货物和物品进行监督管理和征收关税的国家行政机关。海关的任务是依照《中华人民共和国海关法》和其他有关法律、法规，监管进出境的运输工具、货物、行李物品、邮递物品和其他物品，征收关税和其他税费；查缉走私；编制海关统计和办理其他海关业务。

一、进出境旅客通关

① 根据《中华人民共和国海关法》和《中华人民共和国海关对进出境旅客行李物品监管办法》的规定，进出境旅客行李物品必须通过设有海关的地点进境或出境，接受海关监管。旅客应该按规定向海关申报。

② 除法律法规规定免验者外，进出境旅客行李物品应交由海关按规定查验放行。海关验放进出境旅客行李物品，以自用合理数量为原则而对不同类型的旅客行李物品规定不同的范围和征免税限量或限制。

③ 旅客进出境携有须向海关申报的物品，应在申报台前向海关递交《中华人民共和国海关进出境旅客行李物品申报单》或海关规定的申报证，按规定如实申报其行李物品，报请海关办理物品进境或出境手续。在实施双通道制的海关现场，上述旅客应选择“申报通道”（亦称“绿色通道”）通关。

④ 经海关验核签章的申报单应妥善保管，以便回程时或者进境后凭此办理有关手续。海关加封的行李物品，请不要擅自拆封或者损毁海关加的封条。

二、进出境物品的管理

个人携带进出境的行李物品，邮寄进出境的物品，应当以自用、合理数量为限，接受海关监督。进出境物品的所有人应当如实向海关申报，接受海关检查。海关加施的封条任何人不得擅自开启或损毁。进出境邮袋转运和过境应接受海关监督。

（一）禁止出入境物品

① 各种武器、仿真武器、弹药及爆炸物品。

② 伪造的货币及伪造的有价证券。

③ 对中国政治、经济、文化、道德有危害或内容涉及国家秘密的手稿、印刷品、胶卷、照片、唱片、录音带、录像带、激光视盘、计算机存储介质及其他物品。

④ 各种烈性毒药。

⑤ 鸦片、吗啡、海洛因、大麻以及其他能使人成瘾的麻醉品、精神药物。

⑥ 带有危险性病菌、害虫及其他有害生物的动物、植物及其产品。

⑦ 有碍人畜健康的、来自疫区的以及其他能传播疾病的食品、药品或其他物品。

⑧ 珍贵文物及其他禁止出境的文物。

⑨ 濒危的和珍贵的动物、植物(均含标本)及其种子和繁殖材料。

(二) 限制出入境物品

① 金银等贵重金属及其制品。

② 外币及其有价证券。

③ 无线电收发信机、通信保密机。

④ 贵重中药材及其成药。

⑤ 国家货币。

⑥ 一般文物及海关限制出入境的其他物品。

(三) 部分物品出入境规定

1. 携运金银及其制品进出境

每人携带的金银限额为：黄金饰品 5 市钱，白银饰品 5 市两。经海关查验符合规定的准予放行，回程时，必须将原物带回。

携带金银制品超出上述规定的，必须在出境前持有关证明到当地中国人民银行或其委托机构，验明所带金银及其产品名称、数量后，申领“携带金银出境许可证”，海关凭此查验放行。

2. 携带外汇和外汇票证进出境

出国留学人员携带或附带外汇出境，海关凭外汇管理局、中国银行、中信实业银行的证明或原入境时的申报单查验放行。

持有境外的债券、股票、房地契以及处理境外债券、遗产、房地产和其他外汇资产有关的各种证书、契约，须经外汇管理局批准，方可携带出境。携带外币 1000 美元以下或等值其他外币时，海关免于验核签章。

3. 携运和邮运文物出口

根据我国文物保护法以及海关有关规定，携带、托运和个人邮寄文物出境必须事先向海关申报。已故现代著名画家的书画作品属于文物范围，如欲携带出境，应办理同样的鉴定、报关手续。携带旧存文物出境，应向海关申报，并经有关文化行政管理部门鉴定，开具许可出口证明。

自中华人民共和国成立以来制作的文物仿制品和复制品，以及一般现代书画作品不属于文物范围。

办理文物出口许可手续的有北京、天津、上海、广州 4 个口岸及省属文物管理部门。

4. 旅行自用物品

非居民旅客及持有前往国家或地区再入境签证的居民旅客携带旅行自用物品，如照相机、便携式收录机、小型摄影机、手提式摄录机、手提式文字处理机每种一件。超出范围的，需向海关如实申报，并办理有关手续。经海关放行的旅行自用品，旅客应在回程时复带出境。

5. 人民币

旅客携带人民币出境，限额为6000元。超出6000元的不准进出境。

6. 中药材、中成药

旅客携带中药材、中成药出境，前往国外的，总值限人民币300元；前往港澳地区的，总值限人民币150元。寄往国外的中药材、中成药，总值限人民币200元；寄往港澳地区的，总值限人民币100元。

进境旅客出境时携带用外汇购买的、数量合理的自用中药材、中药，海关凭有关发货票和外汇兑换水单放行。

麝香以及超出上述规定限值的中药材、中成药不准出境。

7. 旅游商品

进出境旅客出境时携带用外汇在我境内购买的旅游纪念品、工艺品，除国家规定应申领出口许可证或者应征出口税的品种外，海关凭有关发货票和外汇兑换水单放行。

三、行李物品和邮递物品征税办法

为了简化计税手续和方便纳税人，中国海关对进出境旅客行李物品和个人邮递物品实施专用税则、税率。现行税率共有五个税级：免税、20%、50%、100%、200%。物品进出口税从价计征，完税价格由海关参照该项物品的境外正常零售平均价格确定，进出口税税额为完税价格乘以进出口税税率。

第二节　边　防

边防检查站是国家设在口岸以及特许的进出境口岸的入出境检查管理机关，是代表国家行使入出境管理职权的职能部门，是国家的门户。它的任务是维护国家主权、安全和社会秩序，发展国际交往，对一切入出境人员的护照、证件和交通运输工具实施检查和管理，实施口岸查控，防止非法入境。

一、入境检查

公安边防检查部门依据《边防检查条例》代表国家行使入出境管理，对外国人、港澳同胞、台湾同胞、海外侨胞，中国公民因公、因私入出境进行严格的证件检查。

① 外国人来中国，应向中国的外交代表机关、领事机关或者外交部授权的驻外机关申请办理签证(互免签证的除外)。除签证上注明入、出境口岸的外，所有入境人员，可从全国开放口岸入出境。

② 外国人到达中国口岸后，要接受边防检查站的检查。填写入境登记卡，连同护照一起交入境检官院检验，经核准后加盖入境验讫章，收缴入境登记卡后即可入境。

下面介绍一些关于护照、签证和其他常见证件的基础知识。

(一) 护　照

护照(passport)是一个主权国家发给本国公民用来出入境、在国外旅行或居住的合法身份证和国籍证明。护照是维护国家主权、保护本国公民利益和保障国际正常交往所必备的重要证件。公民在国际间往来，必须持有本国政府颁发的合法的护照，同时护照必须具有前往本国的有效签证，这样才能离开本国国境，进入前往国家或地区。如果持照人在外国旅行、拘留期间发生意外，所在国首先必须依照其所持护照，判明身份和国籍，然后再决定如何处理。同样护照颁发国的驻外机构也要根据护照来决定如何提供帮助或外交保护等。

1. 护照种类

目前，世界上大多数国家颁发的护照，一般可分为外交护照、公文护照和普通护照三种。个别国家只发一种护照(如英国)，少数国家发两种护照(如印度和巴基斯坦等)，也有国家发四五种护照(如美国和法国等)。

我国政府颁发四种护照，即外交护照、公务护照、普通护照和香港特别行政区护照(注：自 2007 年 2 月 5 日起，改为“香港特别行政区电子护照”)。其中普通护照又分为因公普通护照和因私普通护照。另外,中华人民共和国旅行证为中华人民共和国护照的代用证件。

(1) 外交护照

外交护照一般是颁发给具有外交身份的人员使用的护照,如外交官员、领事官员、外交信使和到外国进行国事活动的国家元首、政府首脑、国会或政府代表团成员等,都使用外交护照。根据国际惯例,上述人员的随行配偶和未成年子女,一般也发给外交护照。

除上述规定之外的公民出国执行公务,由其工作单位依照规定向外交部门提出申请,也可以由外交部门根据需要签发外交护照或者公务护照。

外交护照由外交部签发。

外交护照的颁发对象:主要发给外访政军领导、高级官员,以及派驻国外的外交官、领事官及随行的配偶、未成年子女、外交信使等。具体有:党中央、国务院、全国人大、全国政协、中央军委的领导人;全国总工会、共青团中央、全国妇联的领导人;代表团的领导人;常驻国外的大使馆、领事馆随员以上官员及其配偶和未成年子女,外交部临时出国的副处长及以上干部;新华通讯社、香港分社领导人;常驻联合国代表团随员以上官员和常驻国际组织的代表、副代表及其配偶和未成年子女;专职外交信使;颁发护照机关认为有特殊原因需要发给外交护照的人员。

(2) 公务护照

公务护照是发给国家公务人员的护照,也有的国家称这种供政府官员使用的护照为"官员护照"。此外,各国也都把这种护照发给驻外使(领)馆中的不具有外交身份的工作人员及其配偶和未成年子女。

公务护照由外交部、中华人民共和国驻外使馆、领馆或者外交部委托的其他驻外机构以及外交部委托的省、自治区、直辖市和设区的市人民政府外事部门签发。

公务护照的颁发对象:常驻国外机构的工作人员及其配偶和未成年子女;不属于领取外交护照范围的临时因公出国人员;颁发护照机关认为需要发给公务护照的

人员。

(3) 普通护照

普通护照是指发给一般公民使用的护照。公民因前往外国定居、探亲、学习、就业、旅行、从事商务活动等非公务原因出国的，由本人向户籍所在地的县级以上地方人民政府的公安机关出入境管理机构申请普通护照。

中华人民共和国普通护照又可分为中华人民共和国因私普通护照和中华人民共和国因公普通护照。

中华人民共和国因私普通护照的颁发对象：因私事出国的人员，具体包括出国定居、探亲、访游、旅游、自费留学、出国就业、继承财产、治病、奔丧等人员；侨居国外的中国公民；发照机关认为应发给因私普通护照的人员，如三资企业、外商机构的中方雇员和国有集团股份制企业的人员等，因到国外培训、从事商务活动等的需要而出国出境的，并非个人“私事”，但根据他们的情况又并非“公务”，我国有关部门商定，这些人员也可以到公安机关的出入境管理部门申领因私普通护照。目前，全国已有231个城市实行公民凭户口簿、居民身份证按需申领护照。在实行按需申领普通护照的地方，公民只需要提交户口簿、居民身份证即可申请护照。尚未实行按需申领护照的地方和非法移民等问题突出地区，申请人出国除提交户口簿、居民身份证外，还要提供与出国事由相应的证明材料，如出国劳务的，要提交劳务项目说明书；出国旅游的，要提交团队旅游申请表等。

国家工作人员因前往外国定居、探亲、学习、就业、旅行、从事商务活动等非公务原因出国申请普通护照的，还应当按照国家有关规定提交相关证明文件。国家工作人员申请因私出国与普通公民不同，必须履行有关审批手续，提交所属组织、人事管理和行政隶属部门出具的意见。单位意见包括下列内容：申请表所填内容是否属实，是否同意申请人出国等。需提交单位意见的国家工作人员的范围由组织、人事部门确定，目前主要是指公务员和参照公务员管理的人员，以及国有企业、国有控股企业、事业单位负责人和从事财务、机要等工作的人员。

中华人民共和国因公普通护照的颁发对象：国家或企业、事业单位派遣的公务活动的人员，公派留学、进修人员、访问学者及公派出国从事劳务的人员等；受雇于国外公司的人员、船员；其他不便于使用公务护照出国执行公务的人员。

(4) 香港特别行政区护照

香港特别行政区护照主要颁发给持有香港永久性居民身份的中国公民。

2. 护照内容

护照的内容，各个国家都比较相近。封面印有国名的全称及护照种类的名称；封底印有使用护照的注意事项；封里一般都印有“请各国军政机关对持照人予以通行的便利和必要的协助”等，主要包括姓名、出生地、性别、发照日期、有效期等，护照均应贴有持照人的照片。

中华人民共和国护照的内容有持照人的护照号码、条形码、姓名、曾用名的加注、性别、身份、婚姻状况、出生日期、出生地点、护照的签发日期、有效期限、签发地点、签发机关等，并贴有本人照片。

如果是前往欧洲等对签证材料要求相对严格的国家，护照最后一页必须附上持证人的亲笔签名，否则将无法顺利办理签证。

3. 护照的有效期限

护照不是永久性的证件，都有一定的有效期限。护照在有效期内是具有法律效力的证明，即为有效护照；否则，为无效护照，不具备法律效力。

各国护照的有效期不尽一致，一般而言，各国使(领)馆在颁发签证时都要求护照的有效期必须在 6 个月以上。如果护照的有效期不足 6 个月，则必须先到公安机关申请延期后，再到使(领)馆申办签证，但每次延长期限不得超过护照原有效期。

我国的外交护照有效期为 5 年。公务护照和因公普通护照分为一次有效和多次有效两类。多次有效护照的有效期为 5 年，是发给在一定时期内一次出入我国国境的人员。一次有效因公普通护照和一次有效公务护照满 2 年后，如有需要，可在国(境)外按照规定手续申请延期一次。延长期限根据需要决定，但最长不得超过 2 年。一次有效因公普通护照的标志是护照的扉页在护照号码前有“Y”字样；在第 4 页上方有“……持照人在护照有效期内可出入中国国境一次”字样，我国的因私普通护照有效期为 5 年。有效期为 5 年的护照，过期前可申请延期两次，每次不超过 5 年。申请延期应在护照有效期满前办理。在国内延期手续可到各级颁发护照的机关办理；在国外，由中国驻外国的外交代表机关、领事机关或者外交部授权的其他驻外机关办理。

新的《中华人民共和国护照法》(2006 年 4 月 29 日第十届全国人民代表大会常务委员会第二十一次会议通过，2006 年 4 月 29 日中华人民共和国主席令第五十号公布)规定，从 2007 年 1 月 1 日开始，我国的护照不再办理延期的手续，改为直接换领新的护照。仍在有效期内的旧版本普通护照可以继续使用，直至有效期届满为止。

2007 年版普通护照对普通护照有效期的规定：持有人未满 16 周岁的 5 年，16 周岁以上的 10 年。

香港特别行政区的护照有效期为 10 年。

中华人民共和国旅行证有两种，其有效期分别为 2 年(入出中国国境多次有效)和 1 年(入处中国国境一次有效)。如有效期满，不得延期。

4. 护照的有效地区

有效地区是护照的重要内容之一，我国的护照上都印有“本护照前往世界各国有效”。有的国家的护照则印有“本护照限前往 X 国有效”或“持照人不得前往 X 国 X 地区”等字样。

5. 护照内的“偕行儿童”

原则上，中国护照发给 16 周岁以上的中国公民，不满 16 周岁者，则随其父母或监护人合用一本护照，这个儿童即为“偕行儿童”。在必要时，也可以为 16 周岁以下的儿童单独发相应的护照。如果成人和儿童分别办理护照，这个儿童不能成为偕行儿童。

6. 不予签发护照的规定

申请人有下列情形之一的，护照签发机关不予签发护照。

① 不具有中华人民共和国国籍的；

② 无法证明身份的；

③ 在申请过程中弄虚作假的；

④ 被判处刑罚正在服刑的；

⑤ 人民法院通知有未了结的民事案件不能出境的；

⑥ 属于刑事案件被告人或者犯罪嫌疑人的；

⑦ 国务院有关主管部门认为出境后将对国家安全造成危害或者对国家利益造成重大损失的。

法律同时规定，申请人有下列情形之一的，护照签发机关自其刑法执行完毕或者被遣返回国之日起 6 个月至 3 年内不予签发护照：

① 因妨害国(边)境管理受到刑事处罚的；

② 因非法出境、非法居留、非法就业被遣返回国的。

(二) 签　证

1. 签证的定义

签证(visa)是主权国家准许外国公民或本国公民出入境或经过国境的一种许可证明。一个国家的外交部或授权其驻外使(领)馆，在本国和外国公民所持的护照或其他旅行证件上签注盖印，证明其护照有效，核准该护照持有人可以进入其领土以及允许停留的时间，或通过其领土前往其他国家。

签证制度是国家主权的象征，是国家对外国人入境实施有效控制和管理的具体表现，并以此达到维护国家安全及国内社会秩序的目的。通常情况下，一个国家发给外国人的签证，是以平等互惠为原则的。

2. 签证的种类

各国的签证种类有所不同，分类方法也多种多样。

签证可以根据持有人护照种类分为外交签证、公务签证和普通签证三种。持有外交护照的发给外交签证；持有公务护照的发给公务签证；持有普通护照的发给普通签证。

根据出入境情况，可分为出境签证、入境签证、出入境签证、多次入出境签证、再入境签证和过境签证等。出境签证，只需持证人出境，如需入境，须再办入境签证。出入境签证持证人可以出境，也可以再入境。多次出入境签证允许持证人在签证有效期内入境前办理再入境签证。过境签证是指在进行国际旅行时，因技术等方面的原因必须经停第三国时，需要得到经停国暂时许可停留的签证。

根据出入境事由，可分为移民签证、非移民签证、旅游签证、工作签证、商务签证和家属签证等。

根据时间长短分为长期签证和短期签证。长期签证的概念是，在前往国停留3个月以上。申请长期签证不论其访问目的为何，一般都需要较长的申请时间。在前往国停留3个月以内的签证称为短期签证，申请短期签证所需时间相对较短。

此外，常见的签证种类还有：

(1) 移民和非移民签证

获得移民签证即取得该国永久居留权，居住一定期间后可归为该国公民；非移民签证又有商务、留学、劳务、培训、旅游、医疗等种类。

(2) 返签证和到签证

返签证是指由邀请方在本国出入境管理部门(如日本法务省入国管理局、韩国法务部、印度尼西亚移民局)为来访人员办好签证批准证明，再连同护照等材料呈递给该国驻华使(领)馆。使(领)馆凭上述批函即可签发，无须再请示国内相关部门。

获得返签证就意味着入境获得批准，护照交使馆后也不会等候太长时间。目前，实行返签证的国家大多在亚洲，如日本、韩国、印度尼西亚、新加坡、马来西亚等。

(3) 另纸签证

各国所发签证多为在护照内页上加盖签章或粘贴标签形式，但有时也以另纸发予签证，记载护照以外的一张专用单独签注的签证，对护照不做任何改观，另纸签证必须和护照同时使用。这类情形大多由于两国尚无邦交时，表示不承认对方护照，或持异见人士访问敌对国后避免回国受到本国的迫害，以及团体旅游时在验明护照及时退还以减少手续，或时间紧迫来不及逐本制作签证等原因。

(4) 口岸过境签证或落地签证

这是仅次于免签证的优厚待遇，是指在前往国的入境口岸办理签证，有时也须请别人预先在本国提出申请，并将批准证明副本寄给出访人员。后者凭该证明，抵达前往国口岸时获得签证。如泰国对印度、智利、喀麦隆等79个国家或地区的人士，凡是停留时间在15天之内，都可以在曼谷、清迈、合义和布吉国际机场获得签证(需提交照片)。

(5) 知识卡片

我国发给申请入境的外国人的签证主要有外交签证、礼遇签证、公务签证和普通签证。

1) 中华人民共和国外交签证

外交签证的签发对象：

① 驻华使(领)馆的外交官、领事及联合国系统组织驻华机构持红皮“通行证”人员以及他们的眷属；

② 持用外交护照、联合国红皮“通行证”临时因公来华人员以及他们的随行眷属；

③ 因公持用公务护照、官员护照、特别护照、使命护照、普通护照的建交国副部

长以上的官员，国会（众、参两院）议长、副议长以及他们的随行眷属；

④ 外交信使；

⑤ 签证机关认为需要发给外交签证的人员。

2）中华人民共和国礼遇签证

礼遇签证的签发对象：

① 卸任的外国国家元首、政府首脑、国会议长、最高法院院长、外交部长；

② 前驻华大使和其他高级官员、知名人士及其随行眷属；

③ 未用外交护照的有影响在野党领袖；

④ 持用外交护照或联合国红皮“通行证”来华探亲访友、旅游观光的外国官员及其眷属；

⑤ 未持外交护照，但应我国省、部级党政机关、人民团体或军兵种以上等机关邀请来华观礼的人员；

⑥ 某些秘密外宾，我方签证机关应发给礼遇签证的人员。

3）中华人民共和国公务签证

公务签证的签发对象：

① 驻华使（领）馆处的工作人员（包括持有外交护照的非外交官和领事官）和联合国系统组织驻华机构持用联合国蓝皮“通行证”人员及其随行眷属。

② 持用公务护照、官员护照、特别护照、联合国蓝皮“通行证”临时因公来华或过境人员以及他们的随行眷属。

③ 驻华民间机构中持用公务护照的人员及其随行眷属。

④ 应邀访华的外国党、政代表团中未持用外交护照的成员。

⑤ 发证机关认为应发给公务签证的人员。

4）中华人民共和国访问签证

访问签证发给应邀来中国访问、考察、讲学、经商、进行科技交流及短期进修、实习等活动不超过 6 个月的人员。其签证有效期不超过 6 个月，每次延长不超过 3 个月。

5）中华人民共和国记者签证

- 常驻记者签证发给来中国常驻的外国记者。
- 临时记者签证发给临时来中国采访的外国记者。

6）中华人民共和国职业性签证

职业签证发给来中国任职或就业的人员及其随行眷属，其签证有效期除有特别规定外，一般不超过 6 个月。

7）中华人民共和国另纸签证

记载护照以外的一张专用单独签注的签证，对护照不做任何改观，另纸签证必须和护照同时使用。

8）中华人民共和国定居签证

定居签证发给来中国定居的人员，其签证有效期除有特别规定外一般不超过6个月。

9）中华人民共和国旅游签证

旅游签证发给来中国旅游、探亲或因其他私人事务入境的人员，旅游签证有效期不超过3个月；对来中国探亲的，签证有效期不超过6个月。

10）中华人民共和国普通签证

普通签证的签发对象：

① 持用普通护照或护照代用证件的人员；

② 驻华使（领）馆处和联合国组织驻华机构的雇佣人员；

③ 来华留学生；

④ 发证机关认为该发给普通签证的人员。

颁发普通签证时，根据申请者的来华事由，标注相应的汉语拼音字母。

11）中华人民共和国学习签证

学习签证发给来中国留学、进修、实习6个月以上的人员，其签证有效期除特别规定外一般不超过6个月。

12）中华人民共和国过境签证

过境签证发给经中国国境的人员，签证有效期不超过1个月，入境后的停留不超过10天。

13）中华人民共和国乘务签证

乘务签证发给执行乘务、航空、航运任务的国际列车乘务员、国际航空器机组人员及国际航行船舶的海员及其随行眷属（此种签证不由公安机关签发）。

3. 签证的内容

签证有一定的规范格式，一般包括签证种类、入境目的、拘留期限、有效日期以及签发机构、签发官员以及日期和签证费用等。

4. 签证的有效期

签证有效期是签证的一项重要内容，世界上所有主权国家签发的签证基本上都标明有效期。签证的有效期，是指从签证签发之日起到以后的一段时间内准许入境，超过这一期限，该签证就是无效签证。国家一般发给3个月有效的入境签证，也有的国家发给1个月有效的入境签证。最长的一般为半年或者半年以上，如就业和留学签证；最短的为3天或7天，如过境签证。有的国家对签证有效期限制很严，如德国只按申请日期发放签证。过境签证的有效期一般都比较短。

5. 签证的停留期

签证的停留期，是指持证人入境后准许停留的时间，它与签证有效期的区别在于，签证的有效期是指签证的使用期限，即在规定的时间内持证人可出入或经过该国。如某国的人，出境签证有效期为3个月，停留期为15天，那么这个签证从签发日始3个月内无论哪一天都可以出入该国国境。但是,从入境当日起,到出境当日止,持证人在该国最多只能停留15天。如美国访问签证的有效期和停留期都是3个月,即在3个月内入境方为有效,入境后最多也只能停留3个月。

(三)其他证件

1. 大陆居民往来台湾通行证

① 大陆居民往来台湾通行证的样式:雪青色封面。5年多次有效。

② 大陆居民往来台湾通行证的颁发对象:前往我国台湾省定居、探亲、访友、接受和处理财产、处理婚丧事宜或者参加经济、科技、文化、教育、体育、学术交流等活动的居住在大陆的居民。

2. 港澳同胞回乡证

① 港澳同胞回乡证的样式:酱黄色封面,自签发之日起10年有效;儿童专用的为淡黄色封面,自签发之日起3年有效。

② 港澳同胞回乡证的颁发对象:香港或澳门特别行政区的永久性居民。

3. 中华人民共和国海员证

① 中华人民共和国海员证的样式:封面为蓝色。有效期为5年或8年。

② 中华人民共和国海员证的颁发对象:在中国籍远洋船舶上工作或派往外国籍远洋船舶上工作的中国海员。

4. 卡式港澳同胞来往内地通行证

① 卡式港澳同胞来往内地通行证的样式:卡式,上有持卡人资料,卡上资料可由机读机读取,证件号码为11位。香港特别行政区居民卡号码首位以英文字母"H"开头,澳门特别行政区卡号码首位以英文字母"M"开头;第2～9位数字为港澳居民的终身号;第10～11位数字为换证次数,首发证00,以后依次递增。证件号码颜色分为红色、黑色两种,红色表示证件有效期为3年,黑色表示证件有效期为10年。

② 卡式港澳同胞来往内地通行证的颁发对象:中国香港特别行政区或澳门特别行政区永久性居民。

5. 中华人民共和国旅行证

① 中华人民共和国旅行证的样式:有黄色封面(旧版)和墨绿色封面(新版)两种,分两年多次有效和一年一次有效。

② 中华人民共和国旅行证的颁发对象:

a. 凡未持我国护照的华侨、港澳人员及台湾同胞,经我国主管机关批准回国常驻或旅行、探亲,不需要或不便发给护照者;

b. 中国公民在国外丢失护照,护照过期不适合延期者;

c. 中国公民在国外逾期居留、非法打工、偷渡,护照被没收或无护照证件者。

6. 中华人民共和国出入境通行证

① 中华人民共和国出入境通行证样式:绿色封面,分为单页对折一次有效和增加查验页多次出入境有效两种。

② 中华人民共和国出入境通行证的颁发对象：

a. 凡持港英、澳葡护照的香港、澳门同胞，要求返回内地，但不愿申领港澳同胞回乡证的；

b. 不宜在护照或身份证件上办理我签证的部分外籍华人；

c. 入境人员因丢失证件或其他原因不能出境的。

《中华人民共和国护照法》(2007 年 1 月 1 日起施行)将“入出境通行证”更名为“出入境通行证”。

7. 台湾居民来往大陆通行证

① 台湾居民来往大陆通行证的样式：草绿色封面，32 页，有效期为 5 年，使用时实行逐次签注，分一次往返有效和多次往返有效两种。

② 台湾居民来往大陆通行证的颁发对象：前来大陆定居、探亲、访友、旅游、接受和处理财产、处理婚丧事宜，参加经济、科技、文化、教育、学术交流等活动或者进行投资、贸易等活动的居住在我国台湾省的居民。

8. 中华人民共和国往来港澳通行证

① 中华人民共和国往来港澳通行证的样式：蓝色封面，分为 8 页 2 年一次有效和 16 页 5 年多次有效两种。

② 中华人民共和国往来港澳通行证颁发对象：

a. 因私事经批准前往香港、澳门特别行政区的内地居民；

b. 获准短期去香港、澳门特别行政区探亲、会友的内地居民；

c. 有组织地赴香港、澳门特别行政区旅游的游客；

d. 集体往来香港、澳门特别行政区的小型船舶的船员；

e. 经常往来于香港、澳门特别行政区的押运员、司机、导游等，以及福建、广东等经济特区需要经常往来于香港、澳门特别行政区的部分因公人员。

9. 因公往来香港澳门特别行政区通行证(红皮)

① 因公往来香港、澳门特别行政区通行证的样式：

a. 深蓝色封面，5 年有效。

b. 大红色封面，5 年有效。

② 因公往来香港澳门特别行政区通行证的颁发对象：

a. 蓝色封面：因公前往香港、澳门特别行政区的内地居民。

b. 红色封面，因公前往香港、澳门特别行政区的内地居民(身份较高).

二、出境检查

① 外国公民入境后应在签证有效期内离开中国。出境时，应向出境检查员交验护照证件和出境登记卡；持中国政府签发的居留证者，如出国后不再返回，应交出居留证件，出境检查员核准后，加盖出境验讫章，收缴出境登记卡放行。

② 中国公民出境必须向主管部门申领护照，除有特殊规定者外，无论因公因私，

个人必须办好前往国签证，才能放行。

③ 外国对中国公民入境、出境、过境有专门的规定，中国政府主管机关将根据情况采取相应措施。

三、阻止出入境

根据《中华人民共和国外国人入境出境管理法》及其《实施细则》的有关规定，凡被认为入境后可能危害中国的国家安全、社会秩序者，持伪造涂改或他人护照证件者，未持有有效护照签证者，以及患有精神病、麻风病、艾滋病、性病等传染病者，或者不能保障在中国期间所需费用者，边防检查站将阻止其入境。

出境人员如果是属于刑事案件的被告人或者犯罪嫌疑人；有未了结的民事案件的人，有违反中国法律的行为尚未处理，经有关主管机关认定需要追究责任的人；未持有效证件或者持用他人证件的人，以及持有伪造或者涂改的出境证件的人，边防检查站阻止其出境。

四、交通运输工具的检查

交通运输工具进境、出境、过境必须从对外国人开放的或者指定口岸通行，接受边防检查机关的检查和监护。

航空抵达中国前，交通运输工具负责人要负责向旅客分发入境登记卡，抵达后要向边防检查站提供旅客和机组名单。出境时办完值机手续后各航空公司负责办理值机手续的人员要向边防检查站书面报告旅客人数，经批准后方可离境。

五、安全检查

根据我国政府规定，为确保航空器及乘客的安全，严禁乘客携带枪支、弹药、易爆、腐蚀、有毒、放射性等危险物品，旅客在登机前必须接受安全人员的检查，拒绝接受检查者不准登机，损失自负。

进入机场隔离区的迎送人员必须佩戴有效通行证件，并得到安检人员允许后方可进入，对无证者或违反安全规定者，安全检查人员有权拒绝其进入或依法进行处理。

第三节 检验检疫

一、卫生检疫

卫生检疫，也称“口岸卫生检疫”，是国家和政府为防止危害严重的传染病通过入出国境的人员、行李和货物传入、传出、扩散所采取的防疫措施。外国旅游者、移民者入境是传染病传播的重要媒介。为了保障人民健康，各国都设有口岸生理卫生检疫及动植物检疫机构。

（一）卫生检疫查验管理

旅客进出境时，出入境工具、人员、集装箱、行李、货物、邮包等必须在最先到达或最后离开的国境口岸指定的地点接受医学检查和卫生检查检疫。

进境的工具和人员，需在最先到达的国境口岸接受检疫；出境的，需在最后离开的国境口岸接受检疫。检验检疫机构对未染有检验传染病或者已实施卫生处理的交通工具，签发入境或者出境检疫证。

（二）传染病监测管理

检验检疫机构对入境、出境人员实施传染病监测，有权要求出入境人员填写健康声明卡、出示预防接种证书、健康证书或其他有关证件。有些国家有时免验，但有时对某些流行病检查又特别严格，例如智利、墨西哥、澳大利亚、新西兰等国家要求入境的外国人，出具预防霍乱和预防黄热病的接种或复种证明书。入境者如果忘了申办接种证明书，或者被发现未进行必要的接种，到达某些国家时，可能会被隔离，并被强制检疫。

中国国境卫生检疫部门根据旅客来自国家或地区的不同决定是否实施检疫。根据联合国制定的“国际卫生条例”的规定，随着世界疫情变化，目前把斑疹、伤寒和回归热定为国际监视传染病。该条例还规定，对于移民或者入境居留时间长达半年以上的人员和海员，进行体格检查，具有健康证明者，方准许入境。近年，由于艾滋病的蔓延，许多国家纷纷要求外国移民者或长期居留者，提供未患有艾滋病的健康检查证明。

对患有鼠疫、霍乱、黄热病的出入境人员，应实施隔离留验。对患有艾滋病、性病、麻风病、精神病、开放性肺结核的外国人应阻止入境。对患有监测传染病的出入境人员，视情况分别采取留验，发给就诊方便卡等措施。

（三）卫生监督和卫生处理

检验检疫机构负责对国境口岸和停留在国境口岸的出入境交通工具的卫生状况

实施卫生监督。包括：监督指导对啮齿动物、病媒昆虫的防除；检查和检验食品、饮用水及其储存、供应、运输设备；监督从事食品、饮用水供应的从业人员的健康状况；监督和检查垃圾、废物、污水、粪便、压舱水的处理。可对卫生状况不良和可能引起传染病传播的因素采取必要措施。

检验检疫机构负责对发现的或有检疫传染病、监测传染病、疑似检疫传染病的入境人员实施隔离、留验和就地诊验等医学措施，对来自疫区、被传染病污染、发现传染病媒介的出入境交通工具、集装箱、行李、货物、邮包等物品进行消毒、除鼠、除虫等卫生处理。

(四) 进口食品卫生监督检验

对已到达口岸的进口食品，按照我国卫生标准和卫生要求进行检查。进口食品(包括饮料、酒类、糖类)、食品添加剂、食品容器、包装材料、食品用工具及设备必须符合我国有关法律法规的规定。申请人须向检验检疫机构申报并接受卫生监督检验。检验检疫机构对进口食品按食品危险性等级分类进行管理，并依照国家卫生标准进行监督检验，检验合格的，方准进口。

对不符合标准的食品，根据其检验结果的危害程度，实行退货、销毁、改为他用或加工处理。

二、动植物检疫

动植物检疫部门是代表国家依法在开放口岸执行进出境动植物检疫、检验、监管的检验机关。我国动植物检疫部门根据《中华人民共和国进出境动植物检疫法》的规定，负责检疫进出中华人民共和国国境的动植物及其产品和其他检疫物，装载动植物产品和其他检疫物的装载容器、包装物以及来自动植物疫区的运输工具。

(一) 动植物检疫的范围

检疫部门依法实施动植物检疫的有：

① 进境、出境、进境的动植物、动植物产品和其他检疫物；

② 装载动植物、动植物产品和其他检疫物的容器、包装物、铺垫材料；

③ 来自动植物疫区的运输工具；

④ 进出境拆解的废旧船舶；

⑤ 有关法律、行政法规、国际条约规定或者贸易合同约定应当实施检疫的其他货物、物品。

(二) 国家禁止进境的动植物

① 动植物病原体(包括菌种、毒种等)、害虫及其他有害生物;

② 动植物疫情流行的国家和地区的有关动植物、动植物产品和其他检疫物;

③ 动物尸体;

④ 土壤。

(三) 进境、出境检疫管理

对入境检疫的审批、入境检疫物运输工具及其检疫物有明确规定。进口货物到达口岸前或抵达口岸时,需在入境口岸动植物检疫局办理报检手续。

对进境动物、动物产品、植物种子、种苗及其他繁殖材料实行进境检疫许可制度,进口货物必须事先提出申请,并在对外签订贸易合同或者协议之前办妥检疫审批手续。货物到达口岸后,应立即向当地检验检疫机构报检。经检疫合格的,予以放行,检疫不合格或需进一步检疫监管的货物,依据有关规定做出相应的检疫和监管处理。

对出境动植物、动植物产品或其他检疫物,检验检疫机构对其生产、加工、存放过程实施检疫监管。货主或代理人在动植物及其产品和其他检疫物出境前,须向口岸检验检疫机构办理报检手续。经检疫合格的,出境放行;检疫不合格的,不准出境。

1. 报　检

输入、输出应检物,货主或代理人应按要求填写报检单,向口岸出境检验检疫机构报检。

2. 检　疫

包括现场检疫、实验室检疫、隔离检疫。

① 现场检疫:输入、输出应检物抵达口岸时,检疫人员登机、登轮、登车或到货物停放场所实施检疫。

② 实验室检疫:检疫人员按有关规定或要求对输入、输出的检疫物做动物疫病的实验室检测。

③ 隔离检疫:动物在入境后或出境前,必须在出入境检验检疫机关制定的隔离场做隔离检疫(大、中动物 45 天,小动物 30 天)。

3. 检疫结果的判定和出证

根据检疫结果,按照我国与有关国家或地区签订的双边检疫议定书或协议中的规定、国家标准,并参考有关国际标准出证。

4. 检疫处理

① 对经检疫不合格的检疫物,由口岸出入境检验检疫机构签发“检疫处理通知单”,通知货主或其代理分别做除害、退回或销毁处理。

② 签证放行:经检疫合格或经处理合格的出入境检疫物,由口岸出入境检验检

疫机构签发“检疫放行通知单”、检疫证书会在“报关单”上加盖印章，准予入境或出境。

(四) 过境检疫管理

运输动植物、动植物产品和其他检疫物过境(含转运的)，应向检验检疫机关报检；要求运输动物过境的，必须事前征得中国国家动植物检疫机关同意，并按照指定的口岸和路线过境。

(五) 携带、邮寄物检疫管理

携带、邮寄植物种子、种苗及其繁殖材料进境的，必须事先提出申请，办理检疫审批手续，检疫合格后放行。未经检疫邮局不运递。

携带动物进境的，必须持有输出国家或者地区的检疫证书等证件。

(六) 运输工具检疫

《中华人民共和国进出境动植物检疫法》规定，来自疫区的船舶、飞机、火车等运输工具到达口岸时，由口岸动植物机关实施现场检疫。装载进境的车辆，由口岸动植物检疫机关做防疫消毒处理。装载出境的动植物、动植物产品和其他检疫物的运输工具，应符合中国动植物防疫和检疫规定。对装运供应香港、澳门地区的动物回空车辆，实施整车防疫消毒。

【案例】

哈密瓜痛沉大海，机场检疫法不容情

早在 1987 年，中国人就尝到日本人执行动植物检疫法的“厉害”。那时，我国重要领导人隆重访日。一家飞机装载着 500 公斤新疆哈密瓜，作为招待食品率先抵达东京国际机场。哈密瓜一落地，就遭到机场动植物检疫部门的拒绝——此物禁止入境！

原来，日本人一直把中国当做瓜实蝇的疫区，严谨从中国进口瓜类水果。这事如何解决，成为上上下下关注的焦点。

怎么办？如此高规格的领导人访问，哈密瓜又是用做款待日方人士，这是代表友谊的哈密瓜呀！中方官员希望能与日方政府交涉，看绿灯是否能亮。谁知机场检疫人员措辞极为坚决自信，毫无通融之意：用不着交涉，我们有法律，我们是依法办事。你们就是反映到首相那里，决定也只有一个——原货退回。

500 公斤哈密瓜，就这样被抛进了日本海……

这件事，也许作为一个小小的插曲，不会在史书上留下什么痕迹。但是，它却使在场的中国人留下了深刻印象，不能不说人家执行动植物检疫法的严格。

讨论：通过本例，谈谈你对机场卫生检疫的认识。

小　结

本章阐述了组成联检服务的三部分内容(海关检查、边防检查和检验检疫),以及检查的对象和联检的具体内容和方法。

思考题

1. 结合所学知识,讨论本章案例,谈谈接待来自疫区旅客的程序。
2. 简述动植物检疫的程序。
3. 列举海关对出入境物品的限制规定(不少于5种)。
4. 列举与我国互免签证的国家(不少于5个)。

附:

出入境检验检疫报检规定

(2000年1月11日　国家出入境检验检疫局)

第一章　总　则

第一条　为加强出入境检验检疫报检管理,规范报检行为,根据《中华人民共和国进出口商品检验法》及其实施条例、《中华人民共和国国境卫生检疫法》及其实施细则、《中华人民共和国食品卫生法》等法律法规的有关规定,制定本规定。

第二条　根据法律法规规定办理出入境检验检疫报检/申报的行为均适用本规定。

第三条　报检范围:

(一)国家法律法规规定必须由出入境检验检疫机构(以下简称检验检疫机构)检验检疫的;

(二)输入国家或地区规定必须凭检验检疫机构出具的证书方准入境的;

(三)有关国际条约规定须经检验检疫的;

(四)申请签发原产地证明书及普惠制原产地证明书的。

第四条　报检人在报检时应填写规定格式的报检单,提供与出入境检验检疫有关的单证资料,按规定交纳检疫费。

第五条　报检单填制要求:

(一)报检人须按要求填写报检单所列内容。书写工整、字迹清晰,不得涂改;报检日期按检验检疫机构受理报检日期填写。

（二）报检单必须加盖报检单位印章。

第二章　报检资格

第六条　报检单位首次报检时必须持本单位营业执照和政府批文办理登记备案手续，报检单位代码。其报检人员经检验检疫机构培训合格后领取“报检员证”，凭证报检。

第七条　代理报检单位须按规定办理注册登记手续，其报检人员经检验检疫机构培训合格后领取“代理报检员证”，凭证办理报检手续。

第八条　代理报检的，须向检验检疫机构提供委托书，委托书由委托人按检验检疫机构规定的格式填写。

第九条　非贸易性质的报检行为，报检人凭有效证件可直接办理报检手续。

第三章　入境报检

第十条　入境报检时，应填写入境货物报检单，并提供合同、发票、提单等有关单证。

第十一条　下列情况报检时除按第十条规定办理外，还应按要求提供有关证明。

（一）凡实施安全质量许可、卫生注册或其他需审批审核的货物，应提供有关证明。

（二）品质检验的还应提供国外品质证书或质量保证书、产品使用说明及有关标准和技术资料；凭样品成交的，须附加成交样品；以品级或重量几家结算的，应同时申请重量鉴定。

（三）报检入境废物时，还应提供国家环保部门签发的“进口废物批准证书”和经认可的检验机构签发的转运前检验合格证书等。

（四）申请残损鉴定的，还应提供理货残损单、铁路商务记录、空运事故记录或海事报告等证明货损情况的有关单证。

（五）申请重（数）量鉴定的还应提供重量明细单、理货清单等。

（六）货物经收、用货部门验收或其他单位检测的，应随附验收报告或检测结果以及重量明细单等。

（七）入境的国际旅行者，应填写入境检疫申明卡。

（八）入境的动植物及其产品，在提供贸易合同、发票、产地证书的同时，还必须提供输出国家或地区官方的检疫证书；需办理入境检疫审批手续的，还应提供入境动植物检疫许可证。

（九）国境动植物及其产品报检是，应持货运单和输出国家或地区官方出具的检疫证书；运输动物国境时，还应提交国家检验检疫局签发的动植物国境许可证。

（十一）入境旅客、交通员工携带动物的，应提供入境动物检疫证书及预防接种证明。

（十二）因科研等特殊需要，输入禁止入境物的，必须提供国家检验检疫局签发的特许审批证明。

（十三）入境特殊物品的，应提供有关的批件或规定的文件。

第四章　出境报检

第十二条　出境报检时，应填写出境货物报检单并提供对外贸易合同（售货确认书或函电）、信用证、发票、装箱单等必要的单证。

第十三条　下列情况报检时除按第十二条规定办理外，还应按要求提供有关文件。

（一）凡实施质量许可、卫生注册或须经审批的货物，应提供有关证明。

（二）出境货物须经生产者或经营者检验合格并附加检验合格证或检测报告，申请重量鉴定的，应加附重量明细单或磅码单。

（三）凭样成交的货物，应提供经买卖双方确认的样品。

（四）出境人员应向检验检疫机构申请办理国际旅行健康证明书及国际接种预防接种证书。

（五）报检出境运输工具、集装箱时，还应提供检疫证明，并申报有关人员健康状况。

（六）生产出境危险货物包装容器的企业，必须向检验检疫机构申请包装容器的性能鉴定。生产出境危险货物的企业，必须向检验检疫机构申请危险货物包装容器的使用鉴定。

（七）报检出境危险货物时，必须提供危险货物包装容器性能鉴定结果单和使用鉴定结果单。

（八）申请原产地证明书和普惠制原产地证明书的，应提供商业发票等资料。

（九）出境特殊物品的，根据法律法规规定应该提供有关的审批文件。

第五章　报检及证单的更改

第十四条　报检人申请撤销报检时，应书面说明原因，经批准后方可办理撤销手续。

第十五条　报检后30天内未联系检验检疫事宜的，作为自动撤销报检处理。

第十六条　有下列情况之一的应重新报检：

（一）超过检验检疫有效期限的；

（二）变更输入国家或地区，并又有不同检验检疫要求的；

（三）改换包装或重新拼装的；

（四）已撤销报检的。

第十七条　报检人申请更改证单时，应填写更改申请单，交付有关函电等证明单据，并交还原证单，经审核同意后方可办理更改手续。品名、数（重）量、检验检疫结果、包装、发货人、收货人等重要项目更改后与合同、信用证明不符的，或者更改后与输出、输入国家或地区法律法规规定不符的，均不能更改。

第六章　报检时限和地点

第十八条　对入境货物，应在入境前或入境时向入境口岸、指定的或到达站的检验检疫机构办理报检手续；入境的运输工具及人员应在入境前入境时申报。

第十九条　入境货物需对外索赔出证的，应在索赔有效期前不少于20天内向到货口岸或货物到达地的检验检疫机构报检。

第二十条　输入微生物、人体组织、生物制品、血液及其制品，或种畜、禽及其精液、胚胎、受精卵的，应当在入境前30天报检。

第二十一条　输入其他动物的，应当在入境前15天报检。

第二十二条　输入植物、种子、种苗及其他繁殖材料的，应当在入境前7天报检。

第二十三条　出境货物最迟应与报关或装运前7天报检，对于个别检验检疫周期较长的货物，应留有相应的检验检疫时间。

第二十四条　出境的运输工具和人员应在出境前向口岸检验检疫机构报检或申报。

第二十五条　需隔离检疫的出境动物在出境前60天预报，隔离前7天报检。

第二十六条　报检人对检验检疫证单有特殊要求的，应在报检单上注明并交付相关文件。

第七章　附　则

第二十七条　报检单位和报检人伪造、买卖、变造、涂改、盗用检验检疫机构的证单、印章的，按有关法律法规予以处罚。

第二十八条　司法鉴定业务、行政机关委托及其他委托检验和鉴定业务，参照本规定执行。

第二十九条　本规定由国家出入境检验检疫局负责解释。

第三十条　本规定自2000年1月1日起施行，原国家商检局发布的《进出口商品报检规定》和原国家卫生检疫局发布的《关于对人、出境集装箱、货物实行报检制度的通知》同时废止。

第十四章　空中交通管理

你知道每小时有多少架飞机在天空中来来往往吗？其实，在机场上每隔两三分钟就有一架飞机起降。那么，它们是如何避免在空中相互碰撞的呢？又是如何井然有序地在机场及空中穿梭呢？

第一节　空中交通管理概述

一、空中交通管理的含义

飞机在空中飞行时速度相当快，在广阔的高空中驾驶员无法用肉眼来控制飞机避开迎面而来的飞机。为了安全和高效地使用空域资源，这就要求飞机活动能按照一定的规则来组织进行，这就是空中交通管理。组织与实施民用航空空中交通管理工作，应当贯彻“保证安全第一，改善服务工作，争取飞行正常”的方针，严密组织，严格管理，严守规章制度。

二、空中交通管理的任务

空中交通管理的任务是有效地维护和促进空中交通安全，维护空中交通秩序，保障空中交通畅通。空中交通管理包括空中交通服务、空中交通流量管理和空域管理。

空中交通管理(ATM)	空域管理(ASM)	空中交通管制(ATC)
	空中交通服务(ATS)	告警服务(AS)
	空中交通流量管理(ATFM)	飞行情报服务(FIS)

三、空中交通管理分类

空中交通管理主要包括空域管理、空中交通服务和空中交通流量管理三部分。

(一) 空域管理

航空器飞行的空间称空域。空域是国家的重要资源，由国家实行统一管理。空域管理的任务是依据既定空域结构条件，实现对空域资源的充分利用，尽可能满足不同类型用户对空域的要求。

（二）空中交通服务

空中交通服务是空中交通管理的主要部分，包括空中交通管制服务、飞行情报服务和告警服务，其目的是对航空器的空中活动进行管理和控制。

1. 空中交通管制服务

空中交通管制服务的任务：防止航空器与航空器相撞，在机动区内航空器与障碍物相撞，维护和加快空中交通的有序流动。空中交通管制向用户提供从起飞到着陆点连续协调、有效服务和管制，确保安全；保持国际上的协调一致，保证飞越国境时能顺利运行。

2. 飞行情报服务

飞行情报服务的任务：向飞行中的航空器提供有助于安全和有效实施飞行的建议和情报。

3. 告警服务

空中交通流量管理的任务：在空中交通流量接近或达到空中交通管制可用能力时，适时地进行调整，保证空中交通量最佳地流入或通过相应区域，尽可能提高机场、空域可用容量的利用率。建设中国民航的空中交通流量管理系统，对于适应飞行量的不断增长、减少延误、充分利用空域和地面资源，具有战略性意义。

四、空中交通管理机构

中国民用航空总局空中交通管理局（简称民航空管局）根据国家的规定负责全国民用航空空中交通管理的组织实施，包括空中交通管制、通信导航监视、航行情报和气象服务等。民航局空管局管理民航七大地区空管局及其下属的民航各空管单位，驻省会城市（直辖市）民航空管单位简称空中交通管理分局，其余民航空管单位均简称为空中交通管理站。

空中交通管制单位包括空中交通服务报告室、塔台管制室、进近管制室、区域管制室、民航总局调度室等。

1. 空中交通服务报告室

空中交通服务报告室负责审理进、离本机场的航空器飞行预报，申报飞行计划，办理航空器离场手续，向有关单位和管制室通报飞行预报和动态。

2. 塔台管制室

塔台管制室负责提供塔台管制区域内航空器的开车、滑行、起飞、着陆和与其有关的机动飞行的管制服务。管制范围包括起落航线与最后进近定位点以后的空间及机场活动区。

3. 进近管制室

进近管制室负责数个或一个机场的航空器进、离场的管制工作。

4. 区域管制室

区域管制室负责向本管制区内受管制航空器提供空中交通管制服务，负责管制并向有关单位通报飞行申请和动态。

5. 民航总局调度室

民航总局调度室负责监督、检查全国范围内跨地区高空干线、国际航线的飞行以及外国航空器在中国境内的飞行，控制全国的飞行流量，组织承办和掌握专机飞行，处理特殊情况下的飞行。

五、空管体制与空管人员

（一）空管体制

就全国来说，实行“统一管理、分别指挥”的体制，即在国务院、中央军委空中交通管制委员会的领导下，由空军负责实施全国的飞行管制，军用飞机由空军、海军、航空兵实施指挥，民用飞行和外航飞行由民航实施指挥。由于这一体制存在某些局限性，目前正在着手改革。就民航内部来说，空管系统实行“分级管理”的体制，即各级空管部门分别隶属于民航总局、地区管理局、省（区、市）局以及航站。总局空管局对民航空管系统实行业务领导，其余工作包括人事、财务、行政管理及基本建设等均由各地区管理局、省（区、市）局以及航站负责。

（二）空中交通管制员

空中交通管制员（简称管制员）是单人空中交通管制任务的具体工作人员。我国管制员实行的是执照管理制度。中国民用航空空中交通管制员执照（简称执照）是管制员执行控制交通管制任务的资格证书，执照由民航总局颁发，未取得执照者不得独自上岗工作。

六、飞行间隔标准

飞行间隔是为了防止飞行冲突，保证飞行安全，提高飞行空间和时间利用率所规定的航空器之间应当保持的最小安全距离。飞行间隔包括垂直间隔和水平间隔。水平间隔分为纵向间隔和横向间隔。

机长必须按照规定的飞行间隔飞行，需要改变时，应当经过飞行管制部门许可。

为了保障安全和提高运行效率，增加有限空域中的可用飞行高度层，飞行间隔标准也在不断更新，目前实施的标准是依据《中华人民共和国飞行基本规则》，于 2007 年 11 月 22 日零时（北京时间）起执行的飞行间隔标准。

（一）垂直间隔

垂直间隔用高度层区分，称为高度层间隔。

1. 巡航高度层

航空器进入航线和航线飞行时，应当按照以下所配备的巡航高度飞行。

① 真航线角在 0～179°范围内的，高度在 900～8100 米，每个 600 米为一个高度层；高度在 8900～12500 米，每隔 600 米为一个高度层；高度在 12500 米以上，每隔

1300 米为一个高度层。

② 真航线角在 180～359°范围内的，高度在 600～8400 米，每隔 600 米为一个高度层；高度在 9200～12200 米，每隔 600 米为一个高度层；高度在 13100 米以上，每隔 1200 米为一个高度层。

③ 飞行高度层应当依据在标准大气压条件下假定海平面计算。真航线角应当从航线起点和转弯点量取。

2. 非巡航高度层

① 等待空域的飞行高度层配备。等待空域的最低高度层，距离地面最高障碍物真实高度不得小于 600 米。8400 米以下，每隔 300 米为一个等待高度层；8400～8900 米，每隔 500 米为一个等待高度层；8900～12500 米，每隔 300 米为一个等待高度层；12500 米以上，每隔 600 米为一个等待高度层。

② 飞行的安全高度。飞行的安全高度是避免航空器与地面障碍物相撞的最低飞行高度。航路、航线飞行或者转场飞行的安全高度，在高原和山区应当高出航路中心，航线两侧各 25 千米以内最高标高 600 米；在其他地区应当高出航路中心线，航线两侧各 25 千米以内最高标高 400 米。航空器上一般装有气压高度表和无线电高度表，无线电高度表用于确定航空器距离地平面的实际高度，气压高度表用于确定航空器到海平面的距离。

3. 选择巡航高度层应该考虑的因素

① 航路、航线飞行或者转场飞行的航空器，在航路中心线、航线两侧各 25 千米以内的最高标高不超过 100 米，大气压力不低于 1000 百帕的，允许在 600 米的高度层内飞行；当最高标高超过 100 米，大气压力低于 1000 百帕的，飞行最低的高度层必须相应提高，保证飞行的真实高度不低于安全高度。

② 飞行高度层应当依据飞行任务的性质、航空器性能、飞行区域以及航线的地形、天气和飞行情况等配备。

③ 在同一条航路、航线有数架（数批）航空器同时飞行并且互有影响的，应当分别将每架（每批）航空器在同一条航路、航线，同一高度层内飞行，但是各架（各批）航空器之间应当保持规定的纵向间隔。

（二）水平间隔

水平间隔包括纵向间隔和侧向间隔

1. 纵向间隔

纵向间隔的大小和使用的导航系统的精度有关。使用测距台时，航空器之间的最低纵向间隔标准应当符合如下规定：

① 在同一个巡航高度层的航空器同航迹飞行，同时使用航路上的同一测距台时，航空器间最低间隔标准为 60 千米，当前机真空速度大于后机速度 40 千米/小时时，为 40 千米。

② 在同一个巡航高度层的航空器在交叉航迹上飞行，同时使用位于航迹交叉点

的测距台测距时，航空器间最低间隔标准为 60 千米；前机真空速度大于后机速度 40 千米/小时时，航空器间最低间隔标准为 40 千米。

③ 航空器同时使用航路上的同一测距台测距，并且用同一时间的测距台读数建立间隔，当无垂直间隔时，其中一架航空器保持其高度层，另一架航空器在同航迹上升或者下降，改变高度穿越被占用的高度层时，航空器之间的距离间隔不少于 40 千米。

④ 逆向飞行的航空器同时使用航路上的同一测距台，经测距台定位，证实两架航空器确已相遇且相距 20 千米以上，可以允许航空器上升、下降或穿越另一航空器占用的高度。

2. 侧向间隔

仪表飞行航空器的最低侧向间隔标准应当符合如下规定：

① 航空器穿越航路，应当经管制员同意。管制员应当将允许穿越的条件（航段、时间、高度）和飞行情报通知有关航空器，在穿越航路中心线时，保持与该高度上其他航空器不少于如下的时间间隔：

- 穿越处无导航设备时，为 15 分钟；
- 穿越处有导航设备且工作正常时，已飞越导航设备的航空器为 10 分钟，未飞越导航设备的航空器为 15 分钟。

② 航空器使用导航设备汇集或者分散飞行（使用全向信标台，航空器之间航迹夹角不小于 15°；使用无方向信标台，航空器航迹夹角不小于 30°），相互穿越或者占用同一高度时，距离导航设备的距离间隔规定如下：

- 汇集飞行时，距离导航设备应当不小于 1000 千米；
- 分散飞行时，距离导航设备不小于 50 千米。

③ 速度低于 450 千米/小时的航空器，当航迹夹角小于 90°时，过台后飞行时间不小于 5 分钟；航迹夹角不小于 90°时，过台后飞行时间不小于 3 分钟。

④ 航空器可以在不同的规定航路（航线）上顺向或逆向飞行，互不交叉穿越；但这些航路（航线）的宽度和保护空域不得互相重叠。

⑤ 航空器可以在不同的定位点上空等待飞行，但这些等待航线空域和保护空域不得互相重叠。

第二节 空中交通管制服务

空中交通管制是指利用通信、导航技术和监控手段对飞机飞行活动进行监视和控制，保证飞行安全和有秩序。空中交通管制的目的是防止航空器与航空器相撞及在机动区内航空器与障碍物相撞，维护和加快空中交通的有序流动。由此确定了空中交通管制的任务，包括以下几个方面：

① 为每个航空器提供其他航空器的即时信息和动态。

② 由这些信息确定各航空器之间的相对位置。

③ 发出管制许可、使用许可的信息,防止航空器相撞。

④ 用管制许可来保证在控制空域内个航班的间隔,保证飞行安全。

⑤ 分析空中交通状况,使空中交通的流量提高。

一、空中交通管制的分类

按照管制范围的不同,空中交通管制系统分为三部分,即机场管制、区域管制和进近管制。

(一) 机场管制

机场管制服务由机场管制塔台提供,因此管制员也称为塔台管制员。他们在塔台的高层工作,靠目视来管理飞机在机场上空和地面的运行,防止航空器在机场的运行中相撞。近年来,机场地面监视雷达的使用,极大地提高了管制员的工作质量和效率。

机场管制服务的范围包括以下几个方面:

① 航空器在机场交通管制区的空中飞行。

② 航空器的起飞和降落。

③ 航空器在机坪上的运动。

④ 防止飞机在运动中与地面车辆和地面障碍物碰撞。

从这几项任务来看,显然可以分为两部分:前两项是空中的,后两项是地面的。因而较大的机场塔台把任务分为两部分,分别由机场地面交通管制员和机场空中管制员负责。

机场地面交通管制员负责控制在跑道之外的机场地面上,包括滑行道、机坪上的所有航空器的运动。在繁忙时机坪上可能同时有几架飞机在启动,此外,还有各种车辆、行人的移动。地面交通管制员负责给出飞机的发动机启动许可、进入滑行道的许可;对于到达飞机,当飞机滑出跑道进入滑行道后,由地面管制员安排飞机运行至机坪或候机楼。

机场空中交通管制员负责飞机进入跑道上的运动和按目视飞行规则在机场控制的起落航线上飞行的交通管制。他的任务是给出起飞或者着陆的许可,并引导在起落航线上飞行的起飞和着陆的飞机;安排飞机的起降顺序,安排合理的飞机放行间隔,以保证飞行安全。在一条跑道既用于着陆的情况下,机场空中交通管制员还需要很好地安排起飞和着陆飞机之间的时间档次。

在不太繁忙的机场,通常只有一个塔台管理员负责整个机场从空中到地面的全部航空器的运动。

飞机在机场起飞和降落要按一定的航线飞行,这种飞行航线叫做起落航线。在目视气象条件下,飞机按照这种航线飞行,由塔台管制员控制。

（二）区域管制

区域管制服务也称航路管制服务。区域管制中心负责对飞行在航路上的航空器，主要是飞行高度 6000 米以上的在大范围内运行的航空器提供空中交通管制服务。

区域管制员的任务是根据飞行计划，批准飞机在其管制区内的飞行，保证飞行的间隔，然后把飞机移交到相邻空域，或把到达目的地的飞机移交给进近管制。依靠空地通信、地面通信和远程雷达设备来确定飞机的位置，按照规定的程序调度飞机，保持飞行的间隔和顺序。

（三）进近管制

进近管制主要负责飞机的离场进入航线和进近着陆，进近管制是塔台管制和航路管制的中间环节，进近管制要向航空器提供进近管制服务、飞行情报服务和防撞告警。依靠无线电通信和雷达设备来监控飞机的运行，不需要看到飞机。

进近管制的范围称为进近管制区，其下接机场管制区，上接航路管制区。由于交接的需要，这几个区域之间是部分重叠的，一般范围大约在机场 90 千米半径之内，高度 5000 米以下。在这个区域内，飞机离场进入航线，或是由下降离开航路转入进近，直至落地。进近管制要负责飞机的离场进入航线和进近着陆。

二、空中交通管制方式

空中交通管制方式分为程序管制和雷达管制

（一）程序管制

在雷达引入空中交通管制之前，管制主要是使用无线电通信按照规定的程序来完成的，因此称为程序管制。

程序管制方式对设备的要求较低，不需要相应监视设备的支持，其主要的设备环境是低空通话设备。管制员在工作时，通过飞行员的位置报告分析，了解飞机间的位置关系，推断空中交通状况变化趋势，同时向飞机发布放行许可，指挥飞机飞行。

这种方法速度慢，精确度差，为保证安全，所以对空中飞行限制较多，如同机型、同航路、同高度需间隔 10 分钟，因而在划定的空间内所能容纳的航空器较少。这种方法是我国民航管制工作在以往很长一段时间使用的主要方法。

在雷达引入之后，管制员的感知能力和范围都有了提高。在间隔距离、情报的传递方面，都有了大的改进，但在基本程序上并没有太大的变化，因此，人们说的程序管制是整个空中交通管制的基础。

该方法也在雷达管制区雷达失效时使用。

在具体组织飞行时，程序管制员的基本信息和手段来自飞行计划和飞行进程单。

1. 飞行计划

飞行计划是由航空器使用者在飞行前提交给空中交通服务单位的关于这次飞行

的详细说明，是用于计划飞行、飞行管制及导航目的的书面文件或电子数据文件。该计划是根据飞机性能、运行限制、计划航路及预计着陆机场条件，为安全组织及实施飞行而制定的。它的目的是空中交通服务单位根据批准的计划对航空器提供管制、情报等服务；另外，在航空器发生事故时，飞行计划是搜索和救援的基本依据。

飞行计划的内容包括飞行规则、起飞机场、巡航高度、目的机场、纪要、备降机场、飞机的编号、真空速度、起飞时间、航路、预计飞行时间、起飞油量、机长姓名等。

飞行计划一般要提前 1 天提交给起飞机场的空中交通管制部门，紧急情况下可在起飞前 1 小时交付。空中交通管制部门在考虑空中交通的总体情况并对飞行计划进行审核后，批准计划或与提交的人员协商做出修改后批准。在飞机起飞后，飞行计划由始发机场通过航空电信网发至各飞行情报中心，相关的区域管制中心和目的地机场的管制单位。飞机在由于天气或事故等原因改变飞行计划时，要立即通知空管单位。飞机到达目的地机场后要立即向机场空管当局做出到达报告，这次飞行计划随之结束。

2. 飞行进程单

各个管制单位收到飞行计划后，填写飞行进程单来实行和记录本此飞行班次的程序管制的过程。

始发机场的塔台管制员负责接收飞行计划的信息，并将飞行计划输入计算机，生成飞行进程单。在整个飞行过程中，这个飞行进程单将在各管制员之间传递。该飞行进程单包含了跟踪这架飞机所必需的全部信息，而且一旦飞行计划获得批准，管制员将向飞行员颁发放行许可，并将飞行进程单传递到塔台中的地面管制员。一旦飞机到达指定起飞跑道，地面管制员就将飞行进程单转交给机场空中交通管制员。接下来的飞行过程中，区域管制中心、飞行途经的管制单位和终到机场的管制单位根据飞行计划和驾驶员报告的位置及有关信息填写自己的飞行进程单，如发现间隔过小则采取措施调配间隔，从而保证飞行间隔。

（二）雷达管制

雷达管制是依照空中交通管制规则中的条款和雷达类型及性能，对飞行中的航空器进行雷达跟踪监督，随时掌握航空器的航迹位置和有关飞行数据，并主动引导航空器运行。雷达管制包括：对一、二次雷达的识别确认；雷达引导；雷达管制最低间隔及雷达的管制移交等。

雷达管制员根据雷达显示，可以了解管制空域雷达波覆盖范围内所有航空器的精确位置，因此能够大大减小航空器的间隔，而且还可以为驾驶员提供导航引导、仪表着陆引导等空中交通管制服务，从而提高了空中交通管制的安全性、有序性和高效性。

目前，在民航管制中使用的雷达种类为一次监视雷达和二次监视雷达。

一次监视雷达发射的一小部分无线电脉冲被目标反射回来，并由该雷达收回加以处理和显示，在显示器上只显示一个亮点而无其他数据。二次监视雷达是一种把已测到的目标与一种以应答机形式相配合配备协调起来的雷达系统，能在显示器上显示出标牌、符号、编号、航班号、高度、运行轨迹及特殊编号等。

1. 目标的识别

雷达识别是将某一特定的雷达目标或雷达位置符合与某特定航空器相关联的过程。如果把和目标相对应的飞机搞错了，将会导致严重的航行事故。

所以，在向航空器提供雷达管制服务前，雷达管制员应当对航空器进行识别确认，并保持该识别直至雷达管制服务终止。失去识别的，应当立即通知该航空器，并重新识别或终止雷达服务。

雷达的目标识别包括一、二次雷达的目标识别确认。

2. 雷达引导

雷达引导是在使用雷达的基础上，以特定的形式向航空器提供航行引导。雷达管制员应当通过指定航空器的应飞航向实施雷达引导，应当引导航空器尽可能沿便于航空器驾驶员利用地面设备检查自身位置及恢复自主领航的路线飞行，避开已知危险天气。

3. 雷达管制最低间隔

雷达管制最低间隔（以下简称雷达间隔）适用于所有被雷达识别的航空器之间。雷达间隔最低标准如下：

① 进近管制不得小于 6 千米，区域管制不得小于 10 千米。

② 在相邻管制区使用雷达间隔时，雷达管制的航空器与管制区边界线的间隔在未经协调前，进近管制不得小于 3 千米，区域管制不得小于 5 千米。

③ 在相邻管制区使用非雷达间隔时，雷达管制的航空器与管制区边界线的间隔在未经协调前，进近管制不得小于 6 千米，区域管制不得小于 10 千米。

比较上面的数据，可以看出雷达管制大大减小了间隔距离，使机场跑道空域和航路的利用率大大提高，对于民航运输的发展有着巨大促进作用。

4. 雷达的管制移交

当一架飞机进入一个管制员的控制范围或扇面并被识别之后，在这个范围内管制员要负责这架飞机的安全间隔和管制引导，当飞机要废除这个范围或扇面时，这个管制员要把这架飞机的屏幕上的识别符号和管制权移交给下一个管制员。这要按照一定的程序进行，在飞机越过两个管制范围的边界前要得到下一个范围管制员的同意，然后做出移交决定。在飞机越过边界前，驾驶员要和下一个范围的管制员简单通信联系，在飞机越过边界时完成移交。对于接收飞机的管制员要在屏幕上辨认出这架飞机，在判定没有相撞危险时同意飞机进入其管制范围，但在飞机越过边界之前不能指令飞机改变航行参数，在飞机越过边界那一刻之前飞机仍旧服从前面一个管制员的指令。因而目标的移交是按照严格的程序在两个管制员意见一致时协调进行的。这样就可以避免潜在的混乱和危险事故。在繁忙的机场或空域，出入空中的飞机很多，空域被划分成很多扇面，每个扇面由一个管制员负责，这时目标的移交会大量发生，因而目标的识别和移交为雷达管制中的基本程序。

5. 雷达管制与程序管制的区别

与程序管制相比，雷达管制是空中交通管制的巨大进步。雷达管制使用了精确的监视雷达设备。程序管制和雷达管制最明显的区别在于两种管制手段允许的航空器之间最小水平间隔不同。比如，在区域管制范围内，程序管制要求同航线、同高度航空器之间最小水平间隔 10 分钟(对于大中型飞机来说，相当于 150 千米的距离)；雷达监控条件下的程序管制间隔只需 75 千米，而雷达管制间隔仅仅需要 20 千米。允许的最小间隔越小，单位空域的有效利用率就越高，飞行架次容量就越大，越有利于保持空中航路只会顺畅，更有利于提高飞行安全率和航班正常率。

目前，国外空中交通管制发达的国家已经全面实现了雷达管制，而中国民航正逐步在主干航路实现雷达管制。

【相关知识链接】

空中交通管制的巡行机制

在美国航空旅行的高峰时段，每小时大约有 5000 架飞机在空中穿梭飞行。也就是说，每天大约有 50000 架飞机飞行在美国领空。如何确保这些飞机不会相撞？飞机又如何进出机场或穿越国境？

确保商业飞机和私人飞机安全飞行的重任就落在了空中交通管制员的肩上。他们的任务是协调数千架飞机的飞行，让它们彼此保持安全的距离，指挥飞机在机场起飞和着陆，使其在恶劣天气中安全飞行，确保空中交通的顺畅，以及最大程度地减少航班延误现象。

目视飞行与仪表飞行

小型飞机的一些飞行员完全依赖目视飞行(目视飞行规则，简称 VFR)。这些飞行员不需要向美国联邦航空局提交飞行计划，除了飞行服务站和机场塔台以外，他们不能享受主流空中交通管制系统的服务。大型商业航班的飞行员则使用仪表飞行(仪表飞行规则，简称 IFR)，因而可以在各种天气条件下飞行。他们必须提交飞行计划，可以得到主流空中交通管制系统的服务。

一想到空中交通管制，您脑海里可能就浮现出机场塔台中的工作人员的形象。然而，空中交通管制系统远比这要复杂得多。这里对美国的空中交通管制进行一番“解剖”。我们将全程跟随一架飞机从离港到抵达的整个过程，看看在这个过程中飞机要和哪些管制人员打交道，他们每个人都干些什么，使用什么设备以及受过怎样的训练。

美国本土空域分为 21 个区域(中心)，每个区域再分为若干扇区。在每个区域内，又有若干个直径约为 80.5 千米的空域，称为终端雷达进场管制(TRACON)区。

每个 TRACON 空域中都分布着一些机场，每个机场有半径为 8 千米的空域。

由联邦航空局(FAA)实施的空中交通管制系统即是围绕这些空域设计的，空中交通管制系统由以下部分构成：

① 空中交通管制系统指挥中心(ATCSCC)：全面监控空中交通管制。在出现恶劣天气、交通超负荷、飞机跑道停用等紧急问题的区域，它还会直接管理空中交通管制。

② 航线管理中心(ARTCC)：每个区域都有一个航线管理中心。每个航线管理中心负责管理其区域的所有扇区中的空中交通，除了 TRACON 空域和本地机场空域之外。

③ 终端雷达进场管制 TRACON：负责在本区域内起飞和进场的飞机。

④ 空中交通管制塔台(ATCT)：有定期航班的每个机场都有空中交通管制塔台。这些塔台负责指挥所有飞机的起飞、着陆及地面交通。

⑤ 飞行服务站(PSS)：为往返飞行于小机场及乡村地区的私人飞机飞行员提供包括天气、航线、地形及飞行计划在内的丰富信息，它还为出现紧急事故的飞行员提供援助，协调失踪或误点飞机的搜救工作。

飞机在各个空域扇区中穿行，就好像篮球队或足球队的球员突破"区域"防守一样。当飞机穿过某个特定空域区域时，将由一个或多个负责区域的空中交通管制员接受对其进行监控。这些管制员不断地监视着飞机，还不时向飞行员发出指令。当飞机飞离该区域，进入另一区域后，空中交通管制员会将其转交给负责该新区域的管制员来指挥。

让我们跟随一次航班，近距离体验这个系统的运行机制。

假设您在美国上空飞行，比如从纽约飞往旧金山。您所搭乘的航班与其他商业航线航班一样，都遵循一个典型规程：

① 飞行前的准备。这部分工作在地面进行，包括飞行检查，将飞机从停机位拖出并滑行至跑道。

② 起飞。飞行员发动飞机，沿着跑道加速。

③ 离场。飞机离开地面，爬升至巡航高度。

④ 途中。飞机穿越一个或多个中心空域，飞向目的地机场。

⑤ 下降。飞机下降并调整航向，飞往目的地机场。

⑥ 进场。飞行员调整飞机使其对准着陆跑道。

⑦ 着陆。飞行在制定跑道着陆，滑行至目标停机位，停在指定区域。

在您准备登机之前，飞行员需要对飞机进行安全检查，向机场塔台提交飞行计划——所有通过仪表导航的飞行员都必须在飞机被拖离停机位前至少 30 分钟提交飞行计划。飞行员查看航线沿途的天气情况，规划航线并提交飞行计划。

飞行计划包含以下内容：

① 航线名称及航班号；

② 飞机及设备型号；

③ 预定速度及巡航高度；

④ 飞行路线，包括起飞机场、途径区域和目标机场。

飞行员会将这些信息传输到塔台。

在机场塔台，有一个称为航班信息员的管制员负责审查天气和飞行计划的信息，并将飞行计划输入联邦航空局的主机中。该计算机生成飞行进程单，在整个飞行过程中，这个飞行进程单将在各个管制员之间传递。该飞行进程单包含了跟踪这架飞机所必需的全部信息，而且不断更新。

一旦飞行计划获得批准，航班信息员将向飞行员颁发放行许可(放行许可颁发)，并将飞行进程单传递到塔台中的地面管制员。

地面管制员负责指挥所有地面交通，包括飞机由停机位向起飞跑道滑行、飞机由着陆跑道向停机位滑行。地面管制员确认一切安全后，就会指挥飞行员将飞机拖离停机位(航空公司人员驾驶拖车将飞机拖离停机位)。当飞机向起飞跑道滑行时，地面管制员监控机场的所有滑行道，并利用地面雷达系统，跟踪监视所有的飞机(在天气恶劣时这就显得尤为必要)，确保飞机不会穿过其他正在使用的跑道，也不会干扰地勤车辆。地面管制员通过无线电通信与飞行员通话，向其发出指令，诸如沿哪条滑行道滑行，驶往哪条跑道起飞等。一旦飞机到达指定起飞跑道，地面管制员就将进程单转交给本地管制员。

本地管制员在塔台中观察机场上空情况，并利用地面雷达跟踪飞机。本地管制员负责确保飞机在起飞时保持安全间距，确认安全之后，他会向飞行员发出起飞的最终放行许可并为离场管制员提供新的无线电通信频率。一旦得到放行许可，飞行员必须确定是否可以安全起飞。如果一切安全，飞机将沿着跑道加速，当飞机离开地面后，本地管制员通过电子方式将飞机的引航职责转交给出发机场的终端雷达进场管制区的离场管制员，但在飞机飞离机场 8 千米之前仍会对其进行监视。飞行员此时将与离场管制员通话。

一旦飞机起飞，飞行员就会开启机内的应答机设备。应答机检测接收到雷达信号并向检测到的雷达波的方向广播放大编码无线信号。这个应答机雷达信号为管制员提供飞机的航班号、高度、飞行速度和目的地等信息。在管制员的雷达屏上，将会出现一个代表飞机的光点，旁边显示上述信息，这样，管制员就可以跟踪监控飞机了。

飞机的应答机将飞行数据传输到接收的雷达信号。

离场管制员位于中断雷达进场管制设施中，该终端雷达进场管制设施所管辖的空域内(半径 80 千米)可能有几个机场。离场管制员利用雷达监控飞机，确保正在爬升的飞机之间保持安全间距。他们还向飞行员发出指令(方向、速度、爬升速率)，使飞机沿着常规的爬升通道通过 TRACON 空域。

离场管制员负责监控飞行的爬升阶段。当飞机离开 TRACON 空域时，离场管制员将飞机移交中心管制员(航线中心管制员)监控。每次当飞机在管制员之间进行移交时，都会将更新的飞行进程单打印出来，传送给下一位管制员。

一旦飞机离开 TRACON 空域，就会进入 ARTCC 空域的某个扇区中，此时至少有两名空中交通管制员在监控飞机。在飞机进入该扇区前的 5～30 分钟，雷达副班管制员讲解收到飞行计划信息，副班管制员与雷达管制员共同负责管理该扇区。雷达副班管制员负责所有的空对地通信，使本扇区内的飞机保持安全间距，并同其他扇区和中心协调工作。管制员必须监控高空（高于 7320 米）和低空（低于 7320 米）的空域，直到飞机离开他们负责扇区。这时他们会将责任转交给下一个扇区的管制员。

在交通负荷很高的时段，雷达移交管制员也会协助雷达管制员和雷达副班管制员观察雷达屏幕，帮助维持空中交通的畅通。

当您在飞机上悠然自得地享受美餐小吃，或观看飞机上的电影，欣赏窗外的大好风光时，飞机在不知不觉穿越了一个又一个的扇区和区域。在每个扇区中，都有区域管制员向飞行员发出无线指令。飞机可能为了躲开恶劣的天气或绕过某个拥挤不堪的扇区而改变原定航线。飞行员还可能请求改变飞行高度，以避开或减弱湍流的影响。飞行员一路上都在与区域管制员不断进行双向交流。当飞机距离目的地旧金山只有大约 241 千米时，区域管制员指示飞行员降低高度，让所有要在机场降落的飞机排队等候。管制员向飞行员下达诸如调整方向、速度和高度的指示，让飞机井然有序地依次降落。根据交通条件的需要，管制员可能让飞机处于等待状态沿着每个机场周围的标准路线巡航，直到机场能够安排飞机着陆。在飞机进入 TRACON 空域之前，管制员都会不断向飞行员发出指令。

当正在下降的飞机离旧金山机场的距离不足 80 千米时，就进入了终端雷达进场管制区。进场管制员指示飞行员调整飞机的方向、速度和高度，并排队等候，然后准备沿标准降落通道着陆。飞行员随即调整飞机，使其对准跑道。当飞机距离跑道还有 16 千米时，进场管制员将飞机交由机场塔台的本地管制员指挥。

机场塔台的本地管制员使用交通双筒望远镜式的地标雷达监视跑道和上空的情况。在确认一切安全之后，本地管制员会通知飞行员，而且还会指挥飞机滑行到出口滑行道，并告知飞行员与地面管制员通话的新的无线电通信频率，然后将飞机交由地面管制员负责管理。

地面管制员密切监视跑道和滑行道，并利用地面雷达信息，确保滑行的飞机不会穿越正在使用的跑道，也不会干扰地勤车辆。地面管制员指挥飞机停靠在相应的停机位，航空公司的地勤人员用手势指挥，协助飞行员将飞机停靠在停机位。

第三节　飞行情报服务和告警服务

一、飞行情报服务

2000年10月31日新加坡航空公司SQ006波音747客机在台北桃园机场降落，因错误进入施工中的跑道，在降落滑跑过程中与施工机械相撞，造成机毁人亡的重大事故。

经调查，事故原因在于场建部门提供原始资料不准确、不完整，航行情报部门没有进行现场核对、认真分析，正确、明了地发布有关通告。

航行情报是否及时准确严重关系到飞行的安全。为了保证飞行的安全，民航当局要向驾驶员和有关航行的系统提供准确的飞行前和飞行中所需要的情报。这个任务称为航行情报服务。航行情报服务是空中交通服务的职责，其目的是在指定区域内，负责为空中航行的安全正常和效率提供所需航行资料和数据。

航行情报部门由民航总局空管局情报中心、地区空管局情报中心、省(区)情报部门、机场情报构成一个完整的系统，它的职责是收集编辑、设计制作和发布提供为保证飞行安全、正常和效率所需的各种航行情报资料，并定期或连续向外发布航行情报，和空中交通管理部门协同工作，以保证驾驶员在飞行情报区覆盖范围内任何位置都可以通过电信得到需要的航行情报。

(一) 航行情报服务的内容

航行情报服务的具体内容分为航图、航行资料和气象报告三大类，具体内容包括以下几个方面：

① 编辑出版《中国民用航空航行手册》和《中华人民共和国航行资料汇编》。

② 制定审核机场使用细则，设计审理机场仪表飞行程序。

③ 汇编出版各种航图(包括机场图、标准仪表进场图、标准仪表离场图、停机位置图、区域图、航路图、机场障碍物A型图和进近递进图)。

④ 收集、校核及发布航空通告。

⑤ 向机组提供飞行前和飞行后航行情报服务，以及空中交通管制工作所需的航行资料：航行通告；重要天气情报SICMET；导航服务内容变动的信息；机场设施、飞行区情况，影响飞行的雪、冰、积水等信息；碰撞危险的示警报告，应驾驶员要求有关无线电呼号、真实航迹，以及在水上飞行时水面船只的运动情况等。

(二) 航行情报的发送

航行情报主要使用高频通信、甚高频通信和航站自动情报服务广播(Automatic Terminal Information Service，ATIS)三种手段发送。

航站自动情报服务是由于繁忙机场为减少甚高频通信频道负荷而提供的广播服

务。广播是连续重复而且不断更新内容的。它主要针对飞机在这个机场上运行必须掌握的有关情况，具体包括以下几个方面：

① 机场的名称、代号。

② 观测的时间。

③ 在用跑道情况，跑道系统有无潜在问题。

④ 跑道道面重要情况。

⑤ 是否需要等待。

⑥ 地面风向、风速。

⑦ 能见度和跑道能见距离。

⑧ 1500 米以下的云层。

⑨ 高度表设定以及其他的 ATIS 的指令。

二、告警服务

告警服务的任务是向有关组织发出需要搜寻援救航空器的通知，并根据需要协助该组织或协调该项工作的进行。

中国民用航空局负责统一指导全国范围的搜寻民用航空器的工作，各省、自治区和直辖市人民政府负责本行政区或内陆地搜寻航空器工作，民用航空地区管理局予以协助，国家海上搜寻救援组织负责海上搜寻民用航空器工作，有关部门予以配合。各级交通管制单位对其管制下的一切航空器都有提供告警服务的责任；对于非管制飞行的航空器也应当尽力提供此项服务，以便使遇到紧急情况的航空器能够得到及时搜寻援救。

关于搜寻救援工作，国际民航公约附件 12 制定了国际标准的和建议措施。规定飞行中遇到严重威胁航空器和航空器上工作人员生命安全的情况时，机长应当立即发出规定遇险信号，同时打开识别器的遇险信号开关。装有应答机的航空器，应将其位置设定为“A7700”。情况许可时，还应当用搜寻救援频率 121.5 兆赫或 243 兆赫报告航空器位置、遇险性质和所需要的援救。海上飞行时，可以使用 500 兆赫或 2181 兆赫。

为了对遇到紧急情况的民用航空器能够及时提供告警服务，各级空中交通管制单位必须做好以下几方面预先准备工作：

① 备有和熟悉本地区搜寻援救民用航空器的方案。

② 了解和熟悉担任搜寻救援的单位，可以提供服务的方法。

③ 对于出现不同紧急情况的告警预案和必要的资料做好准备。

④ 民用航空地区管理局空中交通管制部门的调度室还应当与本地区有关省、自治区、直辖市的海上搜寻援救组织建立直接的通信联络。搜寻救援民用航空器的通信联络应当符合以下规定：

- 民用航空器空中交通管制单位和担任搜寻救援的航空器应当配备 121.5 兆

赫或 243 兆赫航空紧急频率的通信设备；

- 担任海上搜寻救援的航空器应当配备 2182 兆赫海上遇险频率的通信设备；
- 担任搜寻救援任务的部分航空器应当配备能够向遇险航空器所发出的航空紧急示位信标归航设备，以及在 156.8 兆赫（调频）上同搜寻救援船舶联络的通信设备；
- 当受到航空器紧急、遇险的情况报告或信号时，管制员应当迅速判明航空器紧急程度、遇险性质，按照相应的紧急情况等级提供服务。

第四节　空域管理与空中交通流量管理

空域是指航空器在大气空间中的活动范围。空域是国家的重要资源，由国家实行统一管理。

一、空域管理

民用航空飞行的航线和区域遍布全国。为了在广阔的空间对航空运输飞行的飞机能提供及时、有效的管制服务、飞行情报服务和告警服务，防止飞机空中相撞和与地面障碍物相撞，保证飞行安全，促使空中交通有秩序地运行，必须进行空域管理。

空域管理的主要内容包括空域划分和空域规划。

（一）空域划分

俗话说，“海阔凭鱼跃，天高任鸟飞”。在一般人眼里，飞机在空中可以随心所欲地飞行。其实不然，空域是宝贵的国家资源，为了规范航空器在其中的飞行行为，让飞行更加安全、顺畅，空域使用更加有效，避免空域资源的虚耗和浪费，我们人为地将空域进行了划分，按照《民用航空使用空域办法》中空域分类的描述，我国用于民用航空的空中交通管制空域，分为飞行情报区、管制区、限制区、危险区和禁区。

1. 飞行情报区

飞行情报区是为了提供飞行情报服务和告警服务而划定范围的空间。我国现有 10 个飞行情报区：北京、上海、广州、沈阳、昆明、武汉、兰州、乌鲁木齐、台北和香港，为中国境内和境国际民航组织批准由我国管理的境外空域内飞行的航空器提供飞行情报服务。

2. 管制区

管制区是指地球表面之上的规定界限向上延伸的管制空域。管制空域是一个规定的空间，在其中飞行的航空器要接受空中交通管制服务，根据所划空域内航路结构和通信导航能力、监视能力，我国将管制空域分为高空管制区、中低空管制区、进近（终端）管制区和塔台管制区，也称为 A、B、C、D 类空域。

A 类空域内仅允许航空器按照仪表飞行规则飞行，对所有飞行中的航空器提供空中交通管制服务，并在航空器之间配备间隔。A 类空域为高空管制空域，在我国境内标准大气压高度6000米(不含)以上的空间,划分为高空管制区空域。

B类空域内允许航空器按照仪表飞行规则飞行,或者按照目视飞行规则飞行,对所有飞行中的航空器提供空中交通管制服务,并在航空器之间配备间隔。B类空域为中低空管制空域,在我国境内标准大气压高度6000米(不含)以下最低高度层以上的空间划分为中低空管制空域。对符合目视飞行规则条件的,经航空驾驶员申请,并经中低空管制室批准,也可以按照目视飞行规则飞行,并接受空中交通管制服务。

C类空域内允许航空器按照仪表飞行规则飞行或者按照目视飞行规则飞行,对所有飞行中的航空器提供空中交通管制服务,并在按照仪表飞行规则飞行的航空器之间,以及在按照仪表飞行规则飞行的航空器与按照目视飞行规则飞行的航空器之间配备间隔;按照目视飞行规则飞行的航空器应当接收其他按照目视飞行规则飞行的航空器的活动情报。C类空域为进近管制空域,通常是指在一个或者几个机场附近的航路、航线汇合处划设的,便于进场和离场航空器飞行的管制区域。它是高空管制空域与塔台管制空域之间的连接部分。对符合目视飞行规则条件的,经航空驾驶员申请,并经相应管制单位批准,也可以按照目视飞行,并接受空中交通管制服务。

D类空域允许航空器按照仪表飞行规则飞行或者按照目视飞行规则飞行,对所有飞行中的航空器提供空中交通管制服务,在按照仪表飞行规则飞行的航空器之间配备间隔,按照仪表飞行规则飞行的航空器应当接收所有其他飞行的航空器的活动情报。D类空域为塔台管制空域,通常包括起落航线、第一等待高度层及其以下的空间和机场机动区。管制塔台负责塔台管制区的空中交通管制服务。对符合目视飞行规则条件的,经航空驾驶员申请,并经塔台管制室批准,也可以按照目视飞行规则飞行,并接受空中交通管制服务。

特殊空域包括禁航区、限制区和危险区。

- 禁航区是在陆地或海洋上空规定范围的空域,其内禁止航空器飞行。
- 限制区是一划定范围的空域,其内按照某些规定的条件受到限制。
- 危险区是一划定范围的空域,其中的某些规定时间内存在对飞行有危险的活动。

飞行中的航空器应使用机载和地面导航设备,准确掌握航空器位置,防止航空器误入危险区、限制区、禁止区。空中交通管制单位应当严密监视飞行中的航空器动态,发现航空器将误入危险区、限制区、禁止区时,应当及时提醒航空器,必要时采取措施予以纠正。

(二)空域规划

空域规划是指对某一给定空域(通常为终端区),通过对未来空中交通量需求的预测,根据空中交通流的流向、大小及分布,对其按高度方向和区域范围进行设计和规划,并加以实施和修正的全过程。其目的为:增大空中交通容量;理顺空中交通流量;有效利用空域资源;减轻空中交通管制员工作负荷;提高飞行安全水平。

空域规划包括航路规划、进离场方法和飞行程序的制定。通过航路规划,将同一航线按不同高度加以划分。主要的航线设置为单向航路,可以大大提高航线上的飞行流量。进离场属于复杂的进近管制阶段,进离场程序的制定除了受机场净空、空中走廊的限制之外,还要受周边机场使用空域的影响。机场作为空中交通的起点和终点,其上空是航空器运行最密集的区域,航空器在这一空域中相撞的概率是最高的,因此是空中交通管制的重点。

二、空中交通流量管理

随着国际民航运输业的快速发展,空中交通流量增长较快,出现了世界范围内机场空域和航线网的拥挤,这种拥挤不仅导致飞行冲突的频繁发生,而且还形成了空中交通网络的“瓶颈”。因此,必须对有限的空域资源实行有效的管理。

空中交通流量管理是指科学地安排空中交通量,即充分利用空中交通管制系统的可用容量,使得空中交通安全、高效、有序,提高资源的利用率。其目的在于当交通需求已超出或即将超出空管系统的可用容量时,在保证飞行安全的前提下,采取适当的措施使得优化的交通流量流入或通过相应的区域。

(一)流量管理的分类

流量管理分为先期流量管理、飞行前流量管理和实时流量管理。

① 先期流量管理包括对全国和地区航线结构的合理调整,制定班期时刻表和飞行前对非定期航班的飞行时刻进行协调。其目的是防止航空器在某一地区或机场过于集中和出现超负荷流量,危及飞行安全,影响航班正常飞行、运营。列如:某日广州白云机场飞行报告室值班员在处理次日飞行计划时,收到一份某飞行大队发来的转场训练的飞行计划。该值班员根据次日飞行计划,了解到次日本场飞行量较大,经值班领导同意后,向该飞行大队发出了不同意接受的批复电报。

② 飞行前流量管理是指当出现恶劣天气、通信导航雷达设施故障、预计扇区或区域流量超负荷等情况时,采取改变航线,改变航空器开车、起飞时刻等方法,疏导空中交通,维持正常飞行秩序。

③ 实时流量管理是指当飞行中发现或者按照飞行预报将要在某一段航路、某一区域或某一机场出现空中交通流量超过限额时,采取改变航段,增开扇区,限制起飞、着陆时刻,限制进入管制区时刻或者限制通过某一导航设备上空的时刻,安排航空器空中等待,调整航空器速度等方法,控制航空器按照规定间隔有秩序地运行。

(二)流量管理的方法

① 各航空公司在制定班期时刻表报民航总局批准前,事先应征得有关管制室的同意。

② 妥善安排非定期航班的飞行时刻。

③ 限制航空器开车、滑行、起飞时刻。

④ 限制航空器进入管制区或者通过某一导航设备上空的时刻。

⑤ 限制航空器到达着陆站的时刻。

⑥ 安排航空器在航线某一等待航线上或者着陆机场等待空域上空进行等待飞行。

⑦ 改变航空器飞行航线。

⑧ 调整航行器飞行速度。

(三)流量管理的原则

实施空中交通流量管理的原则：以先期流量管理和飞行前流量管理为主，实时流量管理为辅。

① 调整航线结构由地区管理局提出建议，由民航总局空中交通管理局与有关单位协调后实施。

② 协调定期航班时刻，由航空器经营人提出，经地区管理局审核后，由民航总局空中交通管理局批准。协调非定期航班时刻，按照有关规定执行。

③ 因航线天气恶劣需要改变预定飞行航线时，由有关航空器经营人或民航总局空中交通流量管理单位提出申请，经民航总局与有关单位协调后，通知有关地区管理局空中交通流量管理单位和空中交通管制单位。因通信、导航、雷达设施发生故障需要改变预定飞行航线时，由发生故障的单位逐级上报至民航总局，由民航总局空中交通流量管理单位与有关单位协调后，向有关地区管理局空中交通流量管理单位和空中交通管制单位发出改变预定航线的电报。预定扇区或区域流量超负荷需要改变航线或航段时，由有关区域管制室向地区管理局空中交通流量管理单位报告，如果采取的措施只涉及本区管制单位，则有地区管理局空中交通流量管理单位与当地有关单位协调后发布改变航线或航段的通知，并抄报民航总局空中交通流量管理单位备案；如果采取的措施超出本地区的管辖范围，则应当上报民航总局空中交通流量管理单位。

④ 限制起飞、着陆时刻和空中等待的程序，根据空中交通流量管理的需要确定，区域管制室有权限制本管制区内各机场飞机的起飞时刻，有权就即将由上一区域管制室或进近管制室(机场管制塔台)管制区飞进本管制区的航空器提出限制条件，有权增开扇区。进近管制室(进场管制塔台)有权就即将由区域管制区飞进本管制区的航空器提出限制条件，有权增开扇区。机场管制塔台有权限制即将由区域(进近)管制室管制区进入本管制区的航空器在本场着陆的时刻。机场管制塔台有权限制航空器的开车和起飞时刻。

上述管制单位提出限制要求时，应当将限制要求及时通知其他有关管制单位，由该有关管制单位向航空器发出限制指令。

第五节　空中交通管制设施及新航行系统

一、空中交通管制系统

空中交通管制设施是指空中交通管制系统中常用的设施设备，主要包括航天无线电导航系统、雷达系统和通信系统等。

（一）航天无线电导航系统

无线电导航是借助于飞机上的无线电设备接收和处理无线电波来获得飞机导航参量的一种导航方法，其采用无线电导航设备和地面导航台对飞机定位和导航。

无线电导航的特殊优点是：不受时间和天气的限制；精度高，可达到机密的定位精度；定位时间短，甚至可以连续、适时地定位；设备简单、可靠；可以在复杂气象条件下或夜间引导飞机着陆。正是因为无线电导航有着其他类导航所无可比拟的优点，几十年来，特别是近30年来，无线电导航得到惊人的发展。但是，无线电导航存在着一个机理性的狭隘，即它必须发射和接收无线电波，因而易被发现和受到干扰，其地面设施也易遭破坏。

1. 仪表着陆系统

仪表着陆系统是目前应用最为广泛的飞机精密近进和着陆引导系统。它能够形象地指示飞机与着陆航道和下滑道的相关位置，能在低天气标准或飞行员看不到任何目视参考的天气下，引导飞机进近着陆，所以人们就把仪表着陆系统称为盲降。

盲降的作用在天气恶劣、能见度低的情况下显得尤为突出。它可以在飞行员肉眼难以发现跑道或标志时，给飞机提供一个可靠的进近着陆通道，以便让飞行员掌握位置、方位、下降高度，从而安全着陆。由于精密度不同，盲降给飞机提供的进近着陆标准也不一样，可分为Ⅰ类标准、Ⅱ类标准、Ⅲ类标准。从建立盲降到最后着陆阶段，若飞机低于盲降提供的下滑线，则盲降系统就会发出告警。

仪表着陆系统是飞机进近和着陆引导的国际标准系统，是第二次世界大战后与1947年由国际民航组织确认的国际标准着陆设备。全世界的仪表着陆系统都采用ICAO的技术性能要求，因此任何配备盲降的飞机在全世界任何装有盲降设备的机场都能得到统一的技术服务。

仪表着陆系统由安装在跑道规定位置上的108～118兆赫的航向信标、329.15～335兆赫的下滑信标、2或3个75兆赫的指定信标以及相应的机载设备组成。在低能见度的情况下，能将飞机引导到跑道入口处30米的高度上，对保证飞机安全着陆具有重要的作用。但是，ILS在使用过程中有许多本身无法克服的缺点，限制了它的使用。

2. 微博着陆系统

微博着陆系统是基于客服ILS存在的问题而提出来的。它主要提高了工作频率 5031～5090.7 兆赫，采用时间基准扫描波束，从而提高了精度；减小了天线尺寸；减少了地面建筑物反射信号的影响，可选频道多达 200 个，引导范围大。国际民航组织已制定了从 ILS 过渡到 MLS 的具体计划，并将逐步替代现行的 ILS。

3. 全向信标导航系统

全向信标导航系统能够给飞行器提供方向信息，由于其工作频段为 108.00～117.95 兆赫的甚高频段，故此得名。其由机载甚高频全向信标接收机、显示器和地面甚高频全向方位导航台组成。

地面 VOR 发射机发送的信号有两个：一个是相位固定的基准信号，另一个信号的相位随着围绕信标台的圆周角度是连续变化的。也就是说，各个角度发射的信号的相位都是不同的。向 360°发射的与基准信号是同相的，而向 180°发射的信号与基准信号相位差 180°。飞行器上的 VOR 接收机根据收到的两个信号相位差就可以计算出自身处于信标台哪一个角度发射的信号，得出飞机相对于导航台的方位角。VOR 通常与测距仪同址安装，在提供给飞行器方向信息的同时，还能提供飞行器到导航台的距离信息，这样飞行器的位置就可以被唯一地确定下来。

4. 卫星导航系统

卫星导航系统是把导航台设置到人造卫星上的一种导航系统。它由导航卫星、地面监控和用户接收机三部分组成。用户接收机的主要功能是要捕获到按一定卫星截止角所选择的待测卫星，并跟踪这些卫星的运行。当接收机捕获到跟踪的卫星信号后，就可以测量出接收天线至卫星的伪距离和距离的变化率，解调出卫星轨道参数等数据。根据这些数据，接收机中的微处理计算机就可按定位解算方法进行定位计算，计算出飞行器的位置以及飞行速度等信息。

GPS 是一种卫星导航系统，实质上也是一种无线电导航系统。但因为它吸取了现代最新科技成果，不但为载体导航和定位提供了最有效的手段，同时还具有精确授时功能。因此，该系统就具有取代目前正在使用中的各类无线电导航系统的潜力，对无线电导航系统以至整个导航系统未来的发展计划及整体布局产生重大影响。基于此，美国把发展 GPS 作为实现无线电导航现代化的核心，并逐渐取代和淘汰目前使用的一些航空无线电导航系统。国际民航组织也决定，将 GPS 或其他卫星导航系统作为制定 21 世界空中导航系统政策的里程碑。可以肯定地说，GPS 将成为 21 世纪的重要导航系统。

（二）雷达系统

雷达是一种通过辐射无线电波，并检测是否存在目标的反射回波以及回放的特性，从而获取目标的距离、相对速度、角方位，甚至大小和形状信息的探测装置。由于它能在近至几米，远达数千米的范围内探测目标，并有较佳的定位精度，因此在军事和民用两方面都得到应用与发展。

在空中交通管理方面的雷达有一次雷达和二次雷达。雷达发射电波后靠接收目标反射回波，由此得出目标的距离和方位信息，称为一次雷达；如果回波是来自目标上的发射机转发的辐射电波，则称为二次雷达。

空中交通管理系统使用的一次雷达，按管理区的使用划分，一般可分为航路（道）监视雷达、机场监视雷达和精密近进雷达。这些一次雷达的优点是：可以在雷达荧光屏显示器上用光点提供飞机的方位和距离，不管飞机上是否装有应答机，都能正确地显示，故其成为空中交通管理不可缺少的设备。一次雷达的缺点是不能识别飞机的代码和高度，且反射回波较弱，易受固定目标的干扰。为了克服一次雷达的不足，发展了二次雷达。

二次雷达首先在军用机使用，一般称为敌我识别器。用此系统时，仅有装备特殊应答设备的飞机才给地面雷达站回答信号，这个系统后来应用到民用机上，就是装在飞机上的空中交通管理应答机。二次雷达是相对一次雷达而言的。地面询问雷达发射一定模式的询问信号，装在飞机上的应答机收到这个模式的询问信号后，经过信号处理、译码，然后由应答机发回编码的回答信号。地面雷达收到这个回答信号后，也经过信号处理，把装有应答机的飞机代码、高度、方位和距离显示在显示器上。二次雷达在国内简称为航管雷达。

（三）通信系统

航空通信是民航事业的重要组成部分，是空中交通部门实施空中交通管制的重要手段。民航通信业务是通过有线方式的有线电传、有线电话和无线方式的无线电话、无线电报等方式来进行的。航空通信系统涉及航空通信网络、机载通信系统和数据链路通信。

1. 航空通信网络

从通信的组织与实施角度来分，航空通信网络可分为航空固定业务和航空移动业务。航空固定业务是为保证民用航空飞行的安全、正常、高效和经济运转，在规定的地面固定电台之间进行的通信业务。该业务由航空固定电信网来完成。航空移动业务是航空器电台与地面对空台之间，或者航空器电台之间的无线电通信业务，按照通信方式可分为甚高频/高频语音通信和数据通信、卫星通信三部分。

2. 机载通信系统

机载通信系统用于飞机和地面电台或与其他飞机之间进行通信联络，以及在飞行内机组人员之间进行通话、向旅客传送话音等。它包括高频、甚高频、选择呼叫、客舱广播、话音记录器、内话等设备。高频系统主要用于飞机与地面电台或与其他飞机进行调幅和单边带通信联络。甚高频系统主要用于在机场空域内飞机与地面电台的通信联络。选择呼叫系统供地面人员向某一指定的飞机进行呼叫，音频信号是通过选用的高频通信系统或甚高频通信系统传输到飞机上的。话音记录器是记录飞机在着落 30 分钟前机组在耳机内的音频和驾驶舱内的音频。内话系统是将飞机上的各型无线电设备集中到用户盒便于在飞行中使用。

3. 数据链路通信

在空地通信网络系统应用了数据链，能够实现人-人，机-机和人-机间的数据传递。数据链是数据通信的应用，数据通信较之模拟通信有许多不可比拟的优点，如自适应选频技术、跳频、自动纠错等。数据链类型分为高频（HF）、甚高频（VHF）和二次监视雷达的S模式。

HF是进行远距离通信的基本频段，因为它的传输主要是由电离层反射完成的。HF数据链用于跨级、越洋飞行，已覆盖卫星、VHF无法涵盖的地区。HF数据系统的机载设备比卫星系统更加经济实惠。HF数据链主要用于长距离飞行的大型客机。

VHF是采用语音调制的标准空中交通管制频段，是民航当局为话音通信准备的，如空中交通管制位置报告等，主要用于较短途的传送。通常传输最大距离约为370千米。

二次监视雷达的S模式在对空中交通进行非相关监视的同时提供了空-地数据链路，它比VHF数据链速率高，被用于终端和其他交通密集区。

二、新航行系统

（一）新航行系统概述

航空运输量的急剧增加，使已有空中交通管制系统仅靠增加人力和物力已经不能满足需求。而且，现行航行系统存在一些缺点，比如精度低、可靠性差以及难以实现全球统一运行等。ICAO基于对未来商务交通量增长和应用需求的预测，为解决现行航行系统在未来航空运输中的安全、容量和效率不足等问题，1985年提出在飞机、空间和地面设施三个环境中利用由卫星和数字信息提供的先进通信、导航、监视技术。由于当时有些系统设备仍在研制中，尚不具备所需的运行条件，故ICAO将该建议称为未来航行系统方案。1993—1994年，ICAO将FANS更名为CNS/ATM系统，或简称为新航行系统。CNA系统在航空中的应用将为全球航空运输的安全性、有效性、灵活性带来巨大的变革，实现自动化、全球覆盖以及数据交换等功能，大大改善了由于客流量急剧增长而导致的空域拥挤状况。

（二）新航行系统的构成

新航行系统由通信、导航、监视和空中交通管理四部分组成。其中，通信、导航和监视系统是基础设备，空中交通管理是管理体制、配套设施及其应用软件的组合。

（三）新航行系统的特点

① 新航行系统主要新在“星基”上，即系统是以空中卫星为基本特征的。导航是系统的核心，通信是系统的必要条件，监视可以说是系统安全保障的手段，三者缺一不可。

② 新航行系统主要是“卫星技术＋数据链技术＋计算机网络技术”的应用。系统在采用新技术方面有如下特点：

- 利用卫星技术，从陆机通信、导航、监视系统逐步向星基通信、导航、监视系统过渡，逐步以星基系统为主；

- 数据链技术的开发利用，实现空-地、地-地可靠的数据交换，并进一步实现空-空数据交换；
- 系统的数字化。计算机处理及联网。

③ 同现行系统相比，新航行系统主要有以下三个特点：

- 具有充分的覆盖性，不受山区、沙漠和海洋的限制，能随时准确掌握空情，从而大大提高飞行安全和空域利用率，飞机可以灵活选择最佳的航线飞行，节约飞行时间和油料消耗；
- 能够充分利用信息资源，实现一定程度上的集中管理，发挥流量管理中心的管制中心计算机的自动数据处理能力，也有利于航行系统实现全球统一协调运行，提高飞机的自治飞行能力；
- 大大减少地面空管设施的数量，大幅度降低建设和维护费用。

(四) 中国民航实施新航行系统的计划与现状

1994 年，民航总局决定在我国民航领域启动新航行系统的实施工作，并成立了相应的领导小组，实施办公室和专家咨询组，正式启动这项跨世纪的民航现代化工程。为指导我国民航新航行系统的实施工作，制定并公布了《中国民航新航行系统实施政策》，确立了我国民航发展以卫星导航和数据链通信为基础的新航行系统的指导方针。在《中国民航新航行系统实施政策》的框架下，根据我国民航空管系统设施的情况，确定了一系列的技术发展方向。

在通信方面，确立了发展平面和地-空数据通信网络、甚高频和高频数据联通新的技术政策。首先推动基于地-空数据链通信的飞机通信寻址报告系统，并积极进行航空电信网的技术研究和设备开发工作。

在导航方面，确立了发展全球卫星导航系统的技术政策，包括逐步发展空中和地面的增强系统，满足航路导航和进近着陆导航需求，设计更灵活的航路系统和区域导航环境。

在监视方面，确立了在境内偏远航路和海洋区域航路上应用自动相关监视的技术政策。

在机载电子设备方面，确立了适当加速机队装备数据联通信和卫星导航机载设备，并加强适航审定和飞行标准相关标准、规章的制定与实施。

空中交通管理，确立自动化和系统集成的研究方向，制定新 ATS 程序。

在中国民航新航行系统实施过渡计划和技术政策的指导下，经过近十年的努力，在积极开展国际合作交流和立足国内实际探索发展的基础上，中国民航新航行系统的实施工作取得了长足的进展。

首先，在通信领域中，我们建成了世界第三的甚高频地-空数据链通信网，并投入实际使用多年；在航务通信和空管通信领域，扮演越来越重要的角色。该网络由誉为北京的网络管理与数据处理系统中心和 80 个远端站组成。基本实现了全国主要机场、国际航路和国内繁忙航路的甚高频数据通信覆盖，满足了航空公司及空中交通管理部分的各项地-空数据通信业务应用需求。

在导航方面，卫星导航系统在民用航空领域得到越来越广泛的应用，但在导航定位信息的安全性、准确性、可用性、连续性等方面尚存在问题，不能满足民用航空导航的要求。为此，中国民航总局空中交通管理局成立了全球导航卫星系统技术专家组，在卫星导航增强系统研究方面开展了大量的工作，提出建立中国民航自主的卫星导航系统完好性增强系统的计划，并予以实施。

在监视领域，我们已经在 L888、极地航路等部分航路上使用了自动相关监视系统提供监视服务。

在中国民航研究和实施新航行系统的历史中，2000 年 10 月，正式开放中国西部 L888 航路的建设与开通是新航行系统中通信、导航和监视新技术应用的集中体现。

L888 航路从中国与老挝边境入境思茅，经云南、四川、甘肃、新疆，至中哈边境出境进入欧洲，全长 3328 千米，形成新的跨欧亚航路。

第十五章　客舱沟通专项技能训练

【课前导读】

加强与乘客之间的交流和沟通是十分有必要的，特别要做到心与心的交流沟通，听取旅客的意见并及时改进服务，设身处地为乘客着想。比如，为老、幼、病、残、孕乘客服务时，要特别留意他们的不便之处，他们坐飞机时会比其他人显得更紧张和不安，更需要尽量多的关注和照顾。这时候，乘务员要把自己看成老年人的儿女，小朋友的大哥哥大姐姐，残疾人的好帮手，给予他们无微不至的关怀和悉心的照顾，让他们感到客舱就像自己的家一样安全、温馨。

模块一　客舱有效口语沟通

一、客舱沟通类型

（一）概　述

客舱沟通包括两个意思。一是指信息传递，二是指感情的沟通，而感情的沟通远比信息传递更普遍，两者是相辅相成的。同时，从管理的效果这个角度来讲，沟通是对信息的理解和执行的过程，沟通不紧强调信息的传递和理解，更重要的是执行的结果。再好的沟通如果没有体现在结果上，也就成了无效的沟通。

（二）类　型

客舱中的沟通包括语言沟通和非语言沟通两方面。

1. 语言沟通

语言沟通指运用语言、文字来传达信息的活动。它包括书面沟通和口语沟通。客舱中主要体现为口语沟通。

2. 非语言沟通

非语言沟通指借用非语言媒体实现的沟通，如利用人的姿态、声调、语调或者面部表情、肢体动作来传达某种信息等，都是非语言沟通。除了身体语言外，其他环境因素，如沟通情境内的物理环境、家具摆设、当事人对时间的知觉以及文化背景等，也可以用来进行沟通。

非语言沟通形式划分为以下五类。

(1) 体态语言

体态语言通常包括身体的姿势、身体各部位的移动、面部的表情变化、目光的接触等，也包括沟通活动中身体静态的部分传达的信息，比如身高、体态胖瘦、发型、肤色等身体特征。

如一次飞行中，一位旅客因对机场的服务不满，登机后情绪十分激动，对乘务员的工作百般挑剔，多次提出各种要求，有一点不如意就嚷着要写意见卡投诉。其实这样的情况在工作中经常会碰到。航空运输是一个特殊行业，“安全”两字高于一切，但也因为要承诺“安全”，民航的一些措施会给乘客带来一些不便。这样的矛盾无法避免，只能通过窗口服务——特别是客舱的优质服务来尽量减少冲突。理解乘客的心情，乘务员就不会因委屈而伤心甚至抱怨，从而会冷静应对，始终保持亲切的微笑，该解释的说明做到位，该服务的用心做好。

(2) 接触行为

接触行为指的是拥抱、爱抚及其他特殊的接触动作。

(3) 音调语言

音调语言包括音质、声调、语气、节奏(说话的速度)等。

(4) 空间语言

空间语言是指在人际交往的时候个人使用与感觉所需要保持的距离。比如，情侣之间及夫妻之间使用亲密距离(15～45 cm)，好朋友之间使用个人距离(35～120 cm)，管理人员和职工之间或教师与学生之间使用社会距离(120～350 cm)，在公开聚会场合使用公众距离(350 cm 以上)。此外，一个人在某个情景下长时间以来也有自己固定的领域或者空间距离。

(5) 环境因素

环境因素包括沟通过程中的环境，比如家具、建筑风格、设计、灯光、音乐以及对方的着装佩饰。佩饰指的是香水、帽子、眼镜、首饰、领带等装饰物品。

在非语言沟通形式中，主要指体态语言，包括微笑、目光、身体之态、手势等。

【乘机常识】

全世界每年死于道路交通事故的约达 70 万人，而其中死于空难的人数仅占千分之一左右。从这个意义上讲，乘飞机也许是最安全的交通方式。乘机时注意一些问题可以帮助人们减少危险。

① 机尾乘客易生还。空难时机尾的乘客生还率比较高，通常黑匣子也装在机尾，这里是最不易损坏的部位。

② 尽量选择直飞班机。据美国飞行安全专家的调查，多数空难发生于飞机起飞、下降、爬升及跑道滑行时，倘选择直飞班机，可减少起降的次数。

③ 机型越大越安全。飞机体积越大，受各种安全检查的次数就越多且越严，所以乘坐大型飞机旅客的生存率比小型飞机高。

④ 熟记飞行安全措施。乘客应细心聆听空姐讲解的飞行安全须知，熟悉紧急出口的位置及其他安全措施。

⑤ 大件行李勿随身带。发生紧急事故时，座位上方“物柜”会裂开，导致大件行

李掉落，从而危及乘客的安全。

⑥ 穿长衣长裤厚底鞋。乘飞机尽量避免穿T恤和短裤，最好穿长袖衫和长裤，因为一旦起火，长衣长裤可以提供更好的保护。选择厚底鞋，最好不要穿凉鞋，以免脚底部在空难时受到玻璃、金属等的伤害。

⑦ 双手抱头往前排靠。当飞机出现意外着陆时，乘客应做好适当的准备。不要向后靠在椅座上，而应当双手交叉搭在前排座位上，然后把头搁手上，飞机着陆之前应当一直保持这个姿势。

⑧ 飞机着火时快走弯腰低头。飞机停下之后，大火和有毒气体可能很快充满整个机舱，乘客应尽快撤向出口，同时尽量保证安全，低下身体。

二、客舱口语沟通训练

（一）客舱口语沟通的特点

从旅客方面调查的结果表明，文明礼貌、真挚和善的语言能引起旅客发自内心的好感；明确简洁、适当中肯的语言能增强旅客的信任感；适应对象、灵活多变的语言能给旅客以亲切感，使旅客获得心理上的满足。因此，客舱语言作为一种特殊的行业用语体现了以下特点：

1. 准确性

飞机作为交通工具，其安全性一直是旅客最为关心的问题，乘务员在做安全示范时语言必须准确。

2. 灵活性

保持服务一致性的过程中，乘务员应该灵活而且有创造性，和乘客之间保持良好的关系，而不要只是照本宣科地来做事。这是一个有关如何保持两者之间平衡的问题。如在提供服务时，一位乘客要求吃素食，而飞机上正好没有准备这种食物。这时乘务人员应该返回厨房，想想办法，找到一个解决方案，比如把各式各样的蔬菜和水果拼在一起，而不是告诉乘客“我们没有准备这种食物，你无法享用”，这样会使乘客很苦恼。

【案例】

一次航班任务中，有位头等舱旅客询问，有没有少数民族餐。因为旅客没有提前提出要求，航班上没有准备头等舱的清真餐。为了不让旅客失望，乘务长连忙到后舱寻找，正好还有两盒备用素食，只是盒子稍稍有点被挤变形了。当乘务长把餐盒送给那位旅客时，不好意思地解释说：“我们的餐盒虽然不好看，但是他的内容和我们西北人一样——‘心里美’！”那位旅客不禁开心地笑了起来。

（资料来源：民航资源网）

3. 生动性

乘务员要运用具有活力的语言去打动旅客，引起共鸣，特别是对乘客所做的一些景点、名胜介绍，更是如此。

如对“川剧”可以这样介绍：四川，古称华阳，又名巴蜀，那里民风淳朴，物阜人康，被人们誉为“天府之国”。俗话说“奇山奇水有奇杰”，在四川这块沃野上，不仅涌现出无数雄才大略的政治家、军事家和一大批卓越的词人才士，还造就出一批优秀的表演艺术家。它不仅磨砺出无数宏伟的诗篇佳作，同时，也孕育出一个独具特色的戏曲艺术形式——川剧。川剧，这个被赞为“天府之花”的戏曲剧种，以它丰富的剧目、多样的声腔、独特的表演，在中国戏曲舞台上领尽了风骚，成为巴蜀之地的又一骄傲。

4. 亲切性

因为空乘服务工作的特点和性质，服务用语要亲切、简洁。如：“欢迎您乘本次航班！”“请问您想喝点什么？”“让您久等了！”“您的脸色不太好，请问是哪儿不舒服吗？”“谢谢您对我们服务提出的宝贵意见，我一定把您的建议反馈给公司。”亲切简洁的话语可以大大提高乘客的满意率。

5. 委婉性

客舱沟通讲究艺术的说话方式。与客人对话，一般情况下要采用询问式、请求式、商量式、解释式等恰当的说话方式。因工作需要或条件限制而需要拒绝乘客时，也要尽量用委婉的表述方式，而不允许使用命令式语气。直接使用否定词句会让乘客下不来台，心情不愉快。如有两位熟人在飞机上相遇，找到乘务员想协调一下座位，乘务员可以以“这两位乘客想坐在一起，能否请您和他们换一下”来与相邻乘客进行沟通。

询问式：“请问……？”

请求式：“请您协助……，好吗？”

商量式：“您看……可以吗？”

解释式：“您好！这里是……”

（二）客舱基本礼貌用语训练

西方国家的父母亲，在孩子学说话的时候，教孩子——无论什么场合，甚至在家里——最常用的礼貌用语就是“谢谢你（Thank you）”、“对不起（I am sorry，Excuse me）”和“请（Please）”。

练习最基本的谦语、敬语：谢谢、对不起、请。

1. 致谢的艺术

“谢谢”并非客套话，这是个很有魅力的词语。能正确地运用这两个字，就会使你的语言充满魅力。“谢谢”必须是真诚的。你确实有感谢对方的愿望再去说它，并赋予它感情。

道谢时，应注视着对方，要及时注意对方的反应。对方对你的感谢感到满意时，你要用简洁的语言向他道出致谢的原因，这样才能使你的道谢达到目的。出乎人们意料的道谢，会使对方倍感温暖。客舱中多讲几次“请”、“谢谢”，乘客不但不会觉得重复啰嗦，反而会心情愉快，高度评价服务质量。

对他人的道谢要答谢，答谢的措辞可以有以下几种说法：

“没什么，别客气。”

“应该的。”

“我很乐意帮你的忙。”

“It's my pleasure.”

“Don't mention it.”

2. 学会向人道歉

学会说“对不起”，“I am sorry”或“Excuse me”。

“对不起”是你送给别人最廉价的礼物。这三个字看起来简单，它却是调和双方可能产生的最紧张关系的一贴灵药。你在飞机上不小心碰了乘客一下，说声“对不起”，被碰的人自然不会计较什么了。

(1) 切忌缺乏诚意

道歉最重要的是诚意，是如何把检讨的心意向对方表白。人的心理原是这样，许多事情皆可原谅，关键是对方对这件事的态度。要用语言和行动表达出你的歉意，例如：“对不起，我可以帮您擦一下吗？”在客舱服务中，一定要学会使用“对不起”这三个字，它会化解很多不愉快。

(2) 切忌犹豫不决

如果自己的过失对对方产生了不好的影响，越是犹豫不决，越是会失去道歉的机会，而且给对方的印象就更坏了。因此要立刻向对方道歉，越早越好。

(3) 切忌不及时道歉

当对方发火或训斥自己的时候，由于害怕被训斥而沉默，反过来恐怕会使事情更加严重。及时道歉，多少能挽回一些影响，还能抓住挽回损失的机会，只是必须拿出勇气及时道歉。

(4) 切记道歉时先解释，先逃避责任

想道歉又先解释，即使辩解主张里有不少合理的成分，也会使对方反感，情况反而会更加恶化。首先要学会道歉，事后，等对方冷静下来时，再申诉自己的意见和主张。

(5) 弄清原因再道歉

如果自己一个劲儿地道歉说“是我不好”，对方还是不能谅解，这里或许还会有什么别的原因。你可以暂时与对方分开一段时间，看看情况稍后再次表示道歉。如还不见效，你可以注意观察或从其同伴那里侧面打听一下，弄清究竟是什么原因。缓一缓，再加以细致周到的服务也不失为一种办法。

【案例】

那天早晨，我们执行沈阳—北京的航空，由于沈阳下大暴雨，飞机在沈阳耽误了3个多小时才得以起飞。飞机刚刚安全降落北京，乘务组就接到生产派遣部门的电话，由于飞机调配紧张，需要我们接下来执行已经耽误的北京—兰州—北京的航班。

听到这个消息，我看了一下手表，心一下子提到了嗓子眼：这个航班已经耽误了将近4个小时，旅客们肯定已经急坏了！我们迅速做好清洁工作后，马上通知旅客登机。从旅客们的表情可以看出，他们的情绪很激动。

在迎客时，乘务员长不住地向旅客真诚道歉："对不起，让您久等了。""对不起，您辛苦了。"客舱里的使唤更是响个不停，不断有乘客向我们大发牢骚。我们耐心地解释："由于飞机从沈阳回来时，天气不好……"一位中年男旅客立刻打断我们的话："骗人的吧？这天气不是挺好的吗？"客舱里顿时一阵哄笑。这位旅客用挑剔的目光看着我们，好像很生气。乘务员再次广播了飞机延误的原因，并真诚地向大家道歉。飞机起飞后，大家情绪有所好转。我们快速为旅客发报纸、枕头、毛毯，为阅读的旅客打开阅读灯，打开通风孔，尽量将服务工作做到旅客开口之前。当我走到那位中年男旅客面前时，发现他闭着眼睛，我便为他关上了通风孔，并盖上了一条毛毯。在这期间，谈话过程中，我又向他们道歉。接下来为旅客提供了餐饮服务。几次经过时我都很留意那位中年男旅客，在他闭着眼睛休息时，我在他面前的小桌板上放上免扰卡，在他醒来后的第一时间为他送上可口的餐食和饮料，该旅客下飞机时向我们表示了真诚的谢意。

（资料来源：《金通航空报》）

3. 万能用语"请"(Please)的用法

几乎在任何需要麻烦他人的时候，"请"都是必须说的礼貌语，比如"请问"、"请原谅"、"请留步"、"请指教"、"请稍后"、"请关照"等，举不胜举。在敬语中使用频率最高的是"请"字。这些用语中的"请"字并非是多余的。有了这个"请"字，话语会变得委婉而礼貌。尤其是命令性的话语中，有了这个"请"字，就表明你没有凌驾他人之上的意思，而且还会使你显得分外有教养，使得对方非常愿意与你配合。"请问，需要我帮忙吗？"谦语"请"是比较自然地把自己的位置降低，而把对方的位置抬高的最好方法。

说这几个简单的词是很容易的一件事，但是听的人会感觉特别舒服。

4. 恰当地称呼他人

每个人都希望得到他人的尊重，他们比较看重自己业已取得的地位，对有头衔的人称呼头衔，是对对方的尊重。直呼其名只适用于关系密切的人之间，一般来讲，关系越密切，称呼往往越简单。你若与有头衔的人关系非同一般，直呼其名来得更亲切些，但若是在公众和社交场合，还是称呼其头衔更得体。

对于知识界人士，可以直接称呼其职称，或者在职称前冠以姓氏，比如赵教授、钱医生等。但是，对于学位，除了博士外，其他学位比如学士、硕士等，就不能作为称谓来用。你可以称某人为"孙博士"，却不能唤某人为"李硕士"。

在西方，一般情况下，对男子不管其婚否都称为"先生(Mr.)"；对于女子的称呼则显得复杂些，通常称已婚妇女为"夫人(Mrs.)"，称未婚女士为女士"女士(Ms.)"。称呼一个不明底细的女子，用"小姐"比贸然称她"太太"要安全得多。即使对方已婚，她也会非常乐意接受这令人愉快的错称。无论她是16岁，还是60岁，宁可让她微笑着纠正你她是“太太”，而不能让她愤然地纠正你说她不过是一个“小姐”！在外交场合，为了表示对女性的尊重，可以将女性称为“女士(Madam)”。上述称呼，不管是先生还是小姐，都可以连名或职称一起使用，比如“市长先生(Mr. Mayor)”、“戴安娜小姐(Ms. Diana)”等。对中国老人称呼“老爷爷”、“老奶奶”，对西方乘客则应避免“old lady”、“old gentleman”等称谓。如果对一个悲伤的人说“你好”，对一个外籍乘客说“你吃了吗”等，都是不合适的问候。

(三) 客舱口语沟通技巧训练

1. 按过程分类的沟通

(1) 登机服务礼仪

做好准备工作，提前站立在机舱门口迎接客人登机，主动微笑向客人问好，欢迎客人登机，态度要真诚、热情：“您好！欢迎登机！”

遇到需要帮助登机的客人，可以以“欢迎您，我来帮您吧”来问候，热心帮助旅客放置行李。对匆匆赶来的乘客，则可以说：“您好，请不要着急，飞机还要等一会儿才起飞。”热情地提供帮助，引导客人就座。

(2) 机上服务礼仪

客人坐稳后，向客人介绍乘坐飞机时的注意事项及机上设施的使用方法(有的采用录像带讲解)，注意音量适中。

当“系好安全带”的信号灯亮起时，提醒客人系好安全带并及时检查每位旅客的安全带是否系好，必要时应给客人以帮助。

做好安全检查，帮助旅客收起并扣紧小桌板、调节座椅靠背等。按照规定调整客舱灯光；调暗灯光前，应先为阅读的客人打开阅读灯。给旅客送上食品、饮料、杂志时，要彬彬有礼，微笑服务。没有旅客需要的报纸时，应表示歉意，并介绍其他报纸。做好卫生工作。发放用品时女士优先，先里后外。巡视客舱时，说话轻、走路轻、动作轻。

主动与客人沟通，细心观察旅客的需求，及时为客人提供服务(盖上毛毯，开关阅读灯等)，及时提醒旅客注意安全，耐心解答旅客的疑问。

(3) 送别客人服务礼仪

提前提醒旅客准备下机，提醒客人携带好随身物品，热心协助需要帮助的客人。向客人道别，祝福客人并目送客人离去。

2. 按乘客类型分类的沟通

飞机上有各种各样的乘客：无人陪伴的儿童、孤身的老人、带小孩的父母、病人以及其他特殊旅客等。如何做好这些乘客的工作，让他们的亲人在送他们上飞机后放心，使他们安全到达目的地，是一名合格的客舱人员的职责。把服务做在乘客开口之前，即使他们没想到，也要细心地去发现，尽力做到贴心、周详。其实很多时候都是因为没有多替乘客着想而导致服务不周，引起乘客的不满，比如乘客拿着手提袋等行李，为防止他们勒手，就要递上毛巾让他们垫着；对匆忙上飞机满头大汗的乘客主动递上纸巾；对自带水杯的乘客及时询问是否需要加水；乘客起身要去洗手间，就顺手帮他们开门。这些小的事情会让乘客感到无比的舒心和温暖，在服务当中也会收到意想不到的效果。

(1) 对老人乘客的沟通技巧

首先，主动询问并热情帮助老年乘客上下飞机(但对身体好的老年乘客，尤其是外国乘客则要视情况而定)；其次，在飞行途中，注意观察老人，主动向老人介绍餐食品种，供老人选择；主动向老人介绍途径的景点、安全设备的使用，注意说话的声音要慢一些，讲解详细一些，身体离老人近一些(同时注意不要因为声音太大影响其他乘客)。也许有些人是第一次坐飞机，也许就是一辈子做一次飞机，对待乘客应该就像对待父母、亲戚、朋友一样。这样的飞行才会让人觉得快乐、有收获。乘客也是通情达理的人，只要相互理解，换个角度去考虑问题，飞行就会无比轻松快乐。

【案例】

某航班上旅客开始逐一登机，乘务员站在前舱迎客，看见一位老奶奶提着一个大箱子艰难地走进来，乘务员立即迎上去："奶奶，能让我看一下您的登机牌吗？我帮您安放您的行李，好吗？"老奶奶点头同意后，乘务员引导她来到座位上，把大箱子放到行李架上，老奶奶连声说感谢，还说箱子太沉了。乘务员笑着回应老人："没事，不太沉，老奶奶您先坐着，有事您可以按呼唤铃叫我们，好吗？"老奶奶笑着点头答应。在航班即将到达目的地前 20 分钟，这位老奶奶要求给这位乘务员填一份意见卡，周围的旅客也纷纷索要。在收卡的时候，乘务员特意看了看老奶奶的，只见上面写着："客舱服务很好，乘务员热情周到，当我看见一个小姑娘把我那个重重的大箱子吃力地放到行李架上，我很心疼，真的很心疼，你们的服务很好。"

(资料来源：中国民航网)

【训练】

模仿该乘务组服务情节，分角色沟通

某乘务组执行昆明—杭州的航班，前舱服务员发现一名 81 岁的老人独自乘机，赶紧送去毛毯、枕头，并询问老人的饮食喜好，送去餐食饮品等。当班乘务长了解情况后，上前与老人攀谈，了解到老人虽然年纪大，但身体较好，此行是去杭州参加大学同学会的，对老人来说此行是多么难得且有纪念意义。由于乘务组的细心照料，老人感到空中旅途短暂而愉快。飞机到达杭州后，考虑到老人一个人提着两个大包独自走到较远的出口处极其不便，乘务长请地面服务员帮忙，但地面人员答复：老人没有办理无人陪伴手续，不能马上安排人送。乘务长没有多想，将情况报告机长后，提着大包，一路与老人聊着天将老人送到了旅客出口处，交给已在那里等候多时的同样白发苍苍的老人的老同学，并再三嘱咐下次一定不要让老人独自乘机而不办理托机手续。

（2）对儿童乘客的沟通

随着人们生活水平的提高，越来越多的家庭也开始把孩子送上航班，让他们体验首次搭乘飞机出行的激动和飞机飞向蓝天时的壮丽。与一般搭乘航班的成人乘客不同，孩子搭乘航班需要当班机组的空乘人员更多的协助，关心与照顾。这里将儿童乘客分为四类：婴儿乘客、有成年人陪同出行的少年乘客、航空公司受托照顾的独飞少年乘客和其他需要特殊照顾的儿童乘客。

1）婴儿乘客

对于婴儿乘客（各航空公司对婴儿乘客的年龄界定有一定差别）来讲，他们基本上全都是由父母陪同出行，因此相对来说不会给空乘人员的工作带来太多压力。不过对于婴儿乘客的照顾，空乘人员还是需要注意下列问题：

① 在登机后，要在第一时间向婴儿的父母（或随行乘客）客气地询问在飞行期间的客舱服务过程中，有没有需要特别注意的问题（比如奶瓶冲灌、临时婴儿用睡品的问题，提前了解这些问题在中、长途航班上尤为重要）。

② 在飞机起飞后，要在第一时间向婴儿的父母（或随行乘客）客气地询问婴儿的冷暖情况，以便在第一时间及时为婴儿乘客添加婴儿睡毯等保暖用品。

③ 在飞机起飞后，如需要为婴儿乘客打开婴儿专用睡觉车或婴儿专用睡篮，一定要注意睡车或睡篮的牢固，此外还要注意在此过程中要将其噪音减至最低，以免打扰周边乘客。

④ 为婴儿乘客准备所需要的饮品（或餐品）时，要尤其注意加热时间、味道、饮品（或食物）流质程度及餐饮器具等方面。要特别注意，一定不要把婴儿乘客的餐饮物加热时间过长，造成不必要的烫伤等问题，而且对婴儿乘客相对锋利的餐饮器具要百分之百避免使用。

⑤ 在航行过程中，要每隔一段时间向婴儿的父母（或随行乘客）客气地询问有无需要帮忙的地方，但同时也不要过多打扰婴儿的父母（或随行乘客）及周围乘客。

⑥ 在飞机上一旦听到婴儿乘客哭泣或其他异样声响，空乘人员应在第一时间前去查看，以便能在最快时间内为其提供相应服务或所需物品。

⑦ 在婴儿乘客父母（或随行乘客）入睡或上洗手间期间，空乘人员要多加帮忙留意照看婴儿乘客，以免发生问题。

⑧ 在空乘人员送餐、饮品或其他物品经过婴儿乘客时，要注意尽量保持最小的噪声，此外更要对婴儿乘客的安全多加留意，要百分之百避免诸如手中物品不小心遗落并砸在婴儿乘客身体任何部位等事件的发生。

⑨ 在航班降落前，如果婴儿乘客仍在使用专用睡车或睡篮，要跟其父母（或随行乘客）做好解释工作，及时将睡车或睡篮收放好，以保证降落安全。

⑩ 在航班降落后，如果婴儿乘客的父母（或随行乘客）同意，尽量安排他们最后

下飞机，以免在下机过程中对婴儿造成意外伤害。此外，在其他乘客下机过程中，应提醒其父母(随行乘客)将婴儿安置在不靠机舱过道的座位。以免在其他乘客下机过程中有任何意外发生。

【案例】

记得有一次飞南京航班，有几名怀抱中国婴儿的外国爸爸妈妈陆续走进客舱内，这让我感到无比好奇。原来这些来自欧洲的客人是专程到中国来领养孩子的，这些刚从南京儿童福利院领养来的婴儿只有六七个月。他们被安排在前舱，当时我正好担任前舱服务员工作，尽管被他们的爱心所打动，但这一下可忙坏了。忙着摆放宝宝小推车，忙着帮助安排座位，忙着准备烧开水冲牛奶，忙着提醒旅客系好安全带，交代一些注意事项。

飞机起飞后，客舱内传来阵阵婴儿的啼哭声，像是商量好似的，这些小宝宝要么一个都不哭，要么所有的宝宝都一起哭，把这些爸爸妈妈们忙得手忙脚乱。凭着飞行的经验，我判断应该是长时间的高空气压将宝宝们的耳朵压痛了。我赶紧走到前舱，安慰这些爸爸妈妈们："给宝宝们喝点奶，通过运动可以减缓他们的不适。"随后我协助调换父母们手中宝宝们的睡姿，给宝宝换条新的尿布，果然宝宝们逐渐安静了。那天，我根本记不清自己在客舱究竟跑了多少个来回，打扫了多少次洗手间，清洁了多少次婴儿台板。当航班到达后，每个宝宝的父母下机时都向我竖起大拇指，对我说："Good，thank you very much."

(资料来源：《中国民航报》)

因为高空机内环境与地面有差别，成人可能感受不到，但许多小孩子会感到不适。如某航班上一个年轻的妈妈带着刚满周岁的孩子乘机，小孩子不适应机上状态，从飞机起飞开始就一直在哭，吵得周围乘客无法休息。为了减轻孩子母亲的负担，空乘人员主动把小孩抱到怀里，一边轻声唱歌，一边抱着他来到后舱，不知是乘务员的歌声太甜美，还是后舱新鲜的环境转移了小家伙的注意力，孩子很快安静下来。

2) 少年乘客(有成人陪)

少年乘客，他们与婴儿乘客之间有着很大的差别，因为绝大部分少年乘客都已经可以自己独立进食或活动，因此他们基本不需要空乘人员提供任何类似于"婴儿托护"的服务。此外，那些有成人陪同搭乘航班的少年乘客，一般也不会在机舱内制造太多噪音或其他麻烦，所以从客舱服务的角度来讲，在儿童乘客中，他们相对是比较好照顾的群体。不过，当班空乘还是需要就以下问题加以注意：

① 在登机后，及时向其父母(或随性乘客)客气地询问在飞行期间的客舱服务过程中，有没有需要特别注意的问题(比如是否需要待定的饮品等，提前了解这些问题在中、长途航班上尤为重要)。

② 登记后，要第一时间向少年乘客赠送航空公司专用少年乘客准备的礼品(根据实际情况，某些航空公司没有此类物品)。

③ 不要将带小孩(不满12周岁)的乘客安排在紧急出口和应急窗口的位置上。在飞机起飞前,应向少年乘客或其父母(或随性乘客)询问是否需要口香糖等有帮助减轻耳鸣作用的物品,另外提醒系好安全带。

④ 在飞机起飞后,要每隔一段时间向少年乘客本人或其父母(或随行乘客)询问是否有任何需要。

⑤ 提供餐食时征求其父母的意见。要注意不要配备太过锋利或可能对少年造成伤害的餐饮器具,而且餐食温度要尽量适中。另外,对少年乘客所要的饮品,注意大约在所用杯子的一半容量即可(各大航空公司不太一样,不过一般乘客基本上在70%比较合适),以免不小心造成碰洒等情况的出现。

⑥ 在服务空隙与儿童进行适当交流。

⑦ 如果航班上配有纪念品,可以作为小礼物在航班降落前送给少年乘客。

⑧ 在航班降落前,空乘应提醒系好安全带,并做好桌板、窗屏、头顶行李箱的安全检查。

【训练】

模仿清洁,分角色沟通

在深圳—大连的航班上,一位年轻的母亲面对自己顽皮的三岁儿子已无可奈何。乘务员走过去对着大汗淋漓的母亲说:“您别着急,孩子可能是由于长时间待在这个环境中,有点烦躁感,让我带他一会儿吧。”乘务员把小男孩抱到服务间里,换了一个环境,小男孩果然安静了许多。眼睛不停地看着各种新奇的东西,趁他不注意,乘务员从服务车里拿出一个毛茸茸的玩具,对他说:“你看,阿姨会变魔术!”看到玩具,他咯咯地笑了。那位母亲听到笑声,走过来问乘务员:“你怎么这么会逗孩子?”乘务员说:“我的女儿也有这么大了,看到您的儿子,让我想起女儿,这让我很开心。”那位母亲下机时,写了个地址和电话号码给乘务员,真心希望她有空带上女儿去她家做客。

3)无人陪伴的儿童乘客

无人陪伴儿童(也有航空公司将其称为“独飞儿童”),大多数情况下都是指那些父母托付航空公司负责全程运送并加以照顾的少年乘客。在过去几年中,无人陪伴儿童越来越多,很多航空公司在对向他们提供的人性化服务方面也都积累了很多宝贵的经验。针对无人陪伴儿童提高质量的人性化客舱服务需要注意以下事项:

① 在与地服人员交接后,要先帮其安排好座位,放置好随身行李。同时,及时告知空乘同事其座位号和有无特殊餐食要求等事宜。

② 在登机后,要在第一时间向其赠送航空公司专为少年乘客准备的礼品(根据实际情况,某些航空公司没有此类物品)。

③ 在飞机起飞前,应向其询问是否需要口香糖等能帮助减轻耳鸣作用的物品,另外提醒其系好安全带,不要在航班起飞期间使用任何电子设备(如掌上游戏机、随

身CD机等)。对于年龄偏小的独飞少年乘客,应注意做好解释工作。

④ 在飞机起飞后,要每隔一段时间向其本人询问是否有任何需要。

⑤ 在准备航餐时,要注意不要配备太过锋利或可能对少年乘客造成伤害的餐饮器具,而且餐食温度要尽量适中。另外,对少年乘客所要的饮品,注意大约在所用杯子的一半容量即可(各大航空公司不太一样,不过一般乘客基本上在70%比较合适),以免不小心造成碰洒等情况的出现。

⑥ 如果航班上配有纪念品,可以作为小礼物在航班降落前或适当时候送给独飞少年乘客。

⑦ 在航班降落前,空乘应提醒系好安全带,并做好桌板、窗屏、头顶行李箱的安全检查。

⑧ 在航班降落并开始下客后,应保证安排独飞少年乘客尽量在其他乘客之后下飞机,要做好与地面服务人员的交接工作,空乘人员还应帮助乘客本人在下机前查看行李是否齐全等,以免遗落其随身物品。

【案例】

某海口—成都的航班,像正常飞行一样,乘务员为正在看报纸的旅客打开阅读灯,为老年旅客讲解客舱设备的使用方法,解除他们初次乘机的不安……在退舱时,乘务员发现后排座位上有一名无人陪伴的小旅客,刚满六岁,她的双手紧紧地抓着坐椅扶手,头紧贴在靠背上。从小女孩的眼神里能看出来她对于这个庞大的"怪物"既好奇又害怕。飞机开始滑行,乘务员坐到小女孩的身边,拉着她的小手告诉她说:"不要害怕,飞机马上就要起飞了。"随着飞机滑行的速度加快,乘务员的手也被小女孩的小手攥得更紧,身子也向乘务员靠了过来……到下机前,乘务员和小女孩已经成为无话不谈的"忘年交",她也慢慢放松了对飞机的恐惧心理。下机时,乘务员告诉她,会有海航的阿姨带她去见妈妈,可是小女孩还是拉着乘务员的手要求送她,乘务员爽快地满口答应了。第二天,乘务员忽然接到孩子妈妈的电话:"谢谢你对我女儿的照顾,孩子交给你,我非常放心!"

4) 需特殊照顾的儿童乘客

应该针对每名需要特殊照顾的儿童乘客自身情况来确定具体的客舱服务方式及相关细则问题,因为这一群体是最考验空乘人员随机应变能力的。总而言之,空乘人员遇到需要特殊照顾的儿童乘客时,最重要的一点就是要做到设身处地想问题,要尝试把自己当成那名需要特殊照顾的少年乘客,同时根据当时的现状,采取最适当的处理方式,从而体现出航空公司人性化客舱服务的一面。

(3) 对盲人旅客的服务

主动做自我介绍,帮助盲人乘客上下飞机;帮助盲人寻找座位;介绍飞机上各种设施的使用方法,特别是要告知盲人救生衣,氧气罩的使用方法及紧急出口的位置;空中安排专人负责,经常询问盲人乘客的需求,主动提供更显人文关怀的服务。真正的服务是没有局限性的，是没有固定模式的，但必须是及时的。许多东西都要用心去发现，学会换位思考，你就会发现旅客需要的是设是什么。

【案例】

某航班上来一位盲人旅客。这位旅客上飞机的时候，抓住乘务员的手，紧握不放，着急地问乘务员座位在哪里。乘务员主动将他引导到座位上，帮他系好安全带，然后教他摸到安全带的扣子，手把手地教他如何把安全带打开，这样他学会用安全带之后，便非常安心地乘机。乘务员随后叮嘱旁边的乘客："先生，麻烦您帮我们照顾一下这位旅客，上面是呼唤铃，如果有任何事情，我们又不在身边的话，您按一下它，我们会马上过来的！好吗？"

用餐时间到了，乘务员特别将餐食的包装都打开，然后扶着他的手去摸，"饭食是热的，吃的时候不要烫到了。"乘务员把勺子放在他的手中时，盲人旅客用右手紧紧的地握着，露出会意的笑容。

(4) 飞机上与紧急出口处的乘客的沟通技巧

紧急出口处旅客的确认是一个需要技巧性的工作。旅客都有需要被尊重的行李，可以用介绍小知识使其了解和证明出口的重要性的例子作为确认方法，而不是用命令式或者过于公式化的方式和干巴巴的专业术语去解决。如在波音737和麦道82飞机机舱内靠近机翼的位置，每侧都有一个紧急出口。美国的航空公司通常都会对紧急门边的这位乘客予以照顾，一般情况下，检票人员会把这个座位留到最后。因为在美国，几乎每架飞机上都会有持免票等待空座位的航空公司内部人员，这些人会比这些普通乘客更了解飞机，把他们放在紧急出口旁有利于对紧急情况的处置。关机门后，乘务员会走到这名乘客前，询问他是否了解紧急门的使用，然后告诉这名乘客，一旦打开了紧急门，应当把门扔出机外，而不是留在机内，防止挡住出路。不要小看这一点提醒，它是航空公司通过大量地面模拟实验总结出来的，关键时刻会起重要作用。最后，乘务员还要检查、清理紧急门附近是否有旅客的行李物品。不熟悉飞机的旅客可能会对这个紧急门有点恐惧，但幽默的美国人有时会开个玩笑，缓解紧张气氛："我特别喜欢这个座位，比别的地方宽敞，出事时还可以第一个跑出去。"

【乘机常识】

女乘客不要穿丝袜，因为一旦发生火灾，丝袜会迅速燃烧，并且紧贴在皮肤上；衣物最好选用棉制品，也是为了防止烧伤；乘机后最好仔细观察紧急出口的位置，并且记住相对你的座位的方位，因为紧急情况下舱内一片漆黑，失事后最初的自救是起决定性作用的。

模块二　客舱非语言沟通

人们在日常生活中的交流往往伴随着一些体态语言，体态语言与口语沟通往往是密不可分的。常见的体态语言有微笑、目光注视、站姿、坐姿、蹲姿等。空乘人员不仅要让自己的有声语言给旅客以美感，而且也要让自己的无声语言给旅客留下好印象。即乘务人员要掌握多种表达方式，善于使用礼貌用语和无声语言，使沟通更有人情味，避免平淡、乏味、机械的职业套话。

一、微笑训练

（一）微笑的魅力

美国希尔顿酒店总公司董事长康纳·希尔顿在50多年的经营里，不断地提到他去设在世界各国的希尔顿酒店视察，视察中他经常问下级的一句话就是："你今天对客人微笑了没有？"

微笑可以表现出温馨、亲切的表情，能有效地缩短双方的距离，给对方留下美好的心理感受，从而形成融洽的交往氛围。面对不同的场合、不同的情况，都能用微笑来接纳对方，可以表现出个人良好的修养，待人的至诚。微笑有一种魅力，它可以使强硬者变得温柔，使困难的事变得容易。所以，微笑是人际交往中的润滑剂，是广交朋友、化解矛盾的有效手段。

越来越多的生活体验告诉我们：微笑并不一定意味着高兴。事实上，它更是一种重要的体态语言、社会语言，具有社会性。微笑，反映的是一种意愿、一种关系、一种文化。面对飞机上的每一位乘客，空中乘务人员必须是微笑的。微笑是空中乘务人员必备的基本社交语言，这种语言能够拉近乘务员与旅客之间的距离；发自内心的微笑能让旅客感受到乘务员的敬业精神。要笑得好很容易，想象乘客是自己的朋友或兄弟姐妹，就可以自然大方、真实亲切地微笑了。

自称"微笑之邦"的泰国，把微笑广泛地运用到一切服务中。泰国航空公司直截了当地把微笑当成商品做起了广告："请乘坐平软如纱的航泰飞机，到泰国享受温泉的阳光和难忘的微笑！"日本也是非常重视微笑的服务国家。日本各航空公司，在乘务人员上机之前都要接受长达6个月的微笑训练，训练在各种乘客面前和各种飞机条件下都能真诚地露出微笑。

（二）微笑技巧及训练

人微笑时应是嘴角上翘，眼里含笑。微笑也有技巧，它是可以通过训练而掌握的。下面介绍几种微笑的训练方法。

1. 拇指法

双手四指轻握，两拇指伸出，呈倒八字形，以食指关节轻贴颧骨附近；两拇指肚向上，放于嘴角两端1厘米处，轻轻向斜上方拉动嘴唇俩角，反复多次，观察你的微笑状态。（反复如此训练，仔细观察体验嘴角在每一位置时的美感，并选取最佳位置，定格，再欣赏，再定格，再观察。）

2. 食指法

轻握双拳，两食指伸出呈倒八字形，放于嘴唇两角处，斜上方轻轻拉动嘴角，并寻找最佳位置；或双手轻握，伸出食指，两拳相靠放于下巴下方，两食指放在嘴角两端，沿斜上方轻轻推动，反复推动多次，直到找到满意位置为止。

3. 中指法

两中指伸出，其余四指自然收拢、半握；两中指肚放在嘴角两端，轻轻拉动嘴角；反复动作，直至找到满意的微笑状态为止。

4. 小指法

两小指伸出，其余四指自然收拢、半握；两小指肚放在嘴角两端，轻轻拉动嘴角；反复动作，直至找到满意的微笑状态为止。

5. 双指法

双手拇指、食指伸出，其余三指轻轻握拢；将两食指按放在两眉上外端；两拇指按放在嘴角处，向斜上方轻缓拉动。反复多次，直到满意后，定格欣赏，再训练。

【重要提示】

对镜训练：

第一，要专注欣赏。可用厚纸挡住嘴，努力回想经历过的最愉快的事情，直到眼睛慢慢带上笑意，然后把纸移开，口中说“一”。这时人是眼角含笑、嘴角微微上翘的。每次训练都要专心、聚精会神地练习。

第二，贵在坚持。待经过一段时间，不用手动就能达到最佳状态的微笑时，就可放弃手助操作训练，转而用意念进行自然微笑训练。

第三，天天对镜微笑。一觉醒来，先微笑一下再起床；晚上入睡之前，先微笑一下再轻松入睡。每天早晚洗漱时，首先都要对镜微笑一下。不仅如此，一天之内每次见到镜子也要自觉微笑一下，并伴以愉快的心情，进行满意地自我欣赏。

只有这样才能养成良好的微笑习惯，才会微笑得自然、美丽。

二、其他身体语言

全世界的人都借助示意动作有效地进行交流。最普遍的示意动作，是从相互问候致意开始的。了解这些示意动作，至少你可以辨别什么是粗俗的，什么是得体的，使你在与旅客交流时，更加得体地表现出来，从而避免误解。

（一）目光（用眼睛说话）与训练

在西方或与外国人谈话时，你必须看着对方的眼睛（不要不停地眨眼或移动眼神）。如果没有这样做，别人会以为你是不礼貌和不真诚的。

应当注意，交流中的注视，绝不是把瞳孔焦距收束。紧紧盯住对方的眼睛，这会使对方感到尴尬。交谈时，正确的目光注视区域应当是对方的眼睛与鼻子之间。道别时，则应该用目光注视对方的眼睛。

眼神美的训练方法：

香火法：手持一柱点燃的香，在眼前自由转动，要求视点始终追逐并集中在香头上，主要训练眼神转动的灵活性，达到目光集中、有神的目的。

盯靶法：身体站在距其2～3米处目视靶环牌，目光从环外逐渐向环内移动，最后落在靶心。锻炼目光集中和有神采。

钟摆法：找一摆钟，距离其2～3米站住或坐好，目光随钟摆来回摆动，反复练习。

扫描法：在室内墙上两侧与目光平行处各画一条线。站在或坐在墙中间距离所画线2～3米处，练习目光随颈部转动而变化。锻炼眼神的灵活性。

（二）鞠躬迎客、送客

一般，在迎候客人和送别客人时我们常用微微鞠躬的礼节。一般采用一度鞠躬，即女性乘务员要双手交叉放在小腹处，含笑注视乘客，微微鞠躬；男性乘务员双手放在身体两侧，含笑点头问好。

在鞠躬问候时，要挺胸、抬头、收腹、自腰以上向前倾；鞠躬时，上身抬起的速度要比下弯时稍慢一些；上身向下弯时，要先看对方的眼睛，后再看对方的脚；起身后，再次注视对方的眼睛。如果不抬眼皮地看地下或脚面是一种低头认罪的姿态，不符合礼仪规范。

（三）身体半蹲以示尊重

半蹲仰视是人们对自己尊重或崇拜的人常用的一种神态。在客舱服务中，如果我们能够结合微笑和口语沟通把这种姿态运用得恰到好处，可以极大地缩短与乘客之间的心理距离，特别是针对老年人、儿童和需要特殊沟通的顾客。

比如，航班延误时，要学会换位思考，多替旅客着想，把亲情融入工作中。有的旅客在家里或工作中受了气，会把怨气带上飞机，稍有不顺心就易发泄。每当发现有心情不好的乘客时，乘务员在接近他时要给予更多的关心，问他需要什么，给他亲情般的温暖，化解他的怨气。

【案例】

某航班因机械故障延误，正值酷暑，大热的天，旅客被闷在客舱里，没有空调，旅客的心情随着气温的升高不断高涨，闹事的、谩骂的，整个机舱里像炸开了锅！看到这种情况，乘务员一边大声地要求旅客安静，一边安抚旅客。可乘务员的说话声完全被淹没在吵闹声中。一名男乘客已经按捺不住，使劲地按服务钮，乘务员急忙跑过去，蹲下身问他："先生，你有什么需要我帮忙的么？天这么热，您先坐下来休息休息，喝杯水好吗？"然后对他微微地笑了笑，那位旅客先是愣了一下，意识到自己失态后，赶紧接过乘务员的水，喝了起来，并回了声："谢谢！"其他旅客看到这情景，才意识到自己也口干舌燥了，于是纷纷向乘务员要求提供饮料。乘务员愉快地答应着，很快一场风波就这样平息下来。

蹲姿训练：

比较文明的蹲姿有两种：交叉式蹲姿点高低式蹲姿。

① 交叉式蹲姿：下蹲时右脚在前，左脚在后；右小腿垂直于地面，右脚全脚着地，左脚跟抬起，使脚掌着地；两腿前后紧靠，立腰，身体微微前倾，臀部向下。尤其是穿裙装的女乘务员以此种蹲姿为好。

② 高低式蹲姿：下蹲时左脚在前，右脚稍后，女士两腿紧靠（男士两腿可分开）向下蹲。左脚全脚着地，右脚跟提起，使脚掌着地；右膝内侧靠于小腿内侧，形成左膝高而右膝低的姿态；臀部下沉，基本上以右腿支持身体。

（四）空乘人员仪表仪容要求

对空乘人员仪表美的总体要求是：仪容整洁，举止大方，端庄稳重，不卑不亢，态度诚恳，待人亲切，打扮得体，彬彬有礼。具体概括为以下几方面：

1. 发　型

头发要常洗常梳理，正常情况下，2～3 天洗一次头发。空乘女性发型要大方，适合自己的脸型、制服和风度，不留奇异、新潮发型，不染异色头发。女性发不遮脸、不过肩，长发要扎起或盘起，用深色的发饰并保持统一，前刘海可以卷曲也可以直发，但不过眉毛。男性鬓发不盖过耳部（不得留鬓角），后脑头发不得触及衣领，不留长发、光头，不烫发。

【案例】

中国国际航空股份有限公司对乘务员仪表的要求

女乘务员

发型：乘务员身着制服时，头发注意保持发型整洁美观、大方自然、统一规范、修饰得体。发型以乘务业务规定的标准发型为主，不留怪异发型。

化妆：女乘务员值勤时必须化工作妆，及时补妆，保持良好的精神面貌，保持手和指甲修剪整洁。不使用不健康颜色及亮彩色等的口红，不佩戴过大的饰物、时装手表，不在旅客面前补妆、修饰。

男乘务员及安全员

发型以平头、分头、背头为主，随时保持整洁；双侧鬓角不得盖住双耳，前侧头发保持在眉毛上方，头发不得长于衬衣衣领上线；不留胡须，保持手和指甲的整洁。

（资料来源：《国航客舱服务部乘务员、安全员管理手册》）

2. 服　装

空乘人员穿着制服要做到整齐、清洁、挺括、大方、美观、得体。穿衬衫要束在长裤、裙面；不挽袖卷裤，注意内衣不能外露，不掉扣、漏扣；帽子戴在眉上方1～2指处；领带、领结、飘带与衬衫领口吻合紧凑且不歪斜；工号牌佩戴在左胸的正上方。目前各航空公司都有自己的制服。

每次航班前，应熨烫衣服，以防有褶皱。同时检查制服有无损坏、污渍、掉扣、开线等情况，若有应立即进行修理补救。航班结束后，应干洗制服，保持制服干净如初。

空乘人员的鞋袜要求保持光亮、干净，不能穿破损袜子。女性穿着肉色连裤袜；男性应穿与裤子、鞋同类颜色或较深色的袜子。袜子的尺寸要适当，不得有跳线和松弛现象。

【案例】

中国国际航空股份有限公司对乘务员着装的要求

乘务员着装规定：

① 值勤时，同一航班乘务组乘务员可根据航线季节、天气变化及个人身体素质着装，空中女乘务员一律着裙装；迎送客时，乘务员可着马甲，寒冷地区可着大衣。

② 皮鞋应保持光亮，无破损，空中应着单皮鞋，平底鞋只能在空中服务时穿着。

③ 着制服时须扣好纽扣，女乘务员着大衣、风衣时要系好腰带，佩戴围巾、手套。

④ 围裙在为旅客提供餐饮服务时穿戴，保持熨烫平整、干净。

⑤ 男乘务员着制服时，必须佩戴帽子；女乘务员着制服外套、风衣、羊绒大衣时要佩戴帽子。

⑥ 登记证佩戴在制服、风衣、大衣胸前，上机后摘掉；服务牌佩戴在制服右上侧，衬衣和围裙的左上侧。

（资料来源：《国航客舱服务部乘务员、安全员管理手册》）

3. 饰　品

- 空乘人员可佩戴设计款式保守简洁的手表，表带宽度不超过2厘米，颜色限深色。
- 可戴结婚、订婚戒指1枚，设计简单，镶嵌物直径不超过5毫米。
- 可戴1副耳针，设计简单，镶嵌物直径不超过5毫米。

4. 良好的卫生习惯

头发清洁，衣领、衣袖干净，身上无汗味或异味；指甲清洁，不留长指甲；忌吃葱、蒜、韭菜、洋葱等有刺激性气味的食物。

【乘机常识】

由于飞机的座舱气压比地面略低，同时氧气较少，容易使人流失水分，造成口干舌燥、皮肤干燥等情形，但只要经常适量地喝水，应能避免这种症状。眼睛干涩，可以在医师同意下用人工泪液来滋润。值得注意的是，长程旅行最好不要佩戴隐形眼镜。

为了补充水分必须多喝水，但是水喝多了，由于长时间无法伸展，腿部容易因压力而肿胀，因此，适时做腿部的伸展运动就尤其必要，而且常去洗手间排解也相当重要。千万不要因为厕所较远或怕打扰邻座乘客而憋尿。

【乘机常识】

为了避免肠胃不适，除了随身携带药品外，最好避免使用豆类、纤维、啤酒等容易胀气的食品。如有腹泻等情形，最好避免继续进食，以免症状恶化。若因为压力关系有耳朵不适的情形，可以试着用吞口水、嚼口香糖的方式去疏通耳咽管，缓解不适。

模块三　客舱专项沟通训练

要充分理解旅客的想法和心态，对旅客在民航外受气而迁怒于民航，或因身体、情绪等原因而大发雷霆等种种出格的态度和要求，应给予理解，并以更优的服务去感化旅客。

一、真诚的关怀——客舱服务的真谛

【案例】

某航班上，一位旅客抱怨餐食过期变了味。为不影响其他旅客，当班乘务长半蹲在旅客身边耐心解释：餐食都是当天配好的，正餐不会超过 4 小时，点心不超过 6 小时，请他放心使用。但旅客仍强词夺理："餐食的外包装虽印有生产日期和保质期，但里面的独立小包装盒上没有印日期。"面对旅客咄咄逼人的样子，乘务长面对微笑地说："我虽没看到餐食制作过程，但作为航空公司一员，我相信我们的公司不会把过期的餐食送上飞机，请您放心吧。"整个航程，乘务长多次接近该旅客，更加细心地服务。

临下飞机时，乘务员感谢该旅客指出了她们工作中感到的不足，表示会把意见上报给相关部门，加以改善。旅客满意地笑了，也向她道出了心中的不快。

分析：遇到乘客不满意的事情而又无法解决时，不妨表达对旅客的尊重，表示会把乘客的意见及时反映上去。

【案例】

某航班飞行任务中，乘务员发现有一位老大娘登机时与其他旅客不同，带着冷漠的表情直奔客舱最后一排就座。她少言寡语，眉头紧皱，举止呆板。凭着直觉，乘务员感到这位老大娘肯定有心事，为此，在供应餐饮服务的时候，尽量与她多交流，希望空中关怀能让她的心情有所好转。

可是偏偏事与愿违，越是想提供最好的服务，越是出了麻烦。就在乘务员给老大

娘送餐时，由于她神情恍惚，不小心抬手把整整一盒面条全部打翻，扣了自己一身。顿时，她勃然大怒，眼睛直瞪着乘务员，毫不掩饰地发了一顿脾气："你这是这么搞的，服务这么差劲！"

分析：作为乘务员，面对这样的情形时，绝对不能推卸责任，更不能与旅客争执，需要马上向老大娘温和地道歉，拿来小毛巾帮她擦拭被弄脏的衣物，一边使她立即消气。随后乘务员可以帮她放好小桌板，再重新端来一份热腾腾的面条。在随后巡视客舱时对她多加关心：她看报纸时，轻轻地为她打开阅读灯；她睡觉时，悄悄地为她关上通风口，盖上一条毛毯；她睡醒时，及时奉上一杯热茶……以细微的关怀慢慢打开旅客的心扉。

【案例】

某乘务组执行由西安—北京—东京的航班时，在北京机场，地面特服人员用轮椅推着一个老太太上飞机，老太太哭得像一个泪人似的。乘务长急忙迎上去，把老人安排到座位上坐下。乘务长蹲在老太太的座椅旁问她哪里痛，好帮她揉一揉，老太太这才向乘务长说出了事情的原委。

老太太是日本人，前一天通过电话在 XX 航空公司北京天坛售票处购买机票时，售票员没有听懂老人的要求，本来要买大阪的机票，结果送票员给她送来一张到东京的机票。老太太想换成第二天到大阪的机票，又考虑到自己的临时护照马上到期，不走不行了，别的航班也没有机票了，只好忍受被骗的感觉接受了现状。刚才在候机厅，患有糖尿病的老人托运三件大行李，又随身携带了两大件行李登机，由于心里一直在想她女儿怀抱 6 个月大的婴儿在大阪机场接自己，而自己又只能先到东京机场，所以一不留神把脚崴了，地面特服人员只好用轮椅把老太太推上来。坐在轮椅上，原本就感到委屈伤心的老太太越想越难受，便号啕大哭起来。

飞机起飞后，老太太又哭起来，乘务长对老太太说："老人家不要哭了，我们大家一定会想办法把您送到您的家人那里，让您顺利到家。"并立即向机长说明了情况，希望通过空中无线电联系东京机场，了解东京到大阪的新干线最后一班是几点钟，看老太太能不能赶得上。假如老太太赶不上，就求助航空公司驻东京办事处，帮忙送老太太到酒店住一夜，第二天再想办法。

3 个多小时的航程中，老人得到了乘务组细致入微的照顾。为方便老太太上厕所，乘务组把她的座位调到后舱第一排 3D，乘务员搀扶老人去上厕所。乘务员得知老人患有糖尿病后，就不厌其烦地多次送去温开水让老人喝；看见老人不停地哭，就用毛巾为老人擦泪擦脸。老人被乘务组的服务感动了，她告诉乘务长说："我本想回到日本后，上法庭告中国 XX 航空公司，是你们的真心打动了我，我感谢你们。"

飞机降落在东京机场，乘务长又向航空公司东京办事处工作人员讲了这位特殊旅客的情况，请他们给老人的家人打电话联系，自己和该办事处人员立即用轮椅将老太太推到行李提取处取行李。老人女儿的电话终于打通了，但由于婴儿太小不方便从大阪到东京来接老人。乘务长急忙推着老太太和她的5件行李直奔候机室外大巴士上车。还有5分钟末班车就要开走了，大家齐心协力把老太太和行李一同送上车。上车后老太太更加激动，又哭得像一个泪人似的，不停地向大家致谢。顺利回到了家的老人，向家人讲述了自己回家的经历，家人也被乘务组的真情服务所打动，立即给客舱部领导写了表扬信，表达了他们对乘务组的感激之情。

（资料来源：《中国民航报》）

分析：细致入微的真诚服务在于每个细节中都考虑，落实得很到位，把客舱服务延伸至整个行程。

二、登机沟通训练

① 登机时的一般问候："您好，欢迎登机！"

练习要点：问候时，身体微微前倾，15°鞠躬问候，要面带微笑，目视对方说："您好！"然后鞠躬。注意语气亲切、柔和，鞠躬时身体和脖子成一条直线，而不能脖颈耸垂，起身动作要优雅。

② 真正的服务随环境的变化而变化，问候也不是一成不变的。

- 如果乘客很多，上机速度很快，也可以微笑目视乘客，微微点头，直接问候："您好！"
- 遇到飞机延误等情形可以根据具体情况灵活掌握。比如，等级问候可以改为"对不起，让您久等了！"等。

【案例】

一名乘客拿到某航线的包机机票。办完票，广播通知广州流控，飞机延误半小时。对于飞机耽误，该乘客已经习以为常了：飞机吗，不确定因素太多了，也就没有必要责怪了。半小时后开始登机时，该旅客在登机口听到乘务员一声声真诚的道歉："很抱歉，耽误您宝贵时间了！"有点意外，但很温暖。好感顿时化解了旅客们对延误的怒气。试想，如果每一个航班都像这样，很多航空公司和旅客的纠纷都会化解在萌芽之中了。

登机后，乘务组热情引导旅客，协助放行李，差不多满客的机舱很快完成了登机。对于这种满客旅游包机，这么快的上客速度，充分说明了乘务员过硬的专业技能。

分析：服务伊始，乘务长可以介绍全体乘务人员。这样的介绍很新奇，能一下子拉近与乘客们的距离。这种让旅客近距离了解和接近乘务组的工作方法体现了航空服务以人为本的内涵。

三、客舱交流训练

空乘应该本着真诚的态度营造一种亲切的氛围，让旅客进入客舱有一种宾至如归的感觉。这种亲切的职业形象容易拉近与旅客的距离，在服务过程中显得轻松自如，服务水平也能得到最大限度的发挥。

服务没有好坏之分，关键在于是否用心去服务。旅客进客舱，关上舱门，从那一刻起，大家就像一家人一样，乘务员就是旅客的亲人，老人的子女，小朋友的哥哥姐姐，同龄人的朋友。为旅客服务就要用心去接触，让旅客感到有人在时刻关怀着他们，用心、用情去阐释服务的真谛，服务才能够在客舱中得到延伸。

【案例】

某航班乘务员巡航到12排A靠窗的座位时，发现一位老人默默地看着窗外，一言不发，脸上带着焦虑的愁容。旁边的座位是空的，乘务员走到老人旁边，轻声地问道："爷爷，有什么需要我帮忙的吗？给您倒一杯开水好吗？""不用了，我就是有点累了，已经两个晚上没有睡过，我休息会儿，没事。"尽管老人的普通话不太标准，但乘务员还是慢慢地琢磨着他说的话。"哦，爷爷，如果身体不舒服您尽管和我说，我随时会到您身边。""谢谢了，姑娘，我身体很好，就是急着回家看看老伴儿，她刚刚被送往医院，我心里着急怕她出事啊！""哦，您千万别慌，相信她会没事的，您也要好好休息，别累着了。"尽管不知道老人的老伴儿得了什么病，但乘务员尽量地安抚老人。看着老人干裂的嘴唇，乘务员送来一杯温开水和一条热毛巾，希望能够擦去老人风尘仆仆的疲惫。尽管对老人的"心病"爱莫能助，乘务员还是像对待自己的爷爷一样，有空就走到他旁边，时刻关心他的需求，与他聊上几句，给他解解闷，分散他的注意力，就当是尽子女的一份孝心。下飞机时，老人特意走到这位乘务员跟前，发自内心地说了声："谢谢啊，你就像阳光一样，很温暖！"

（资料来源：《中国民航报》）

四、飞机延误时的沟通训练

飞机延误是乘客最不愿意看到的事情，特别是在盛夏的季节，当乘客都上飞机后发生这样的事情，乘客更是不能容忍，抵触情绪可能很激烈。这时尤其是对乘务员沟通能力的严峻考验。乘务员要面带微笑、不厌其烦地耐心解释，更要对乘客的不满提问从安全角度予以劝解，使其从心理上接受民航"安全第一"的原则。

如某航班延误后，乘务员在候机期间主动为乘客服务。在发饮品时，一位年轻人大声嚷道："这样的破飞机，你们公司还能挣到钱吗？"乘务员告诉他："先生，首先感谢您对我们公司效益的关心，效益对于一个航空公司来说真的很重要，但是比这更重要的是您的安全，正因为我们的公司向每位旅客承诺了安全，所以在安全的问题上我们不能有一丝马虎。"不卑不亢，往往可以收到意想不到的效果。

【案例】

一个炎热的夏天，某航班起飞的时间正值中午，飞机在旅客全部登机后出现了故障。当时，机舱外的温度超过了30℃，由于飞机故障导致空调系统无法启动，加之旅客人数多，飞机密封不通风，机舱内的温度达40℃，旅客的抱怨声此起彼伏："这哪里是坐飞机，简直是洗桑拿！""你们这也叫飞机?!""我们要退票！""服务员，再这样下去，我父亲的心脏病会犯的！"……乘务组很理解旅客的心情，在广播中对由于机械故障给旅客带来的不便表示歉意，并希望通过乘务员的服务来弥补。乘务长与机长协商将客舱门全打开通风，与地面保障部门联系申请了大量冰块，用小毛巾包上冰块发放给每一位旅客，然后向旅客发放冷饮。乘务员们穿梭在客舱里，为年龄大的老人更换了宽敞的座位，用报纸折成一把把小扇子……汗水和微笑同样挂在脸上。难熬的一个小时终于过去了，飞机故障排除了，在40℃的高温下工作，乘务员的衬衫和马夹都湿透了。当乘务长带领乘务员们站在客舱里对旅客的理解和支持表示感谢时，客舱里响起了掌声。

五、客舱十项涉及安全的沟通事项

客舱安全不仅是空乘的责任，还与每一位乘客息息相关。自旅客登上飞机那一刻，空乘人员就开始播放安全须知，提醒旅客系上安全带，收起小桌板，拉开遮阳板，反复确认移动电子设备是否关闭，时刻注意客舱的每个变化和异常，空乘人员要把客舱安全检查、沟通贯穿于服务的整个过程中。

1. 客舱广播

航空旅行非常安全，但为避免意外，旅客应注意聆听乘务员在起飞之前的讲解，了解在紧急情况下如何使用氧气面罩，在紧急情况下的各种处置方法。为了引起乘客重视，乘务员除了正常讲解之外，针对乘客提出的相关问题要会解答。

2. 安全须知

安全须知，顾名思义，就是让乘客了解飞机上和安全有关的设备、注意事项等，从而更好地保护乘客的安全。机型的设备和出口常常是不一样的，乘务员要注意把区别较大的地方告诉乘客。

3. 手　机

登上飞机后就应关闭开启着的手机等无线电设备，以防干扰飞机与地面的无线信号联系。从关舱门开始到打开舱门，手机都是禁止使用的，许多旅客都知道使用手机会影响导航系统，但随着手机的不断更新，商家推出了带有飞行模式的手机。这种手机在飞行中同样是不能开机的，民航总局并未认可其飞行模式。这只是商家的促销手段，所以空乘人员同样会禁止旅客在飞行中使用飞行模式的手机。

4. 大件行李

机票上规定了旅客随身可带的行李重量规格，大件行李在出口过道都不能放，舱单中有一项是算起飞重量的，如果超过起飞重量，飞机起飞时没拉起来，后果将不堪设想。遇到很多乘客有大件行李，乘务员一定要及时劝说、制止。

5. 出口座位

空乘人员首先要学会目测坐在出口座位的旅客，看其是否适合坐在这里。接下来要向乘客讲解出口座位和安全门，并提醒乘客正常情况下千万不要拉动紧急窗口门。如果紧急情况发生而窗外又没有危险，该乘客应迅速打开紧急窗口，协助其他旅客撤离。因此，为了旅客安全，空乘人员可以适当调整出口座位的旅客。

6. 系安全带

常常有乘客认为安全带"系上不舒服"或者"没关系我不怕"。如果飞机遇到不好的天气，急速下降几百米，那么没系安全带就会成为"空中飞人"，即使不得脑震荡，头上也得起大包。因此，空乘人员一定要求乘客在飞机起飞、下降和颠簸时系上安全带，防止因飞机颠簸而受伤。

7. 收小桌板

收小桌板是为了在紧急撤离时无障碍，保证个人能以最快的速度离开飞机。收小桌板是为了旅客个人生命安全，这一点尤其需要告知乘客。

8. 收桌椅靠背

收桌椅靠背是为了紧急撤离时后排的旅客们能快速离开飞机，要是乘客在起飞、下降时忘记收靠背，乘务人员必须提醒他。

9. 打开遮光板

起飞和下降时都要打开遮光板。首先是为了便于靠窗乘客观察窗外有无异常，有情况可及时通知乘务员；其次，发生紧急迫降后如果没能及时离机，救援人员能通过窗口看到乘客并使其得到及时救助。

10. 禁止吸烟

在飞机上吸烟容易引起火灾，国内航班是绝对禁止吸烟的，连机坪上也是不允许的。《中华人民共和国民航法》规定：在飞机上吸烟是违法的，将处以罚款和拘留的重罚。乘务员在看到乘客吸烟行为时，要晓以利害，坚决制止。

空乘工作是一个很具有挑战性的职业，需要付出很多的心血和代价。比如，某航班一名旅客不知在哪儿受了一肚子怨气，一上飞机总想无理取闹，找点麻烦发泄一下。乘务员看到这位旅客满脸怒容，知道他的心情一定很坏，便不失时机地主动上前与他搭话，尽可能帮助他解除烦恼。刚开始的时候乘客不领情，对乘务员的热情服务熟视无睹。经过乘务员一路上真诚、耐心的服务，乘客终于有所感动，情绪渐渐有所缓和。恰好该乘客的手机落在了洗手间，乘务员发现后及时交给了他。临下机时，这位旅客频频称赞航班服务好，希望有机会再见，并对自己刚上飞机时的恶劣态度向乘务员表示道歉。其实，用真心换来旅客对乘务员的理解和感谢，也是乘务组人员工作的最大动力。

模拟训练

1. 飞机延误沟通训练

情节：飞机起飞时间已经到了，但由于空中气流的原因，飞机无法起飞，机舱内的温度已经很高，有的旅客非常急躁，你怎样与这样的旅客沟通并为其服务？

提示：首先必须向旅客道歉，并说明晚点是由于空中气流的原因，然后给每位旅客倒一杯冰水或冰饮料降温。

2. 对乘客的非礼和不礼貌行为的拒绝训练

情节：在飞行的过程中，一位乘客突然色迷迷地拉着乘务员问："小姐，你真美，能不能请你喝酒？"你应该如何回答？

提示：在飞机上遇到这种情况，千万不要害怕或者害羞，这样会使乘客得寸进尺，提出更多无理的要求。这时一定要镇定，大方委婉地拒绝，可以说："先生，非常感谢你对我们XX航空公司乘务员的肯定，但是我们在当班时间是不能饮酒的，非常抱歉。"

3. 保证安全情况下沟通训练

情节：飞行途中，乘客们发现了一位当红明星，很多乘客争着向明星索要签名，此时你该怎样与乘客沟通？

提示：飞机在飞行的过程中，飞机上的配平都已经固定好了，如果有大量旅客涌向一端，会对飞机平衡造成威胁。在这种情况下一定要控制住旅客，避免大量旅客的转移。可以向旅客解释说："女士们，先生们，这样大量旅客涌过来会对客舱平衡造成危机，为了大家的安全请暂时回到自己的座位。再说旅途过程中也很辛苦，我们先让这位先生(女士)好好休息，等飞机落地后大家再索要签名，好吗？"

4. 一般常见情景训练

情节1：空乘人员为小孩乘客服务时，应注意哪些问题？

提示：上机时，帮助提拿行李，安排他们坐好。提醒陪同人员在飞机起飞、下降和"系好安全带"灯亮时，帮助儿童系好安全带，并注意其在客舱内的安全。送餐饮时，征询陪同人员的意见，尽量以冷饮为主。若小旅客需要热饮，则须叮嘱陪同人员防止小孩烫伤。

情节2：乘务员在飞机上遇到熟人时应该怎么办？

提示：正常迎客，等到客舱服务间隙再走到该乘客面前，如果该熟人座位在过道处，蹲下与熟人轻声交谈，以免打扰其他乘客；如果该熟人坐在里面则轻声打招呼，询问是否需要帮助即可。切记不要让旁边乘客有被冷落的感觉。

情节3：飞机起飞不久，乘客对听到轰隆的噪声感到恐惧，如何解释？

提示：这是飞机收起落架和襟翼时产生的声音。飞机起飞后，大约在10米的高度上(这一高度因飞机的不同而异)，驾驶员将起落架和襟翼收起，以提高飞机的空气动力性能，使飞机更快地爬升。如果旅客坐在客舱中央和靠近机翼处，就会听得更加清楚。

情节4：飞机有时在降落着陆时反复1～2次，如乘客提问应如何回答？

提示：复飞，是保证飞行安全的措施之一，而复飞的原因有多种：有的是因为机场有障碍，有的是因为飞机本身的故障，更多的原因是天气坏，能见度低等。因为飞机着陆，有一个决断高度，当飞机下降到此高度时，驾驶员认为不具备着陆条件，就要加油门，重新把飞机拉起复飞，然后再次进行着陆……多次复飞，驾驶员如觉得不能达到着陆的要求时，为了安全，飞机就要改落备降机场了。

情节 5：在航班上乘务员为旅客提供正餐服务时，机上的正餐有两种热食供旅客选择，但供应到某位旅客时他所需要的餐食品种刚好没有了，乘务员非常热心地到头等舱找了一份餐送到这位旅客面前。如果你是乘务员该怎么与旅客沟通？

提示：乘务员要注意说话技巧，先对乘客表示歉意，态度要诚恳；然后说明情况，一定要强调是特意到头等舱为乘客取来的，绝对不要让乘客误以为这是头等舱剩下的。